JN418635

섬마을집의 다락방

정용순의 기행수필 3집

섬마을집의 다락방

정용순

수필과비평사

독자 여러분

'다락방'은 「대개의 집에서 부엌 위에 2층처럼 만들어서 귀중한 물건을 보관하기 위한 용도로 꾸민 방」을 말합니다. 내가 찾아간 섬마을의 귀중한 역사 이야기나 섬마을 사람들의 살아 온 이야기들은 한 집의 '다락방'에 보관한 그 집에서 살아온 가장의 일기장이나 그 주인의 등기서류 등 개인의 중요한 소장품들과 같다고 생각했습니다. 그래서 이 기행수필집의 이름을 '섬마을집의 다락방'이라 했습니다.

섬마을에서 일어난 일들은 '섬마을집의 다락방'에 보관되어 있을 듯했습니다. 그동안 필자가 저술한 기행수필집인 '섬마을 설화"(2016년 수필과비평사)와 '섬마을 징검다리'(2018년 수필과비평사)에 수록한 섬마을을 찾아간 이야기들 다음의 섬마을을 찾아가 둘러본 이야기를 기록한 기행수필들입니다. 필자는 2019년 필자의 80년 인생을 뒤돌아 본 '청곡의 사랑방'을 자서전으로 출간했습니다. 필자의 인생의 기록이 '필자의 사랑방'으로 생각되어 그렇게 자서전의 이름을 정한 것입니다. 청곡은 불리지도 않는 필자의 '아호(雅號)'입니다. 그러나 이 기행수필집 '섬마을집의 다락방'은 섬마을 주민들의 사건집과 같고 다락방에 보관한 등기서류와 같다고 생각하였습니다.

독자 여러분! 여러분은 이러한 필자의 생각에 동감하여 이 '기행수필집' '섬마을집의 다락방'도 사랑하실 것입니다. 섬마을 주민들의 삶은 어디서 언제 어떠한 고통을 받으며 살았고, 어떤 수모를 겪으며 살아왔는지, 어떠한 즐거움을 가지고 살아 왔는지 생각하여 본 일이 있으셨나요? 그들의 가슴에 품은 애환이 다락방에 보관된 귀중품이라 생각하였습니다.

필자는 80년을 살아오면서 자랑스러운 일이 필자의 삶에 찾아오기도 했지만 감추고 싶은 부끄러운 일도 많이 찾아왔었습니다. 이 책 '섬마을집의 다락방'에서는 섬마을 주민들에게 찾아온 자랑스러운 일들도 기록하였으나, 되도록 감추고 싶은 부끄러운 이야기도 기록하였습니다.

울릉도에 삶의 터전을 마련했던 이장희 가수, 임진왜란 때 일본으로 끌려간 이삼평, 행담도 이야기, 그리고 실미도에서 훈련받던 31명의 젊은이들 이야기, 세월호 이야기, 그리고 제주4 · 3사건에서 붉은 물에 물든 인간과 인간의 마음이 말살된 인간들의 이야기 등을 기록하였습니다. 역시 이 기행문집에서도 동, 서, 남해로 분류하여 기행문을 분류 · 작성하다 보니 동해에 섬이 적은 것이 균형에 맞지 않았습니다. 그래서 이 '동해의 섬마을'에 '이웃나라(일본, 러시아 바이칼) 섬마을 여행기'를 첨가하였습니다.

필자는 국립대학교 명예교수로 살면서 세상에 할 수 있는 도움되는 일을 찾다가 이러한 기행수필 작성을 필자의 사명으로 하여 미숙하나마 수필들을 썼습니다. 각 수필마다 나름대로 인간들의 행동이 서술되는데 이들의 행동을 현 우리나라를 이끌어 간다는 사람들의 언행과 비교하였습니다. 그러면서 여러 기행수필 내용에 우리나라는 북한의 '악질 살인마 집단'에서 자행하는 '사회주의', '고려연방제 통일', 그리고 헌법문 중의 '자유민주주의에서 '자유'를 삭제하자'는 것과 같은 주장을 하는 현 정부 인사들의 생각은 절대 용납할 수 없는 것임을 말하고 그 이유를 서술하였습니다.

이 기행수필집 '섬마을집의 다락방'은 '수필과비평사' 서정환 사장님과 편집부 담당자들의 수고로 좋은 수필집이 되었습니다. 감사드립니다.

2022년 3월

차례

제1장 동해와 이웃나라 섬마을집의 다락방

제2장 서해 섬마을집의 다락방

제3장 남해 섬마을집의 다락방

제4장 제주특별자치도 섬마을집의 다락방

제1장

동해와 이웃나라 섬마을집의 다락방

이 장에서는 부산 동쪽의 바다 섬마을에서 만난 여러 사람들과 여러가지 풍경들에 관하여 기록하였습니다. 서해와 남해에 비교하여 동해에는 섬들이 적으므로 동해의 섬마을 이야기에 일본 규슈(九州)와 러시아 바이칼호(Russia Baikal Lake)의 알혼섬 섬마을 다락방을 함께 하였습니다.

울릉도의 이장희

이장희(李章熙, 1947~)에 대하여 내가 살아오면서 들었고, 여러 언론사 기자들이 취재하여 기록한 글을 간추려 적으면 다음과 같다.

「이장희는 1947년 경기도 오산의 한 시골마을에서 태어났다./ 그는 4살 때 천자문을 뗄 정도로 명석한 머리를 가진 아이였다고 한다./ 국민학교(현 초등학교)를 고향마을에서 졸업하고, 서울로 올라와 서울중 · 고등학교를 졸업했다./ 다른 것은 몰라도 이장희가 고등학교를 졸업할 때의 성적이 480명의 졸업생 중 460등이었다고 한다./ 이것은 그가 중학교 재학시절부터 음악에 몰입했기 때문이었다./ 그 성적으로 연세대학교 이과대학 생물학과에 입학할 수 있었다./ 그러나 생물과 재학 중 중퇴하고 만다./ 중퇴한다고 어머니에게 말하자 어머니는 눈물을 흘리며 말렸다고 한다./ 그러나 음악에 빠진 그의 결심을 어머니도 말릴 수 없었다./ 1971년 당시 인기 DJ 이종환의 권유로 '무지개'와

‘겨울이야기’ 두 곡을 작사, 작곡, 노래하여 옴니버스 앨범에 취입하여 가수로 입문하였다./ 1972년 1집 앨범 발표,/ 1973년 1월 1일부터 동아방송 ‘0시의 다이알’의 DJ가 되고, 2집 앨범 발표./ 1974년에는 그의 3집 앨범을 발표하여 5만여 장의 레코드판이 판매되었다./ 그리고 그 해 이화여자대학교 인문대 불문과를 졸업한 여인과 결혼했다./ 그런데 그는 1975년 대마초를 흡입한 것이 검찰에 발견되어 구속되었다./ 그래서 가수활동 금지 처분을 받는다./ 가수활동을 못하게 되자 옷 장사 등 여러 가지 직업을 가지고 생활하다가 1980년 미국 로스안젤레스(LA)로 이민(移民)을 떠난다./ LA에서 한인 방송사 ‘라디오코리아’를 운영하여 작은 성공을 했다./ 그러다가 2004년 경북 울릉군 북면 평리에 둥지를 만들고 더덕 등의 농사를 지으며 살았다./ 2011년 그가 울릉도에 사는 이야기를 작사, 작곡하여 자신이 노래를 불렀는데 그 노랫말은 다음과 같다./ ‘세상살이 지치고 힘들어도 걱정이 없네,/ 사랑하는 사람 있으니 비 · 바람 내 인생에 휘몰아쳐도 걱정없네,/ 울릉도가 내겐 있으니,/ 봄이 오면 나물 캐고, 여름이면 고기 잡네, 가을이면 별을 헤고, 겨울이면 눈을 맞네,/ 성인봉에 올라가서 독도를 바라보네,/ 고래들이 뛰어 노는 울릉도는 나의 천국,/ 나 죽으면 울릉도에 보내주오,/ 나 죽으면 울릉도에 묻어주오.’/ 중 · 저음의 우렁찬 그의 노랫소리는 젊은 남 · 녀들을 매료시켰었다.」

이장희는 1974년 첫 번째 결혼하여 남매가 태어났으나 1980년 LA로 건너가 언제인가 모르나 이혼했다고 한다. 두 자녀는 LA에서 엄마

울릉군 북면 평리 이장희가 살았던 집과 이장희의 동상

가 양육하는 것으로 알려져 있다. 그 후 다른 여인과 두 번째 결혼을 했으나 헤어진 것으로 알려졌다. 그가 1970년 초 작사, 작곡한 가요들은 그 자신이 불러 히트했다. '그건 너', '나 그대에게 모두 드리리', '한잔의 추억', '한 동안 뜸 했었지', '비의 나그네', '자정이 훨씬 넘었네' 등 많은 가요들이 있다.

필자와는 전혀 다른 세상을 살아 온 '이장희'가 더덕농사를 지으며 살아간다는 울릉도의 산기슭을 2018년 가을이 깊어가는 11월 20일 찾아갔었다. 필자가 승객이 된 우리누리1호는 14시 30분 포항항을 출항하여 울릉도 저동항에는 18시 도착하였다. 저동항에서 가까운 한 민박집에서 쉬고 아침 9시 북면 천부로 향하는 마을버스 승객이 되었다. 도동에서 사동, 사동에서 통구미와 남양을 거쳐 태하, 현포까지 꼬불꼬불하고 가파른 고개를 3개나 넘었는데 일차선 터널과 2차선 터널을 몇 개 지났는지 셀 수가 없었다. 현포에 도착하였을 때 운전기사에게

울릉도 평리 실내공연장(3층 건물) 앞 이장희 동상과 충견 '라코'

"이장희가 사는 집에 가려고 합니다. 어디서 내려야 합니까?" 했더니 천부 쪽으로 약 4 km 더 간 곳에서 "여기에서 내려 옆길로 올라가시면 됩니다." 라고 친절하게 말하였다. 그렇게 친절한 기사가 사는 울릉도인 것이다. 그 버스를 내린 마을이 '평리(平里)'라는 마을이었다. 버스를 하차한 곳이 삼거리로서 그곳에서 곧장 바닷가길로 4 km 정도 동쪽으로 가면 천부리라는 울릉도 동북쪽 해안가에서 가장 큰 마을이고, 오른쪽으로 약 1km 올라간 곳에 이장희가 사는 집이 있다고 했다. 경사도가 그리 심하지는 않은 2차선 세멘트 포장도로 왼쪽에는 성인봉 쪽에서 발원하여 흘러내리는 비교적 규모가 큰 개울이 흐른다. 길 오른쪽에는 독도경비대 본부가 있고 평리 경로당도 있었다.

비탈길을 밟고 나는 천천히 올라갔다. 이장희가 산다는 집은 대한 예수교 침례회 평리교회 뒤에 세워져 있는 건축한 다음 100년도 넘은 1층 집이었다. 이장희의 집이라는 집 서남쪽에 3층 실내공연장이 현대식 건물로 건축되어 있었다. 이장희가 땅을 500평 경상북도에 헌납했고, 건물은 경북도청에서 건축한 것으로 알려졌다. 그 실내공연장 앞에 대머리 이장희가 키타를 연주하는 모습의 동상이 있었다. 그 동상 옆에는 진돗개의 밀랍상이 세워져 있고 그 옆에 오석재질의 바위에 개에 대한 설명문이 작은 글씨로 음각되어 있었다. 개의 이름은 '라코'라 하고 이장희가 미국 LA에서 '라디오 코리아' 방송을 운영할 때 160달라($)를 주고 구입하여 기르다가 울릉도로 귀국할 때 같이 왔다고 설명하고 있다. 그런데 그 '라코'가 울릉도에 와서 얼마 동안 살다가 죽었다고 하는 이야기였다.

약 500평 넓이의 연못도 있고, 열 개 정도의 층계로 되어 있는 야외공연장에는 잔디가 곱게 자라고 있었다. 이러한 궁벽한 산간에 실내공연장과 야외공연장이 있다는 것은 신기하게 보였다.

필자는 이장희의 집으로 가서 앞문을 두드렸다. 그랬더니 나이가 약 60세 되어 보이는 바짝 마른 남자가 문을 열고 바라보았다. 필자가

"청주에서 온 사람인데 이장희를 만나 볼 수 있습니까?"

하고 말을 걸었더니

"이장희씨는 지금 여기 살지 않고 서울에 살고 있습니다. 내년 5월 중순이나 한 번 여기에 올 것입니다."

하고 문을 닫아 버리는 것이었다. 이럴 수가 있단 말인가? 필자가 저보다 20년은 연상이고 2천리도 더 되는 먼 곳에서 찾아왔는데 들어오라는 말도 하지 않고 문둥이 내쫓듯이 문을 닫아버리다니 "경치 아름다운 곳에 못된 쌍놈이 살고 있네! 쯧쯧"하고 마음속으로 욕을 하였

다. "'그건 너' 등 멋진 노래를 작사, 작곡하고 노래 부른 가수 이장희를 만나러 왔다가 돼지 똥 같은 못 된 쌍놈을 만났네." 하고 욕도 했다.

그리고 하염없이 올라온 길을 걸어 내려와 경로당 있는 곳까지 왔는데 약 50대로 보이는 여인이 트럭을 닦고 있었다. 필자가 먼저 말을 걸었다.

"아주머니 여기 사시는 분이십니까?"

"예 그렇습니다."

"저 언덕 위의 집이 아주머니 사시는 집입니까?"

"예 그렇습니다. 구경시켜 드릴까요?"

"그러시면 감사히 생각하겠습니다. 저 바쁘지 않으니 구경했으면 합니다."

그래서 비탈진 1차로 세멘트 포장도로를 밟고 그 집으로 올라갔다. 거실로 사용하는 공간으로 들어가 의자에 앉았다.

"아주머니 고향이 어디신데 언제 이곳으로 오셨어요?"

"저의 고향은 경기도 안성(安城)이예요. 결혼하여 어찌어찌 살다가 미국 LA로 이민 가서 살게 되었어요. 거기서 우리 남편이 이장희씨를 만나 친밀하게 형님-동생 하고 지냈는데, 이장희씨가 2004년 울릉도로 먼저 나와 살다가 와서 울릉도에 살기 좋은 집이 있으니 한 번 나와서 살펴보라고 해서 남편이 따라와서 보고 오더니 좋은 집이 있다고 해서 이사 오게 됐어요. 벌써 8년이 흘러갔습니다."

"좀 전에 이장희씨의 집이라는 집에 갔었는데 약 60은 되어 보이는 남자가 이장희씨 지금 서울에 산다고 하면서 말도 하지 않으려고 문을 닫아버려서 기분이 좋지 않게 내려오는 길입니다."

"그 사람 원래 다른 사람과 이야기를 하지 않으려 하는 사람이예요. 이장희씨의 후배라는 사람이예요."

이 여인의 남편은 지금 관광 안내를 부업으로 하면서 살고 있다고 했다. 이 집도 다른 사람이 오랫동안 살던 집인데 그 집을 구입하고, 내부를 수리한 다음 살고 있다고 했다. 이 여인은 갖가지 꽃을 키우며 살고 있었다. 필자는 이 집의 응접실에서 따뜻한 커피 한 잔도 대접 받았다. 이 집으로 올라오는 비탈길 옆에는 꽃송이가 작은 야생국화(野生菊花)가 군락을 이루어 마침 깊어가는 가을이 꽃을 피우는 그들의 계절이어서 흐드러지게 피어 있었다. 꽃잎에 코를 가까이 대어보니 향기가 마음을 가라앉히는 듯했다. '저 위 깃대봉 밑 아름다운 연못 옆에는 못된 쌍놈이 있는데, 이곳은 그리 아름다운 경치는 없는데 마음과 행동이 아름다운 여인이 살고 있구나!."하고 미소를 지었다.

이제 평리마을 버스정류소로 내려왔다. 버스정류장 동쪽 바다에는 울릉도의 관광명소 중 한 곳인 커다란 코끼리 바위가 웅크리고 앉아 있었다. 동쪽 천부쪽으로 창끝같이 뾰쪽하여 송곳산이라 부르는 하늘을 찌를 듯 높은 바위산이 보였다. 그리고 이장희가 살던 집 서쪽으로도 바위로 만들어진 송곳산보다는 덜 뾰쪽한 깃대봉이 올려다보였다. 우리나라에 이만큼 아름다운 풍경이 있는 곳도 몇 곳 되지 않을 것이라 생각되었다.

이 세상에는 경치가 나쁜 곳이 있는가 하면 이같이 아름다운 곳이 있는 것이다. 또한 이장희 살던 집의 육십대 남자와 같이 못된 쌍놈이 있는가 하면 평리 경로당 윗집의 오십대 여인과 같이 훌륭한 여인도 있으니 그대로 살만한 것이다. 〈2018년 11월 27일 10시〉

[참고] 박순화 시인의 시 '독도'(이 시는 안양이 고향이라는 여인의 집 거실에 걸린 액자에서 읽은 것이었다.)

가슴에 못박는 소리
심심하면 내 뱉는다.

가당치도 않은 일
황당하고 어이없어

울분의
파도가 친다.
그 놈들의 멱살 잡고

영도 아치섬의 이시형

필자는 언제인가부터 오랜 동안 부산 영도(影島, 14.12 ㎢)의 동쪽에 위치한 작은 섬 아치섬(조도(朝島), 0.526 ㎢(16만 평))에 가보았으면 했다. 그러나 찾아간다고 크게 얻을 수 있는 것이 없을 것이라 생각되어서 그랬을 것이나 찾아가지 못했다.

하나의 섬이 하나의 대학 캠퍼스로 조성된 것은 세계에서 단 하나뿐이라고 한다. 그곳이 국내 유일의 해양 특성화 대학교인 '한국해양대학교'이다.

태종대(太宗臺)의 신선대(神仙臺)에 위치한 망부석(望夫石)을 만나본 다음 여객선에 승선하여 영도 남쪽 바다를 지나 선박으로 출발했던 영도 남항 여객선 선착장으로 귀환하고 관광회사 승합차에 승차하여 태종대시내버스종점으로 왔다. 승합차에서 하차한 다음 영도의 동쪽 해안도로를 따라 영도다리 쪽으로 1 km 정도 걸어가니 아치섬의 한국해양대학교 건물들과 그들 건물 뒤 갈매기산(141 m)이 오른쪽으로 보였

방파제 벽면에 부착된 한국해양대학교 창설자 이시형 박사 반신상 영정과 업적 소개 글.

다. 2016년 5월 30일이었다.

아치섬(조도)은 부산 절영도(絕影島, 지금은 영도(影島))의 동쪽에 위치한 약 16만 평(0.526 ㎢)의 작은 섬이다. 아치섬이라는 이름은 영도라는 큰 섬에 대한 작은 어여쁜 섬이라는 의미에서 유래된 이름이라 한다. 인간은 작고 귀엽고 예쁜 사물을 '아지'라 하는데 이 섬은 영도에 대하여 작고 귀엽고 예쁘기 때문에 '아지섬'이라 부르다가 '아치섬'으로 되었다고 말한다. 또 하나의 아치섬 명칭 유래로는 제2차 세계대전 때 이 섬에 주둔했던 왜군의 깃발을 끌어내려 눕혔다하여 눕힐와(臥)에 표기치(幟)라 하여 '와치섬'으로 부르다가 '와치섬'이 '아치섬'으로 변음되었다는 것이다.

한편 이 섬은 '조도(朝島)' 또는 '아침섬'이라고도 부르는데, 이것은 이 섬이 영도의 동쪽에 위치하여 영도주민들에게는 아침에 이 섬 주변에서 해가 떠오르고, 이 섬 갈매기산 위로 해가 떠오를 때 그 경치가 너무 아름답다고 하여 그렇게 부르게 되었다고 한다.

아뭏든 이 섬은 해발 141 m의 바위가 많은 갈매기산이 섬의 동쪽에 위치하고, 1967년 이 섬의 서쪽 바닷가와 영도의 동쪽 동삼동의 바닷가가 방파제(防波堤)로 연결되고 그 위로 4차선 도로가 조성되는 공사가 1974년 완공된 것이다. 이제는 더 이상 섬이 아니고 반도(半島)라고 불러야 될 듯하다.

약 300 m의 방파제 양편으로 약 5 m 넓이의 인도도 조성되고 영도 동삼동에서 방파제 남쪽 인도로 걸어 들어가다가 보면 오른쪽으로 130 cm 높이의 시멘트벽에 온갖 한국해양대학교의 역사물과 학생들의 클럽활동 선전 벽보가 사진과 그림으로 그려지고, 글로 기록되어 있다.

아치섬에 한국해양대학교가 신축되어 이전하기 전 이 섬에도 인간이 살았었다는 기록이 있다. 1876년 부산항(釜山港)이 개항될 당시에는 6~7가구의 어민들의 집이 있었다고 하며, 1910년 한일병합시대에 들어와서는 이 섬이 일본 해군의 요쇄사령부 관할로서 이 섬 주변에는 일반인 접근이 금지되면서 1945년 8월 15일까지 관리되었다. 그리고 1945년 8월 15일 우리나라가 일제로부터 광복(光復)된 후 어민들이 해산물 채취를 위해 거주하기 시작하였다. 그래서 1967년 방파제의 조성과 방파제 위에 도로가 건설되기 시작하여 완공되고, 1974년 한국해양대학의 부지로 아치섬이 선정될 때는 103가구의 어촌이 형성되어 있었으나 '해양대학'이 자리 잡으면서 이 어촌 부락을 집단 이주시켰다고 한다. 이주시킬 때 몇 명의 주민들이 자살하는 좋지 않은 일도

한국해양대학교 앞 방파제 입구에서 바라본 아치섬(조도) 캠퍼스

일어났다고 한다.

한국해양대학교의 모체는 1919년 설립된 진해고등해원양성소이다. 1945년 8월 15일 우리나라가 일제로부터 광복된 다음 해양입국의 기치아래 모인 초대 교장 이시형(李時亨, 1910~1985) 외에 40명 해양 관련 인사들이 해원동맹(海員同盟)을 결성하고 당시 미군정청 교통부 수로국 해밀턴(Hamilton) 중령의 인가를 받아 4년제 고등해원양성의 관비학교인 진해고등상선학교가 설립되었다. 이것이 한국해양대학의 모체가 되었다고 한다.

이 고등상선학교는 교통부 관할이었다. 한국해양대학은 교통부에서 국방부와 상공부 관할을 거쳐 1956년 7월 14일 문교부(현 교육부) 관할로 되어 정규 4년제 단과대학으로 탄생되었다. 한국해양대학교의 연역을 살펴보면 해당 이시형(海堂 李時亨, 1910~1985)은 1대, 3대, 5대, 그리고 7대 학장으로 한국해양대학 발전에 대단히 큰 역할을 하였다. 한국해양대학이 4년제 단과대학에서 4년제 종합대학교로 확장된 것은

1992년이었다.

아치섬으로 대학 캠퍼스를 이전한 것은 1974년 6월 1일이었다. 현재 한국해양대학교는 4개 단과대학(해사대학, 해양과학기술대학, 공과대학, 국제대학)으로 편성되어 있다.

필자는 한국해양대학교 캠퍼스를 돌아보기 위해 방파제 위로 조성된 4차로 남쪽의 5 m 넓이의 보행도로를 걸어서 들어갔다.

인도 오른쪽 130 cm 높이의 시멘트벽은 난간 역할도 하고 파도가 칠 때 바닷물이 넘쳐 인도로 걸어가는 보행자에게 피해가 없도록 보호벽 역할을 하는 것이다. 그리고 이 벽에 해양대학교에 기념될만한 사진들과 그림들이 페인트로 그려져 있고, 이와 관련된 설명문들이 역시 페인트로 기록되어 있었으며, 일부는 동판으로 만들어 벽에 부착하여 놓은 것이다. 이 시멘트벽의 기록물 중 첫 번째 만난 귀한 것은 이 방파제의 이름이 '한림제(翰林堤)'라 명명되었는데 그렇게 이름붙인 이유의 설명문이 기록된 동판이었다.

「1970년부터 1975년에 걸쳐 우리 대학교가 조도로 이전함에 있어서 시종일관 산적한 문제해결에 진력하여 주셨을 뿐만 아니라 외딴 섬 캠퍼스에서 육지와의 왕래에 필요불가결한 방파제를 축조하여 주신 당시 건설부 장관 이한림(李翰林)의 은덕을 영원히 기리기 위해 이 방파제를 한림제(翰林堤)라 명명합니다./ 2011년 7월 11일 한국해양대학교 총장 박한일/ 우리 34기 졸업생들은 졸업 30주년 홈커밍데이(Home Coming Day) 기념행사로 이 동판을 새겨 넣습니다.」

이 방파제를 축조함에 1970년 당시 건설부장관이던 이한림(李翰林, 1921~2012)의 도움이 지대하였다는 것이다. 한국해양대학교 제34기 졸업생들이 2012년 졸업 30주년 기념행사로 이 동판을 제작하여 방파제가 시작되는 곳의 시멘트벽에 부착한 것이다.

한국해양대학교는 1945년 진해고등상선학교에 입학한 학생들이 한국해양대학교 1기생이다. 그러므로 2012년에 졸업 30주년 홈커밍데이라고 참석한 사람들은 1978년 입학한 입학생들인 것이다. 이 동판 옆에 초대 학장 이시형(李時亨, 1910~1985)의 대형 반신사진이 있고, 그의 업적이 다음과 같이 큰 글씨로 기록되어 있었다.

「우리나라 해운의 선각자이신 해당 이시형 박사는 1945년 8월 15일 조국의 광복을 맞아 바다로 진출하는 것만이 국가재건의 지름길이라 믿고, 관계당국을 설득하여 그해 11월 5일 진해에 한국해양대학을 설립하는데 주도적 역할을 담당하였고, 초대 학장의 중책을 맡으셨다./ 그 이래 오로지 본교와 한국해운의 발전만을 위하여 그 자신을 희생하셨다.」

이시형은 1910년 평남 개천군에서 출생하였고, 1936년 동경고등상선학교 기관과를 졸업하였다, 1945년 11월 5일 우리나라 최초의 해양고등교육기관인 진해고등상선학교를 설립하는데 앞장섰다. 세 차례 폐교위기를 극복하면서 해기사 양성교육에 초석을 다졌다. 학장을 4회 역임하였다. 제1대: 1945년 11월 5일~1947년 6월 2일, 제3대:

1949년 3월 5일~1950년 5월 3일, 제5대: 1951년 8월 3일~1953년 6월 30일, 제7대: 1955년 7월 12일~1956년 11월 27일.

한국해양대학교는 그를 창시자로 모신다. 2010년 4월 10일에는 그의 서거 25주기 행사를 영도 태종대 해기사 명예의 전당에서 거행하였다. 그 해가 그의 탄생 100주년이기도 해서 의미가 있었다는 이야기이다. 일제로부터 해방되어 광복을 맞았으나 6·25전쟁으로 온 나라가 어렵던 시절 4년제 항해사 양성교육기관인 교육부 관할 단과대학인 한국해양대학을 설립한 훌륭한 분을 사진으로 만난 것이다.

이시형 박사의 대형 반신사진이 동판으로 조각되어 박혀있는 벽면 옆에는 1955년 영도 중리 신축교사 개소식에 대한민국 1~3대 대통령 이승만(李承晩, 1875~1965)이 참석하여 연설하는 사진이 크게 부착되어 있었다. 또한 이승만 전직 대통령의 연설하는 사진 옆에는 1960년 한국해양대학 연습선 반도호(半島號) 명명식에 참석한 대한민국 제4대 대통령 윤보선(尹潽善, 1897~1990)의 사진이 부착되어 있었다.

필자가 방파제 위 인도를 걸어 들어갈 때가 16시 30분이어서 한국해양대학교 학생들은 하교하는 학생들이 많았다. 그 중에는 칵키색 고깔 모자를 쓰고 칵키색 군복을 입은 학군단 학생들이 있었다. 학군단 학생이건 일반 학생이건 건강해 보이고 표정이 밝은 것이 좋았다.

이제 방파제길을 지나 아치섬 안 한국해양대학교 캠퍼스 안으로 들어갔다. 걸어 들어가는 중앙로 양 옆에는 정원과 높게 올라간 건물들이 조화를 이루고 있었다. 정원에는 두 나무가 서로 줄거를 기대어 자란 소사나무의 이름을 화합나무라고 이름 붙인 것이 재미있다고 생각되었다. 이 나무와 같이 우리 인간도 서로 반목하지 말고 화합하며 살아야 할 것이다.

화합나무 옆에 앞면이 비스듬하게 깎인 돌이 있고 비스듬한 앞면에 글씨가 새겨져 있어 가까이 가서 읽어 보았다. "여기서부터 독도까지의 거리는 346 km입니다. 2010년 10월 4일 백프로 총학생회"라고 새겨져 있었다. 독도까지의 거리가 부산항 앞에 있는 아치섬에서 그리 멀지 않다는 것을 나타내고 있는 것이다. 다른 말은 없으나 일본 우파 놈들이 "독도는 일본 고유의 영토"라고 억지 주장을 하니 그러지 말라고 점잖게 타이르는 말 같았다.

아치섬 국립해양대학교 캠퍼스 깊숙이 들어온 곳에 190번 부산시내버스의 종점이 있었다. 이 시내버스는 5~10분에 한 대 정도로 운행되고 있었다. 종점 옆에 버스 대기실이 있었다. 여러 개의 긴 나무의자가 놓여 있고 3면은 유리문이고 한 면은 나무 벽이어서 여러 가지 선전문이나 버스운행시간표가 나무벽면에 부착되어 있었다. 그 나무 벽면에 한국대학원리연구회(CARP)의 세계평화청년연합회에서 작성한 'YOUNG 원한 통일'이라는 제목의 글이 내 눈을 끌었다.

「CARP 소속 대학생들은 1994년 북한의 대학생들과 4차의 회합을 북경과 모스코바에서 통일 한국의 앞날을 위해 가졌었으나 이후 정치적 이유로 북한 학생들과의 회합이 단절되었다./ 그러나 현재의 남북한 모순점 해결을 위해 다시 우리 젊은 학생들이 만나 그런 것들을 타개하여 나가야 된다고 생각한다./ 어떻게 생각하는가?」

한국해양대학교 학생들은 몸과 마음이 건전하다고 생각되었다. 한국해양대학교 창설자 이시형의 가르침이 아치섬 캠퍼스에 배어있는 것이 아닐까(?) 했다. 그러나 북한은 3대세습으로 통치되고 종교가 인정되지 않는 악질 독재국가이며, 반사회주의자라 인정되면 언재 어디서 죽는 줄도 모르게 죽여 버리는 나라임을 해양대 CARP 학생들도 알아야 할 것이다.

오늘은 마침 호국영령들의 뜻을 기리는 현충일이니 한국해양대학교 창설자의 애교와 애국의 뜻도 기려야 할 것이다. 국민들은 건전한 몸과 마음을 기르고 있는 씩씩한 한국해양대학교 학생들을 응원해야 할 것이다. 〈2016년 6월 6일〉

[참고] 한국 해양에서 두 분의 선각자 이시형과 손원일: 현재의 한국의 바다에서 선진한국을 있게 한 선각자에는 두 분이 있다./ 한분은 한국해양대학교 창립자인 이시형이고, 또 한 분은 해군사관학교의 창립자인 손원일이다.// 한 분은 우수한 해기사 양성을 위해 또 한 분은 막강한 해군양성을 위해 평생을 힘쓴 것이다./ 한국해양대학교의 창립자 이시형(李時亨 1910~1985)은 1910년 평남 개천에서 출생하고, 동경고등상선학교 기관과를 졸업한 다음 9년간의 승선과 태평양전쟁 징용 이후 미래 조국 발전에 있어서 한국해운의 중요성을 인지하고, 조선의 독립 후 미군정청을 설득하여 1945년 마침내 한국 최초의 국립대학인 한국해양대학을 창립한다./ 대한민국 해군의 아버지라 불리우는 수향 손원일(水鄕 孫元一, 1909~1980)은 1909년 평안남도 강서에

서 출생하였고, 중국 상해 중앙대학교 항해과로 진학, 졸업 이후 외국 상선에 2등 항해사로 승선하였다./ 1945년 조국의 광복과 더불어 귀국한 그는 나라를 바로 세우는데 있어서 해군양성의 중요성을 인식하고 1946년 1월 17일 해군사관학교의 전신인 해군병학교를 창설하게 된다./ 오랜 식민지 생활 끝에 광복을 맞이하지만 신생국가에 있어 군함이 전무하던 그 당시, 함정건조기금갹출위원회를 결성, 모금운동을 벌여 직접 미국으로 건너가 백두산함을 구입한 일화는 유명하다./ 손원일은 1980년 72세로, 이시형 박사는 1985년 76세로 소천하셨다.

영도 봉래산의 아씨당할매

필자는 한국에서 칠십여 년 동안 살면서도 부산의 영도를 간 일이 없었다. 그 유명한 영도다리는 하루 한 번씩 다리목이 올라갔다 내려온다는 말을 들었고, 경치가 아름다운 태종대(太宗臺)가 있다는 것을 알았으면서도 그곳에는 갈 기회를 갖지 못한 것이다.

이제 나이가 좀 많은 사람이 되어 '섬마을집의 다락방'을 준비하면서 갑작스럽게 찾아가고 싶은 마음이 생겨서 찾아갔다. 부산이라는 대도시에 위치한 섬(島)이므로 전설과 설화가 많은 곳이지만 필자는 2016년 5월 30일 우선 봉래산(蓬萊山, 해발 394.6 m) 북쪽 기슭에 자리한 산제당 · 아씨당(山祭堂 · 阿氏堂) 중 아씨당의 전설에 흥미를 갖고 찾아갔다.

봉래산은 초여름이어서 녹음이 우거져 있었다. 부산시내버스터미널에서 시내버스에 승차하여 영도 신선동 외나무약국 앞에서 하차하고 어느 쪽으로 가야 되는가 잠시 머뭇거리고 있는데 80대 영감이 내 옆을 지나가서 그에게 물었다.

"어르신 산제당 · 아씨당으로 가려고 합니다. 어떻게 찾아 가야 됩니까?"

그랬더니 그 어른 산제당 · 아씨당으로 가는 길을 잘 안다고 자세히 가르쳐 주었다.

"동쪽 첫 골목길로 약 200 m 경사진 길을 올라가고, 삼거리를 만나면 오른쪽으로 또한 200 m 정도 서쪽으로 가다가 호국관음사 표지판이 왼쪽으로 보일 것입니다. 그러면 그쪽으로 약 100 m 정도 급경사길을 올라가면 됩니다."

호국관음사로 올라가는 길은 영도에서 가장 높은 산인 봉래산의 북쪽 기슭으로 가파른 길이었다. 날씨도 더운데다 그러한 경사가 급한 길을 올라가니 이마와 등에 땀이 흘렀다. 호국관음사 표지판이 길의 왼쪽으로 건너다 보였고, 그 입구에서도 급경사길을 100~150 m 더 올라간 곳이 산제당 · 아씨당의 입구였다. 길 왼쪽에는 산제당 · 아씨당의 전설이 기록된 안내 설명표지문판이 예쁘게 세워져 있었다.

「산제당 · 아씨당의 전설/ 절영도(絕影島, 오늘의 영도(影島))에는 고려시대부터 국마장이 있었고, 이 국마장에 얽힌 전설이 있다./ 전설에 의하면 조선시대 절영도에서 말을 실어갈 때 서쪽 문으로 끌고 가면 이상하게 말이 죽는다는 것이다./ 그러므로 군마관리의 책임을 맡고 있던 부산진 첨사가 많은 심적 고통을 받았다./ 그런데 고려 말부터 절영도 주민들에게는 "한 선녀가 두 노복을 데리고 절영도로 들어가는 것을 보았는데 나오는 것을 본 사람이 없었다."라는 소문이 떠돌았

아씨당 내부(왼쪽: 아씨당할매, 오른쪽: 삼신제왕할매)

다./ 그 무렵 즉 1590년 경 정발(鄭撥, 1553~1592) 장군이 부산진첨절제사로 부임하였다./ 정발 장군은 키가 6척이고 어떤 일에도 겁을 먹지 않는 대담한 인물이었다./ 정발 장군은 항간에 떠도는 소문으로 미루어 군마들이 까닭 없이 서문 쪽으로 나가다가 죽는 것은 그 선녀 때문이라 의심하고 있었는데 어느 날 밤 그의 꿈에 아릿다운 여인이 나타나 그에게 다음과 같은 이야기를 했다./ "이 몸은 하늘의 '칠성원군'인데 옥황상제가 등극하여 그에게 잘 못 보여 천상에 있지 못하고 탐라(제주)국 여왕이 되었습니다./ 그런데 탱자나무를 내 왕성 주위에 심어 침공이 곤란한 성을 고려 최영(崔瑩) 장군이 탱자나무 주위에 갈대를 심어 자라게 한 다음 불을 놓아 탱자나무를 태워버리고, 왕성을 공격하여 탐라국을 정복하고, 여왕인 나는 최영 장군의 첩이 되었습니다./ 저는 일편단심으로 몸을 바쳐 최영 장군을 모셨지만 장군님은 며칠 같이 살다가 나랏일이 바빠서 떠나가 수삼 년 동안 소식이 끊겼

산제당 내부(벽면 중앙에 산신의 영정).

지요./ 독수공방으로 쓸쓸히 지내는 저에게 최영 장군이 신돈(辛旽, ?~1371)의 모함으로 절영도에 유배되었다는 소식이 들려왔습니다./ 그래서 장군을 만나려고 절영도에 왔습니다./ 그러나 장군이 절영도로 오셨다는 말은 거짓이었습니다./ 이 몸은 사고무친의 이곳에서 한 많은 청춘을 마치고 고독한 영신(靈神)이 되었습니다./ 바라옵건대 첨사께서 저를 위하여 사당을 지어 주시고 제사를 1년에 두 번씩 지내주시면 군마가 폐사되는 일도 없겠습니다."/ 정발 장군이 꿈 이야기를 조정에 전하였더니 당시의 임금 선조(宣祖, 1552~1608, 재위: 1567~1608)가 동래부사 송상현(宋象賢, 1551~1592(선조 25))에게 하명하여 아씨당(阿氏堂)을 봉래산 기슭에 짓고 매년 봄과 가을 두 차례 당제를 지내도록 하였다./-〈이하 생략〉-」

영도(影島)가 고려 말로부터 군마를 기르던 곳이었다는 것과 그 군마가 폐사되는 일로 군마 관리의 책임자 부산진 첨사는 곤란을 겪었으며 그 군마폐사의 원인은 원귀가 된 한 여인때문이었다는 이야기이다.

그런데 1590년 경 정발(鄭撥, 1553(명종 8)~1592(선조 25))이 부산진첨사로 부임한 다음 그의 꿈에 한 아릿다운 여인이 나타나 고려 말 최영(崔瑩, 1316~1388)의 첩이 되었으나 최영은 만날 수 없었고, 최영이 영도에 와 있다고 하여 찾아왔더니 그것은 거짓말이었으므로 이곳에서 그 여인이 청춘을 불사르고 영신이 되었다는 이야기를 하여 듣게 된 것이다. 그래서 정발에게 사당을 지어 당제를 지내달라고 하여 그렇게 해 주었더니 군마가 폐사하는 일도 없어지고 영도가 살기 좋은 곳으로 되었다는 설화이다.

이 설화에 실제 인물들이 거론되는 것이 실화와 같은 느낌이었다. 최영은 고려 말 '황금 보기를 돌같이 하라!'는 부친 최원직(崔元直, ?~1331)의 유훈을 따라 살았던 훌륭한 장군이고, 충신이며, 정발(鄭撥) 첨사와 송상현(宋象賢, 1551(명종 6)~1592(선조 25)) 동래부사(東萊府使)는 조선 중기 임진왜란 당시 일본군이 침범할 때 몇 백 명 군졸을 이끌고 몸을 던져 왜군에 대항하다가 목숨을 잃은 충신들이다. 신돈(辛旽, ?~1371)은 고려 말 전형적인 요승이었다.

위의 전설은 영도(影島, 14.12㎢)를 대표하는 이야기이다. 산제당과 아씨당은 원래 지금의 영도초등학교 구내에 있었는데 1915년 지금의 자리로 이전하였다고 한다.

필자는 산제당 · 아씨당의 전설을 읽고, 길을 건너 산제당 · 아씨당 정문으로 들어갔다. 오른쪽의 작은 기와집이 아씨당이고, 왼쪽 높은 돌축대 위에 있는 건물이 산제당이었다.

필자는 오른쪽 아씨당 문 앞으로 갔다. 그 문 앞에 아씨당 안내 설명 표지문판이 세워져 있는데 그 설명문은 좀 전 읽은 정문 길 건너 설명 표지문판의 설명문과 거의 같은 내용이었다.

이제 대지 18.4평, 건평 4.6평의 아씨당으로 들어갔다. 열려진 문으로 아씨당 안을 들여다보니 수십 개의 양초가 맞은편 벽에 걸린 두 여자 영정 앞에서 활활 타고 있었다. 날씨도 더운데 이 아씨당 안은 활활 타는 수십 개 촛불의 열기로 후끈거렸다. 왼쪽 여인이 아씨당 할매(고당 할매), 그리고 오른쪽 여인이 삼신제왕 할매라 했다. 신자들이 이렇게 양초를 구입하여 와서 촛불을 불전함 위에 켜 놓고 가정의 평안과 소원을 빌고 간 것이다. 1590년 경 정발 장군의 꿈에 나타나 사당을 지어 당제를 지내 달라고 한 여인이 아씨당 할매(고당 할매)일 것이다.

산신당은 아씨당 문앞에서 남쪽 높은 축대 위에 건축된 아씨당과 같은 규모의 건물이다. 그 건물에도 올라가 보고 앞문으로 들여다 보았다. 산신의 영정이 맞은편 벽면에 걸려있고 그 앞에 수십 개의 커다란 양초가 환하게 타고 있어 아씨당과 똑 같이 건물 안이 후끈거렸다. 그러나 산신당에 대한 이야기는 이 글과는 무관한 이야기 같아 여기에서는 쓰지 않으려고 한다.

1590년 경 정발 장군의 꿈에 나타난 여인이 자신을 위해 사당을 짓고 당제를 지내달라는 요구를 들어 주어 지금까지 사백여 년을 이어 당제를 1월 15일(음)과 9월 15일(음) 년 2회 지낸다니 이러한 설화를 무시하면 손해본다는 생각을 하고 그렇게 생활 하는 것이 인생살이인 것이다. 인생은 미지의 4차원 세계를 모르기 때문이다.

아씨당할매

바다 건너고 고개 넘어
찾아온 봉래산에는
정든님 없고
말들만 그림자 없이 빨리 달리네

사당에 몸을 누이고
당제나 지내달라네
더 이상의 심술은 부리지 않겠다네
절영도에 행복한 웃음소리 들릴 거라 하네
소리 질러도 걸어 다녀도
들리지 않고 보이지 않네

가슴에 막힌 한
촛불로 태우겠다네
봉래산 북쪽 산허리
아씨당할매여

〈2016년 5월 31일〉

규슈 사가현 아리타 마을의 이삼평

이삼평(李參平, 1570(?)~1655)은 조선의 도공(陶工)으로 정유재란(丁酉再亂, 1596. 12~1598. 09) 때 일본군에 납치되어 규슈(九州) 사가현(佐賀縣)으로 간 사람이다.

필자는 한국수필가협회에서 주관하여 2018년 10월 12일부터 3박 4일간의 일본 여행에 동참하여 일본 여행을 한 것이다. 그 첫 번째 일정으로 규슈(九州) 사가현 아리타(有田) 마을을 여행한 것이다. 후쿠오카 공항 앞에서 관광버스에 승차하자 한국 믿음여행사에서 안내원으로 동행한 최 안내원은 일본, 일본문화, 그리고 아리타 마을과 이삼평에 대하여 조금도 쉬지 않고 마이크로 설명하였다. 그의 설명 중 '이삼평'에 대하여 말한 내용을 생각나는 대로 기록하면 다음과 같다.

「'이삼평'은 정유재란 때 조선에 고니시유기나카(小西行長, 1555~1600) 부대원으로 조선에 건너온 나베시마나오시게(鍋島直茂, 1538~1618)가 인솔하는 부대원들에게 체포되어 일본 규슈의 사가현으로 왔다고 합니다./ 친왜(또는 순왜)로 분류되어 자진해서 일본에 왔다는 이야기도 있습니다./ 그러기 때문에 사가현에 와서는 나베시마나오시게가 지어주는 '가네가에 산베에(金江參兵衛)'라는 이름을 사용하였다고 합니다./ 일설에는 그가 금강 가까운 공주의 반포면에서 잡혀 왔으므로 금강이라는 성(姓)을 받았다는 이야기도 있습니다./ 이삼평은 사가현에 와서 나베시마나오시게의 보살핌 속에 자신이 잘 하는 도자기 굽는 일을 하려고 고령토(백토)를 찾아다녔는데 백토를 찾는데 18년이 걸렸다고 합니다./ 1616년에야 아리타 마을의 뒷산에서 고령토를 발견했다고 합니다./ 그래서 그때 아리타 마을에서 가까운 카미시라카와(上白川)에 텐구다니(天拘谷)라는 가마를 만들고 텐구다니요(天拘谷窯)라 하고 도자기를 구어 생산하기 시작했다고 합니다./ 이것이 일본 최초의 도자기 생산이었고 일본에서 가장 좋은 도자기기였다고 합니다./ 이후 30여 년 동안 임진-정유왜란 때 잡혀 온 많은 조선 도공들이 찾아와 이삼평의 지휘하에 도자기를 생산하였다고 합니다./ 그 후 어느 때인가부터 매년 5월이 되면 아리타 마을에서 도자기 축제가 열리는데 이 좁은 골짜기 마을이 발디딜 틈이 없도록 사람들이 모여들어 북적인다고 합니다./ 아리타 마을 가까운 곳의 이마리 항구를 통하여 이곳에서 생산된 도자기가 일본의 각지와 유우럽으로 수출되기 때문에 이곳에서 생산된 도자기는 '이마리 도자기' 또는 '아리타-이마리 도자기'라 불리웠다 합니다」

안내자의 설명은 거짓이 없는 진실만을 이야기 하는 것이라 생각되었다. 이삼평이 순왜로서 왜군에 협조하다가 자진하여 규슈로 따라 왔다는 것도 그렇고, 이삼평이 공주시 반포면 사람이어서 성이 한자로 공주 시내를 관통하는 금강(錦江)과 비슷한 글자로 일본 이름 '가네가에산베에(金江參兵衛)'로 되었다는 것도 그랬다. 더구나 사가현에 머물면서 18년 동안이나 도자기의 재료가 되는 고령토를 찾아 헤매다가 아리타(有田) 마을에서 발견하고 가마를 만들고 도자기를 생산하여 일본 제일의 도자기 생산업체가 되었다는 설명은 정말로 진실이라 생각된 것이다.

우리 여행단 37명과 후쿠오카 공항으로 마중 나온 후쿠오카 현립대학 명예교수 니시오카 겐지(西岡健治) 교수를 합하여 38명이 승차한 관광버스는 아리타 마을의 좁고 구불구불한 길을 달려 아리타 마을 남쪽의 산인 이즈미야마(泉山)로 오르는 길 입구에 멈추었다. 일행은 많은 층계와 비포장도로를 올라가 고령토 광산이었으나 근 300여 년 동안 고령토를 채굴하여 도자기 수백만 개를 제조하는 바람에 산이 없어진 골짜기로 되었다는 공간을 한참이나 바라보았다. 우리가 바라보는 공간 옆의 잘린 산기슭에는 고령토로 보이는 흰색의 흙이 보였다. 인간에게 필요하다면 만들고야 마는 인간의 노력과 필요하다면 계속하여 진행하는 인간의 힘은 많은 시간이 흐른 후에는 커다란 높은 산도 없어지게 하는 어마어마한 결과를 생겨나게 만드는 것이다.

이 공간을 바라보다가 바로 옆 좁고 구불구불한 나무토막과 돌을 사용하여 만든 층계길을 밟고 우리 여행단 일행이 한 줄로 300 m는 됨직한 산꼭대기로 올라갔다. 산꼭대기에 사가현에서 건립한 '이삼평 기념비'를 만나기 위해서였다. 기념비는 15 m는 되게 높이 세워져 있었다. 앞면에는 한자 종서로 「陶祖李參平碑」(도조이삼평비)라 기록되어 있고 뒷면에 「大正六年建立」(대정6년건립) 이라 역시 한자 종서로 음각된 큰 글씨가 보였다. 이삼평은 역시 일본 도자기의 할아버지이고, 대정 6년은 1917년이다. 이삼평의 비 앞 설명표지판에 기록되어 있었다. 아리타의 이즈미야마에서 도자기의 재료인 고령토를 18년 동안 찾아 헤매어 천신만고 끝에 광산을 발견하고, 일본 각지에서 제조되는 도자기 중 가장 훌륭한 도자기를 만들기 시작한 다음 300주년이 되는 해에 그의 비석을 세운 것이라는 것이다. 이만하면 이삼평의 생은 보람이 있었던 것이라 필자는 생각하였다.

'도조이삼평비' 앞에서 내려다 본 아리타 마을은 좁은 골짜기에 꽉 차게 집들이 들어찬 모습이었다. 매해 5월 한 달 동안 도자기 축제를 하는데 그때는 이 좁은 골짜기 마을에 일백만 명 이상의 관광객이 모여든다 하니 상상이 되지 않는 것은 당연하다 할 것이다. 〈2018년 10월 17일〉

[참고] 도예인 심수관(沈壽官)과 백파선(百婆仙): 믿음여행사의 최 안내원의 설명에 의하면 임진왜란-정유재란 때 일본군에 잡혀 온 조선의 도공들은 약 1,500명 정도였다./ 그 중 일본의 고위 관료들에게 인정받은 사람으로는 이삼평 외에 심당길(沈當吉)과 백파선이 있다./ 심당길은 임진왜란 때 남원성 싸움에서 시마츠요시히로(島津義弘)에게 체포되어 구주섬 최남단 가고시마(鹿兒島)로 끌려왔다고 한다./ 사마츠도기

(薩摩窯)를 생산하고 발전시킨 주 인물이다./ 잡혀와 자신의 이름을 그대로 사용하면서 일본 사쓰마(薩摩) 번주(藩主) 시마츠요시히로에게 사무라이급(士班)으로 예우 받은 것을 보면 항왜였을 것이라 했다./ 12대 후손이 이름을 심수관(沈壽官)으로 바꾸어 지금 15대 심수관이 선조의 가업을 이어가고 있다고 한다./ 또한 아리타 마을에서 여성 도예인으로 도예를 발전시켜 이름을 날린 사람이 '백파선'이다./ 2018년 4월 29일 아리타 마을 백파선 갤러리에서 그녀의 동상 제막식이 있었다고 한다./ 우리 문학기행팀은 설명만 듣고 일정 때문에 동상있는 백파선갤러리에는 갈 수 없었다./ 일본도자기의 어머니로 추앙받는 여성도예인 백파선(百婆仙, 1560~1656)은 정유재란 때 남편 김태도(金泰道, 일본명: 深海宗傳)와 함께 김해(金海)에서 사가현으로 잡혀왔다./ 그녀가 조명을 받기 시작한 것은 2016년 '아리타도자기 탄생 400주년' 행사를 앞두고 아리타의 절 호은지(報恩寺)에서 그녀의 증손자가 1705년 세운 법탑(法塔)이 발견되어 탑에 새겨진 설명문이 해석되었기 때문이었다./ 그녀가 96세까지 살았고 뛰어난 지도력으로 조선 도공들을 이끌어 훌륭한 백자도자기를 생산했다는 것이다./ 처음 도착해서는 아리타 인근 다케오시에서 도자기를 만들었는데 남편 김태도가 사망한 다음 960여 명 도공들을 이끌고 1623년 아리타로 이주하여 가마를 만들고 백자를 생산했다./ 김해에서 도공인 남편이 도자기 생산하는 기술을 가르쳐 주어 남편 사후 도공들을 통솔할 수 있었던 것이다./ 그녀는 조선 최초의 여성사기장이었다./ 현재 사가현과 김해시 사이에 문화교류도 활발하다고 한다.

나가사키 오우라 천주당의 프티장

관광버스는 악리타 마을에서 문학기행팀이 승차하자 나가사키로 향하여 달렸다. 나가사키는 넓고 아름다운 항구도시이다. 16세기 전부터 서구의 문물이 이 항구를 통하여 일본에 수입되었다고 한다. 이 도시의 한 곳에 버스가 주차하고 경사도가 심하지 않은 도로를 안내자가 인솔하여 올라갔다. 우리는 지금 1933(소화 8)년 1월 23일 일본의 국보로 지정된 오우라(大浦)천주당으로 올라가는 것이었다.

1858년 일본에서 최초로 개항된 항구는 하코다테항(函館港), 요코하마항(横浜港), 그리고 나가사키항(長崎港)이었다. 그 중 나가사키는 오우라(大浦)지역이 외국인 거주지역으로 지정되어 외국상인들의 일본진출 거점으로 되었다.

나가사키에 성당을 건설하기 위하여 루이 휴레 신부(1816~1900)가 1863년 파견되었는데 나가사키 26성인의 순교지 니시자카에 건설하려고 나가사키시에 요청하니 "나가사키의 외국인 거류지저역인 오우

오우라천주당(일본26성순교자성당)

라 지역 외에는 허락될 수 없다고 했다는 것이다. 그래서 천주교회를 나가사키 오우라 지역의 미나미야마테(南山手)에 건설했다는 것이다. 지금의 성당이 자리잡은 것이다. 단지 건축할 때 니시자카 26인 순교성지를 마주 바라보게 건축했다고 한다.

나가사키 26인 순교자는 어떻게 순교하였는지 한글 팜프렛 '오우라 천주당이야기'에 기록된 내용은 다음과 같다.

「1596년 필리핀에서 멕시코로 향하던 스페인 선박 '산펠리페호'가 태풍에 밀려 일본의 토사(土佐)지방으로 입항하였다./ 이 선박의 선원 한 사람이 일본 관리에게 "스페인은 세계적인 강대국이며 선교사를 파견하여 현지인을 개종시킨 다음 점령합니다."라는 말을 했다./ 이 말이 당시의 강력한 집권자인 도요토미히데요시(豊臣秀吉, 1536~1598)에게 전해졌다./ 그러자 도요토미는 격로하여 선교사들을 모두 체포하여 처형하라고 명령한 것이다./ 1582년 도요토미가 집권한 이래 천주교에 호의적이었다가 돌변한 그가 선교활동을 하는 선교사들을 처형하라고 명령한 것이다./ 일본 국내의 이곳저곳에서 선교사와 선교사를 따르던 신자 24명이 붙잡혔고, 이들은 교토와 오사카 등을 끌려 다닌 다음 나가사키까지 겨울바람을 맞으며 걷게 하였다./ 이들이 나가사키로 걸어갈 때 선교사 2명이 자발적으로 합류하였다./ 이들 26명은 1597년 2월 5일 나가사키시 니시자카 언덕에서 십자가에 묶여 처형되었다./ 일본 막부 말기인 1862년 이들 26명은 성인으로 추대되었다./ 1864년 완공된 오우라천주당은 이들 26인 순교자에게 봉헌되었다.」

필자는 한글팜프렛 '오우라천주당이야기'에 기록된 26명 성인의 이름과 순교당시 연령, 그리고 선교활동상황을 읽으면서 놀랐다. 이 명단에 오른 성인들은 나이가 밝혀지지 않은 성인 4명, 64세: 1명, 53세: 1명, 40대: 7명, 30대: 3명, 20대: 3명, 19세: 1명, 14세: 1명, 13세: 1명, 그리고 12세: 1명이었다. 이들 중 선교사를 돕던 10대 소년 5명은 선교사의 활동을 돕다가 처형되었다고 기록되어 있는 것을 읽어보고 내 가슴이 좀 섬뜩하여짐을 느꼈다.

일본은 군국주의가 사회전반에 번져있는 나라이다. 그래서 국민들은 신사참배를 신앙으로 삼는 나라이다. 그래서 어느 종교이든 일본 사람들에게 전도하는 것은 대단히 어렵다고 한다. 성당 신축을 책임맡은 휴레 신부도 전도의 어려움을 비관하여 한 때 본국 프랑스로 귀국하여 성당 건축이 지연되었다고 한다.

오우라천주당앞 정원의 교황 바오루2세의 반신상과 프티쟝 초대 주교 동상

그때 성당 건축을 이어받은 신부가 베르나르 프티쟝 신부(1829~1884)였다. 프티쟝 신부는 한 때 나가사키 시청에서 직원들에게 프랑스어 교육을 위임받아 가르친 일이 있었는데 그 때 그 교육을 받았던 한 직원이 그 가르침의 보답을 하였다고 한다. 즉 그 직원이 공사인부를 3배로 증원시켜 주고 물자도 지원하여 1864년 무난하게 성당건설을 완성할 수 있었다.

일본의 건축양식과 프랑스의 건축양식이 적절히 융합된 독특한 양식의 성당이 탄생된 것이다. 정면의 탑에 황금빛 십자가가 반짝였고, 수많은 구경꾼들이 성당 준공식에 몰려왔다고 한다. 프티쟝 신부는 주교로 임명된 후 일본인 천주교 신자를 받으려는 마음으로 성당 정면에 한자 현판을 '天主堂'(천주당)이라 크게 써서 걸었다고 한다.

1865년 2월 19일에는 '오우라천주당'은 「일본26성순교자성당」(日本

二十六聖殉教者聖堂)으로 명명되었고, 프류던스 지라드 신부(1821~1867)에 의해 현당식이 거행되었다고 한다. 26명의 성인들이 처형된 장소에 건립하려 했던 성당이므로 그렇게 명명하는 것이 당연한 일이었다고 한다.

1862년 요코하마에 상륙하고, 나가사키에 내려가 오우라천주당을 건축하라는 명령을 받고 나가사키로 와서 1864년에는 천주당 건립을 완성시킨 사람은 베르나르 프티쟝 신부였다. 그는 오우라천주당 초대 주교가 되었고, 1865년 천주당에서 예배를 드린 다음 1개월이 지나면서 첫 일본 신자가 세례를 받았다. 그는 이 세례를 준 일이 정말 즐거웠다고 말했다는 것이다.

일본 정부가 천주교 금교령을 해제한 것은 메이지 시대인 1873년이었고, 오우라천주당이 일본의 국보로 지정된 것은 1933(昭和 8)년 1월 23일이었다.

문학기행단 일행은 「일본26성순교자성당」(日本二十六聖殉教者聖堂) 앞에서 기념사진을 촬영하고 성당 옆에 정갈하게 천주교 역사물이 진열된 박물관을 관람하였다. 정문 앞 작은 정원에는 프티쟝 주교의 동상이 찾아온 이웃나라 관광단을 부드러운 미소로 맞고 있었다. 〈2018년 10월 20일(토요일)〉

나가사키 평화공원의 나카가이다카시

필자는 나가사키 상공에서 플루토늄(Pu) 원자폭탄이 작열할 때까지의 과정을 기술하면서 나가사키 평화공원을 관광한 이야기를 기록하려 한다.

「일본이 1941년 12월 연합국에 선전포고를 하고 독일, 이탈리와 연합하여 제2차 세계대전에 참전한 다음 악조건에도 항복하지 않았으므로 미국은 원자폭탄을 개발하여 1945년 8월 6일 8시 15분에는 히로시마시(廣島市) 상공에 우라니움(U) 원자폭탄을 작열시켜 20여 만의 인간들을 살상시켰다고 한다./ 그래도 일본이 항복하지 않았으므로 1945년 8월 9일 11시 2분에 나가사키시 상공에서 플루토늄(Pu) 원자폭탄을 작열시켜 당시 24만여 나가사키 시민 중 7만 4천여 명이 순간적으로 살상되었다고 한다./ 히로시마 상공에서 폭발시킨 원자폭탄을 꼬마(Little boy)라 불렀고, 나가사키에 투하한 원자폭탄은 뚱보(Fat man)라

나가사키 평화공원의 평화기념상

불렀다고 한다./ 남태평양 사이판섬(Saipan Island) 옆 티니안섬(Tinian Island)의 미 공군 비행장에서 1945년 8월 9일 새벽 5시 뚱보를 싣고 출항한 B-29 복스카(Bockscar)를 조종한 비행사는 공군 소령 스위니(Charles W. Sweeny)였다./ 복스카 앞과 뒤로 B-29 폭격기 5대가 날라갔다고 한다./ 2대는 기상관측기, 1대는 계측기, 1대는 사진촬영기, 그리고 1대는 예비기였다./ 처음 B-29 복스카는 일본 규슈(九州)의 고쿠라시(小倉市) 상공으로 날라갔다./ 뚱보를 투하하려는 제1목표가 군병기공장이 많은 고쿠라였었다./ 그러나 그때 고쿠라에는 구름이 덮여 지상을 확인할 수 없었다고 한다./ 그래서 제2 투하 목표지점인 나가사키(長崎)시로 나라갔다./ 나가사키 상공은 구름이 좀 덜 끼었고 복스카가 상공으로 날라갔을 때 구름 사이로 나가사키 북쪽의 레이다 기지가 보였다./ 10시 30분 고쿠라시 상공을 완전히 벗어났고 나가사키

분수가 뿜어져 나오는 평화의 샘과 멀리 보이는 평화기념상

상공에 11시 경 다달았다./ 그래서 뚱보를 수동 투하 하였다./ 뚱보가 나가사키 상공 503±10 m 상공에서 작열하였다./ 복스카가 오끼나와섬 묘미탄 비행장에 착륙하여 연료를 보충받고 티니안섬 미군 비행장에 귀환했을 때는 1945년 8월 9일 밤 11시 6분이었다.」

이것이 원자폭탄이 나가사키의 북쪽 우라카미 천주당 상공에서 작열한 상황이었다. 폭심지가 나가사키 중심부에서 3 ㎞ 북쪽이었고, 원자폭탄의 위력은 히로시마 원자폭탄 폭발 때보다 1.5배 정도 강했지만 인명피해가 히로시마보다 적었다. 시 외곽지에서 투하되었기 때문이었다.

관광버스는 나가사키 북쪽 '평화공원' 옆 주차장에 멈추었다. 문학기행단 일행은 하차하고 경사도가 심하지 않은 비탈길을 걸어 올라가 평화공원 입구로 들어갔다. 입구에 들어서면서 왼쪽을 올려다 볼 수밖에 없었다. 오른손을 하늘을 향해 올리고 왼손은 옆으로 뻗은 우람스러운 남자의 동상(평화기념상)이 받힘 돌 위에 앉아 있었기 때문이었다. 믿음 여행사 최 안내자는 다음과 같이 이 동상을 설명했다. “이 평화기념상의 오른손을 하늘로 올린 것은 핵폭탄이 하늘에서 떨어졌으므로 그것의 위험을 나타내고요, 왼손을 수평하게 뻗은 것은 세상 사람들의 평화를 나타낸다고 합니다.”

필자가 이 평화의 기념상의 설명표지판을 읽은 바로는 안내자의 설명도 옳았으나 얼굴 표정에 대하여도 설명하고 있었다. ‘얼굴은 핵폭탄 폭발로 희생된 사람들의 명복을 비는 모습이라는 것이다.’

여행안내자는 ‘평화기념상’ 앞의 광장(축구경기장의 반 크기)의 남쪽으로 걸어갔다. 남쪽에는 여러 나라에서 보내 온 평화를 기원하는 기념물이 세워져 있고, 그보다 더 남쪽에 분수가 하늘로 품어져 올라가는 연못이 있었다. 이 연못이 ‘평화의 샘’이라 일본문자로 ‘平和の 泉’ 이라 붓 글씨로 써서 오석에 음각하여 놓은 표지석이 있었다. 나가사키 시장 제곡의무(諸谷義武)의 글씨라고 새겨져 있었다. 임진왜란과 정유재란을 일으켜 살생을 일삼고 1500여 명의 조선 도공들을 체포하여 가더니, 또 1900년 초부터 1945년까지 우리나라를 식민지로 삼아 온갖 못된 짓을 다 한 일본인들도 평화를 바라니까 이러한 평화기념상을 건립한 것이다. 약하면 착취를 당하는 ‘약육강식(弱肉强食)’의 법칙이 이 세상이 시작되면서부터 있어 왔음을 우리나라 국민은 잊지 않기 위해 이를 악물고 공부를 해야 할 것이다.

평화의 샘에 대한 일본어 설명문을 한글로 번역하여 설명표지판에 다음과 같이 기록하여 놓은 것을 읽을 수 있었다.

「1945년 8월 9일 원자폭탄의 폭발로 몸 속 깊이까지 타버린 피폭자들은 "물…", "물…"하고 신음하다가 죽었습니다./ 그 애통한 영혼들에게 물을 드리고 명복을 빌며, 또 세계의 영원한 평화를 기원하기 위하여 핵무기 금지 세계평화 건설 국민회의와 나가사키시는 전국에서의 기부금을 바탕으로 하여 이 '평화의 샘'을 건설했습니다./ 오늘 이곳을 찾아주신 귀하께서 1945년 당시 핵폭탄에 의한 희생자들의 명복과 평화를 빌어 주신다면 진심으로 감사하겠습니다./ 나가사키 시장/ 분수지 직경: 18 m,/ 분수 높이: 0.5~6 m/ 1969년 8월 완공.」

평화를 기원한다면서 핵폭탄 폭발로 희생된 인간들의 명복을 빌어달라 했다. 그러기 전에 이웃나라를 침탈하고, 현재도 우리나라 영토 '독도'를 이유 없이 일본의 고유영토라고 주장하는 일부터 삼가야 할 것이다.

원자폭탄이 떨어질 당시 폭심지 인근에 살고 있던 한 소녀가 그의 옆에 있던 일기장에 "목이 탄다. 물을 달라! 목이 타서 옆에 기름이 떠있는 더러운 물을 마셨다."라고 다음과 같이 일본어로 기록한 것을 오석에 음각하여 '평화의 샘' 앞에 부착하여 놓은 것도 볼 수 있었다.

「のとか乾いたまりまませんでした　水にはあぶらの　ようなものが

一 面に 浮いていました とうしても 水が欲しくて とうとう あぶらの 浮い たまま 飲みました - あの日の ある少女の 手記から」

1945년 8월 9일 원자폭탄이 떨어지면서 순간적으로 사망한 사람은 나가사키 시민 240,000명 중 74,000명 정도라 했고, 2009년 그 후유증으로 사망한 사람의 수까지 합하면 149,266명이라 했다. 플루토늄(Pu) 핵폭탄 1발에 의해 이렇게 많은 사람들이 사망한 것이다. 북한 괴뢰집단은 플루토늄(Pu) 원자탄 수십 발을 만들어 놓고 있다. 이를 우리 국민들은 알아야 할 것이다. 그놈들은 종교를 허락하지 않는 놈들이다.

나가사키 원자폭탄 폭발시 폭심에 위치해 있었던 우라카미천주당(浦上天主堂)은 일순간에 무너졌으며, 성당 안에 있었던 신부 2명과 신자들 수십 명은 시체도 찾을 수 없었다. 우라카미천주당 신자 12,000명 중 8,500명이 이 원폭으로 사망했다 한다. 하느님도 원자폭탄 폭발을 막을 수 없었던 모양이다.

나카이다카시(永井隆) 박사는 나가사키 의과대학을 졸업하고, 몇 년 후 우라카미 잠복신자 조직의 인도자인 부모 밑에서 태어난 모리야마미도리(森山綠)와 결혼하였다. 원자폭탄이 폭발할 당시 자신도 화상을 입고 피투성이가 되었는데도 2개월 동안 폭발에 의해 화상을 입은 부상자들의 치료에 몸을 던졌다. 아내 모리야마미도리는 집에서 화상을 입어 묵주가 뒤엉켜 죽었다고 한다.

그 후 불에 타고 폭풍으로 날라 간 집터에 조그마한 텐트를 설치하고 아이와 함께 살면서 원자폭탄 피해 체험기 '나가사키의 종'을 집필하였다. 이 책은 노래와 영화로 발표되어 세상에 널리 알려졌다고 한다.

그러던 어느 날 나카이다카시 박사는 백혈병으로 고통을 당하여 텐트 속에 누워 있었는데 우라카미 천주당 신도들이 나카이다카시 박사를 위해 텐트 옆에 작은 집을 건축하여 주었다. 나카이다카시 박사는 신도들에게 감사하면서 이 집의 앞면에 이 집의 이름을 '여기당(如己堂)'이라 써서 현판을 부착하였다고 한다. 이 '여기당'이라는 이름은 성경 구절 중「이웃을 내 몸과 같이 사랑하라!」, 즉 일본어로「己の如く人を愛せよ」에서 글자를 인용한 이름이라 했다.

이곳에서 나카이다카시 박사는 우라카미 4차 박해를 그린 '오토메토오게(乙女峠)'를 유작으로 남기고 43세를 일기로 선종하였다.

세상에 나온 이상 아무도 모르는 영혼의 세상으로 갈 때까지 이웃을 위해 살아야 하고 무슨 말을 남기고 가는 모범을 보인 사람이 나카이다카시 박사일 것이다. 일본에는 이러한 훌륭한 사람도 많은데 저네 나라에 많은 문화를 전수한 이웃나라인 우리나라를 임진왜란과 정유재란으로 괴롭히고, 1900년대에는 식민지로 만들어 많은 애국지사들을 살해하고 문화재를 침탈해 간 악질분자들이 많으니 우리나라 사람들은 마음을 다져 잊지 말아야 할 것이다. 용서는 하고 잊지는 말라고 하는 것이다. 자신을 괴롭힌 사람도 그 괴롭힘을 잊을 수는 없되 용서하라는 것을 우리는 들어온 것이다.

현재 우리나라는 어떠한가? 삼대세습으로 정권을 잡은 악질 살인마 김정은을 돕기 위해 석탄 1만톤을 밀수하고 결정된 것도 없는데 휴전선 철조망과 지뢰를 제거하고 10개 초소를 폭파시키면서 '고려연방제'를 주장하고, 비전향 장기수였던 '신영복'을 존경한다는 인간이 대통령 '문재인'이란다. 북한 괴뢰집단은 플루토늄 원자탄 수십 발을 만들어 놓고 있다. 그놈들은 종교를 인정하지 않는다. 대한민국 국민은 이를 어찌해야 하는가? 〈2018년 10월 25일 목요일〉

아타미시의 이수일과 심순애

일본 시즈오카켄(靜岡縣) 이즈반도(伊豆半島) 아타미시(熱海市)의 매화공원 내 좀 높은 언덕에 자리한 한국정원에 올라가서 박경원(朴敬元, 1901~1933) 우리나라 최초의 여성비행사의 추모기념비를 만나고 내려와 관광버스에 승차하여 1970년대 이수일과 심순애로 공연된 연극의 원작소설의 무대가 있는 바닷가 소나무공원으로 갔다.

이수일과 심순애로 공연된 연극에서 변심하여 김중배(金重培)와 결혼한 약혼자 심순애(沈順愛)를 이수일(李守一)이 찾아가 발로 걷어찬 곳이 평양의 대동강변인데, 이 이야기의 원작 소설은 일본의 소설가 오자키고요(尾崎紅葉, 1867~1903)의 소설 곤지키야샤(金色夜叉)였으며, 남자주인공이 변심한 약혼자를 걷어 찬 곳이 일본 중부에 위치한 아타미시의 바닷가 언덕의 소나무공원 늙은 소나무 밑이었다.

아타미 매화공원 입구에서 관광버스는 약 10분 달려 바닷가 주차장에 멈추고 우리 일행은 하차하여 낮은 언덕 위에 자리한 소나무공원으로 연결된 비탈길을 올라갔다. 2017년도 저물어 가는 11월 6일이어서 산은 붉게 물들고 있었는데 소나무공원으로 올라가는 길옆 언덕은 한국에서 볼 수 없어 이름도 모르는 예쁜 자주색 꽃들과 황금색 털머위꽃들이 흐드러지게 피어 있었고, 소나무공원은 두 그루 노송의 무성한 파란 잎들이 그 공원을 장식하여 가을이 깊어감도 잊을 것 같았다.

소나무공원은 동상과 두 그루의 늙은 소나무뿐인데 동상은 소설의 남자주인공 '칸이치(貫一)'가 약혼녀였던 '오미야(お宮)'를 변심했다고 발로 걷어차는 장면이다. 이 동상이 멋있게 세워지기도 하였거니와 우리나라에서 1970년대 연극으로 공연되던 '이수일과 심순애'가 일본 소설의 번안소설(翻案小說)임을 알았으며 그 원작 소설의 중심 무대에 내가 찾아왔다는 이유로 나는 한 순간 감흥에 젖었었다. 늙은 두 그루 소나무 북쪽 작은 편의점 앞 축대에는 동판에 동상의 설명문을 일본어와 영어로 기록하여 부착하여 놓았다. 다음의 글은 영어설명문을 필자가 한글로 번역한 것이다.

「오미야(O-Miya)와 칸이치(Kan-Ichi) 이야기/ 오자키고요(尾崎紅葉)는 메이지(明治)시대(1888~1912) 저명한 일본의 소설가로 1867년 태어나서 1903년까지 살았다./ 그가 저술한 소설 중 가장 유명한 소설은 곤지키야샤(金色夜叉, Gold Demon, 황금두억시니)로서 주 무대가 아타미시(熱海市)이다./ 많은 소설들과 같이 이 소설도 처음에 신문에 연재되어 발표되었다./ 요미우리신문에 1897년부터 1902년까지 5년 반 동안 연재되었다./ 한 부호 은행가의 아들이 약혼자가 있는 오미야에게 반하고, 어느 날 나타나서는 다이야몬드 반지를 선물하면서 결혼하자고 조른다./ 오미야는 운명적으로 그 제안을 받아들였다./ 그리고 찾아온 약혼자 칸이치와의 만남은 이 소나무 밑에서 였다./ 칸이치는 미친 듯 오미야를 발로 차면서 "너는 다이야몬드 반지에 눈이 멀었다."라고 소리쳤다./ 이 말은 전국으로 퍼져 "2카라트 다이야몬드 반지"라는 말은 이 비극적 사랑에 대한 노랫말이 되어 히트송이 되었다./ 오미야와 칸이치라는 이름은 그 소설이 발표된 후 1세기가 지난 지금도 모든 사람들의 기억 속에 살아있다./ 잘 알려진 온천지역인 아타미시(熱海市)는 이 소설로 더욱 유명해졌다./ 이 동상(銅像)은 아타미 주민이고 로타리클럽 회원인 코제이타텐오에 의해 1970년 건립되었고, 1986년 1월 17일 아타미로타리클럽 창설 30주년 기념으로 아타미시에 헌납하였다./ 1989년 5월」

이 설명문에서 이 동상은 메이지(明治)시대 저명한 소설가 '오자키고요'의 소설 '곤지키야샤'의 한 장면을 나타낸 것이라 하며 소설의 여주인공 '오미야'가 약혼자 '칸이치'를 배반하고 한 부호 은행가의 아들 '도미야마다다쓰구(富山唯維)'와 결혼한 다음 찾아온 약혼자 '칸이치'와 만나는 장면인 것이다.

이 소설 '곤지키야샤'는 처음에 다른 소설들이 그랬듯이 신문에 연재로 발표되었다. 즉 1897년부터 1902년까지 5년 반 동안 일본 '요미우리신문(讀賣新聞)'에 연재되었다. 연재되는 곤지키야샤는 당시 인기 절정의 소설이었고, 발표된 후 1세기가 다 되어가는 1989년에도 사람들

변심한 애인 오미야를 뒷발로 차는 칸이찌(그 동상 앞에서 관광인이 흉내내고 있다.)

에게 '칸이치'와 '오미야', 그리고 '도미야마다다쓰구'의 이름이 회자되고 있다고 설명하고 있다.

동상(銅像) 옆 늙은 소나무 두 그루도 이 동상과 비슷한 모습이다. 두 소나무들 중 한 그루는 동상의 '칸이치'처럼 좀 키가 크고, 또 한 그루는 동상의 '오미야'처럼 작다. 늙은 소나무들의 잎은 무성한데 줄기가 늙으니 가지들과 잎들의 무게를 줄기가 지탱하기 어려워 바닥으로 늘어져서 큰 소나무는 사다리 모양으로 만든 받침목 3개로, 작은 소나무는 1개로 줄기를 받혀 놓은 것이 조금은 측은해 보였다.

아타미 바닷가의 이 소나무 밑에서 '오미야'가 도쿄(東京)로부터 찾아온 약혼자였던 '칸이치'를 만나 용서를 빌었다고 하여 이 소나무를 '오미야소나무(O-Miya's Pine Tree, お宮の松)'라 이름을 붙였고, 늙은 소나무

오미야 소나무

들 앞쪽에 소나무 이름을 나무판에 예쁘게 'お宮の松'라 검은 페인트로 써서 세워 놓은 표지문판도 있었다.

우리나라의 많은 사람들이 '이수일과 심순애'로 알고 있는 이 이야기는 나도 이번 문학기행에서 원작이 19세기 말 일본의 소설가 '오자키 고요'의 '곤지키야샤'(金色夜叉, Gold Demon, 황금두억시니)임을 알았고, '조중환(趙重桓, 1863~1944, 호: 일재(一齋))'은 이 소설을 '장한몽(長恨夢)'이라는 번안소설로 저작한 것임을 알게 되었다. 소설 '곤지키야샤'는 '돈과 사랑'이라는 통속적 소재를 바탕으로 전개되는 이야기로서 일본에서 요미우리신문에 연재되고, 소설로 발간된 다음 연극으로 공연될 때 일본의 정치상황은 러일전쟁(1904~1905)을 향해 치닫고 있었는데, 일본인들의 관심을 정치나 전쟁으로부터 사랑이라는 인간생활로 돌려놓는데 기여했다는 것이다.

우리나라에서는 '조중환'이 '장한몽'이라는 번안소설로 조선총독부 기관지 '매일신보(每日新報)'에 상편은 1913년 5월 13일부터 10월 1일까지 약 5개월 간, 중편과 하편은 1915년 5월 25일부터 12월 26일까지 7개월 간 연재되었다. 그리고 유일서관(唯一書館)에서 '장한몽'이란 단행본 소설로 1913년 말과 1916년 초에 상편과 중 · 하편으로 출간하였다.

1969년 장한몽이라는 영화를 재작한 영화감독은 신상옥(申相玉, 1926~2006)이었고, 주연배우는 신성일, 윤정희, 남궁원이었다. 소설 ' 장한몽'은 1970년대 말로부터 1980년대 초 극단 가교에서 '이수일과 심순애'라는 제목으로 공연하였는데 당시 공연되던 연극 중 가장 인기가 높았다고 한다. 영화 장한몽, 소설 장한몽, 그리고 연극 '이수일과 심순애'는 남녀노소를 불문하고 한국인들의 눈물샘을 자극하였다.

소설 곤지키야샤의 주인공은 몰락한 사무라이 집안의 고아로 입신출세를 꿈꾸는 명문중학교 학생 '칸이치(貫一)', 부호 은행가의 아들 '도미야마다다쓰구(富山唯維)', 칸이치를 보살펴 준 은인의 딸 '오미야(お宮)'인데, 장한몽에서는 '이수일'과 '김중배', '심순애'로 이름을 바꾼 것이다. 공간적 배경은 도쿄와 아타미 바닷가에서 경성과 평양 대동강변으로 바꾼 것이다.

장한몽은 그 내용과 형식에서도 변화가 있다. 한 예로 곤지키야샤에서는 도미야마와 결혼한 오미야가 칸이치의 용서를 받지 못하고 아타미 앞바다에 투신 자결하는 비극으로 끝나는 반면 장한몽에서는 이수일과 심순애가 갖은 고난을 각자 겪다가 친지의 도움으로 재결합하여 해피엔딩으로 이야기를 끝맺는다. 일설에는 곤지키야샤의 저자 '오자키고요'는 요미우리신문에 5년 반이나 이 소설을 연재하던 중 중병에 시달리다가 소설을 끝마치지 못하고 1903년 36세의 젊은 나이로 생을 마쳤다고 한다. 인생은 초로이고, 물거품인 것이다.

곤지키야샤의 칸이치와 오미야가 이별한 늙은 소나무들 옆 동상 앞에서 주차장으로 내려올 때 마침 내 옆에서 걷던 가이드 아줌마가 나에게 질문을 던졌다.

"선생님은 돈과 사랑 중 어느 것을 택하시겠어요?"

나는 다음과 같이 대답했다.

"글세요? 돈과 사랑 둘 다예요."

이렇게 말하며 둘은 같이 웃었다. 〈2017년 11월 10일〉〈한국수필 통권 275호, 2018년 1월호, 67~71쪽 게재〉

[참고] 곤지키야샤의 남 · 녀 주인공의 원래 이름은 하지마칸이치(間貫一)와 시가사와미야(鷺澤宮)라 한다. 이 이야기는 한 부호 은행가의 아들 도미야마다다쓰구(富山唯維)가 약혼자가 있는 시가사와미야에게 다이야몬드 반지를 주면서 결혼하자고 하여 비극이 시작된 것이다.

알혼섬 부르한곶의 징기스칸

필자는 이 세상에서 80년 살아오면서 북위 50도선 근처 러시아의 강물 호수 중 세계에서 가장 깊은 곳이 있는 바이칼 호수(Baikal lake, 면적: 31,500 ㎢, 평균 너비: 48 ㎞, 가장 깊은 곳: 1,620 m)에 올 수 있으리라고는 생각하여 본 일이 없었는데 지금 그 호수에 와서 그 호수 가운데 존재하는 알혼섬(Olkhon Island, 면적: 730 ㎢, 남북 길이: 71.7 ㎞, 평균 너비: 15 ㎞)의 여러 곳을 둘러보고 하룻밤 풋사랑을 맺은 것이다.

필자가 하룻밤 풋사랑을 맺은 집은 알혼섬에서는 서쪽에 위치한 후지르(Khuzhir) 마을 중심부에 이루크츠쿠 주정부에서 건립한 호텔(통나무집)이었다. 호텔의 이름을 바이칼로프 오스트로그 호텔 후지르(Baikalov Ostrog Hotel Khuzhir)라고 했다. 통나무집 한 채에 방이 4개가 준비되어 4팀이 머물 수 있었다. 필자에게 배당된 호텔방은 15동 4호 방이었다. 필자의 룸메이트(roomate)는 안동에서 올라온 김지섭(金志燮, 1947~) 선생으로 필자보다 7년 연하인 중등학교 국어교사 명퇴

러시아 이르크츠쿠쪽에서 바이칼호수 내 알혼섬을 운행하는 선박(철갑선)

자였다.

이루쿠츠쿠 안가라강을 내려다 볼 수 있는 이루쿠츠쿠 바이칼 비즈니즈 센터 호텔(Irkutsk Baikal Business Center Hotel)에서 2019년 7월 17일과 18일의 2일 밤 풋사랑을 맺고 19일 아침 아침식사를 호텔식으로 하고 관광버스에 승차하여 바이칼 호수의 중심부에 위치한 알혼섬을 향하여 북쪽으로 달렸다. 관광버스가 2차선 도로를 달려갈 때 차창 밖을 수시로 내다보니 많이 자라지 않은 풀밭이 대부분이었다. 마을도 보이지 않았다. 2시간을 쉬지 않고 달린 다음에 휴게소에서 관광버스가 약 15분 정도 멈추었는데 그곳에서 화장실에 들어갔다 나와서 보니 그 주변이 꽤나 집들이 많은 마을이었다.

이 마을에 사거리가 있어 그 사거리에서 우회전하고 동쪽으로 2시간을 관광버스가 달려갔다. 이 도로 옆으로는 자작나무와 소나무 숲들이 이어졌고, 초원에 소들이 풀을 뜯는 모양도 몇 곳에서 볼 수 있었다. 한 곳에서는 소들이 버스가 지나가는 길에 올라와 멀뚱멀뚱 버스를 쳐다보고 있었다. 버스 기사는 버스를 멈추고 소떼들이 지나간 다음에야 천천히 움직여 나갔다.

이렇게 하여 알혼섬으로 건너가는 선착장 사희타(Sakhyurta) 마을에 도착하였다. 이 선착장에 관광버스와 큰 짐들은 남겨놓고 관광객과 조그마한 배낭 정도만 가지고 연락선에 올라야 했다. 현재 두 대의 훼리(Dorozhnik와 Olkhon Gates)가 운행되고 있었다. 이 훼리가 알혼섬 선착장에서 관광객들을 내려놓으면 관광객들은 대기하고 있는 4륜구동 9인승 승합차에 승차했다. 이 승합차는 1965년부터 러시아에서 군인 이동용으로 제조한 차량인데 비포장도로로 되어 있는 알혼섬에서 관광객 이동용으로도 현재 사용되고 있는 것이다. 이 차량을 '부한카(빵덩어리)'라 불리우기도 하고 '우아직'이라 부르기도 한다고 했다. 부한카라 불리우는 이유는 짧달막 하고 통통한 차체 모양 때문이라 한다. 쇼크 앱쇼바가 높기 때문에 비포장도로에서 운행히는데 잇점이 있다고 했다.

이 선착장으로부터 이 섬에서 80%의 주민(1,200 명)이 거주하는 후지르(Khuzhir) 마을까지 40 ㎞ 정도여서 부한카는 터덜거리면서 비포장길을 50분이나 달려 우리 일행이 머물 바이칼로프 오스트로그 호텔(2013년 건축됨) 옆 주차장에 도착하였다. 선착장에서 후지르 마을을 향하여 부한카가 달리면서 차창으로 밖을 내다보니 모래 구릉도 있어 황량하였는데 후지르 마을이 가까워 오면서 아름들이 소나무와 전나무들이 보이는 것은 사람의 생존한다는 증거가 되는 듯했다.

알혼섬의 징기스칸의 설화가 묻어있는 브루한곶의 암석

필자는 소설가 이광수(李光洙, 1892~1950)가 1933년 발표한 장편소설 유정(有情)에도 바이칼 호수에 위치한 알혼섬이 기술된다는 것을 신기하게 생각했다. 여자보통학교(현재 여자중 · 고교) 교장 최석(崔晳)은 친구가 죽은 다음 그의 딸 남정임(南貞姙)을 데려다 키운다. 그러나 최석 교장과 남정임이 남녀관계의 사랑으로 흐른다는 아내의 의심과 학생들의 조소에 못이겨 러시아 무관으로부터 여권을 얻어 바이칼호수의 알혼섬으로 들어간다. 남정임이 최석을 찾아 알혼섬에 갔을 때는 최석은 싸늘한 시체로 되어 있었다는 이야기이다.

오후 2시나 되어 맛이 좋지 않은 빵과 국수로 점심을 때우고 통나무로 건축된 단층 호텔 앞 주차장에서 부한카에 승차하고 떠듬떠듬 집들이 건축되어 있는 이 마을 후지르의 중심 도로를 통과하자마자 만난 첫 관광지가 '브르한곶'이었다.

'부르한곶(Cape Burkhan)'은 아세아 아홉 개 성지 중 한 곳이라는 의

미가 있었다. 샤머니즘(Shamanism, 무당)의 상징물이 멋있게 이 '부르한 곶'의 언덕을 장식하고 있기 때문일 것이다(사진). 부르한 바위라 하는 바위가 바이칼 호숫가에 위치하고 이 부르한 바위가 내려다보이는 언덕 위에 샤먼(Shaman, 무당)의 13명 아들을 상징하는 13개 세르게(기둥, 신목(神木)이라 한다)가 일정한 간격으로 일렬로 세워져 있는데 이곳 주민들과 관광객들이 이 세르게들을 5색(백, 청, 초록, 적, 그리고 황색) 천에 자신의 소원을 적어 묶어 놓는 것이 세르게를 원래의 굵기보다 두 배는 되도록 만들고, 그 천들이 바람에 펄럭이고 있었다. 세르게의 높이는 3m는 됨직하였다.

세르게에 묶어 놓은 천의 색깔에 따라 그 의미가 다르다고 했다. 백색은 순수함, 청색은 화합과 조화, 초록색은 풍요로움, 적색은 안정, 그리고 황색은 믿음을 나타낸다고 했다. 이것은 인간이 미약하여 개신교나 불교에서 내일 어떠한 일이 일어날지도 모르니 하느님께 기도하는 것과 같은 현상이 아닐까(?) 하는 생각이 들었다.

이 13개 세르게들에서 밑으로 내려다보이는 커다란 바위가 여행 안내서에는 테무친(징기스칸)이 탄생된 곳이라 기록되어 있으나 가이드 청년(안내자)은 "그것은 아닙니다."라고 했다. 그 가이드의 설명으로는 "후지르 마을이 테무친의 어머니가 태어난 곳이라 합니다." 하였다. 그래서 징기스칸이 어머니가 탄생하여 자란 곳이 그리워 1226년 이곳으로 와서 부르한곶의 물가 바위에 자연적으로 생긴 굴(바위굴)에 와서 생을 마쳤다는 이야기가 있다고 했다. 그래서 몇 년 전 러시아 역사학회 학술조사단이 이 바위굴을 샅샅이 조사하였다고 한다. 무엇인가 징기스칸의 흔적이 있을까 하고 조사했다는 것인데 그들은 아무런 흔적도 발견할 수 없었다고 했다. 그러므로 징기스칸과 이 부르한곶은 아무런 관련이 없을 것이라고 하는 것이다.

우리 여행단 32명은 다섯 대의 '빵덩어리(부한카)'에 나누어 타고 알혼섬 서쪽 호숫가길을 달려서 '삼형제 바위'를 찾아간 이야기는 다음의 글 '알혼섬 바이칼왕의 세 왕자'라는 글로 기록할 것이다. 〈2019.07.20. 알혼섬에서〉

알혼섬의 바이칼왕

겨울이 8개월이라고 하는 러시아 이루쿠츠쿠주 바이칼호(Lake Baikal, 면적: 31,500 ㎢, 길이: 636 ㎞, 평균 너비: 48 ㎞, 최고 수심: 1,620 m)에는 1,200 여종의 동물과 600여 종의 식물이 서식한다고 한다. 세계 담수의 1/5을 이 호수가 가지고 있다 하니 가능할 것이다.

이 호수에는 27개의 섬이 존재하는데 그 중 가장 크고 인간이 살고 있는 섬은 알혼섬(Olkhon Island, 면적: 730 ㎢, 길이: 71.7 ㎞, 평균 너비: 15 ㎞, 거주 인구: 1,500 명)이다. 세계에서 네 번째로 큰 호도(湖島)라 한다.

후지르(Khuzhir) 마을 부르한곶(Cape Burkhan)에서 안내자로부터 13개 신목(神木)에 대한 이야기를 듣고 9인승 4륜 구동 부한카(빵덩어리, 우아직)에 올라 알혼섬 북쪽으로 울퉁불퉁한 비포장길을 털털거리며 달려갔다.

이 알혼섬은 세 개의 지역으로 나뉜다고 설명된 여행안내서의 글을 읽고 의아해 했는데 오전 10시 부한카에 승차하고 알혼섬의 선착장으로부터 후지르 마을로 달릴 때 볼 수 있었다. 부한카가 선착장으로부터 10분 정도 달릴 때까지 주위의 언덕과 산기슭은 풀밭이었다(초원지대). 그러나 그 풀밭이 끝나는 곳에서 약 5분 달리는 동안 옆의 대지와 언덕들은 메마르고 사막과 같은 플도 없는 지역이었다(사막지역). 그 다음 후지르 마을이 가까워 올 때부터 소나무와 전나무들이 보이기 시작하고 그 북쪽은 그러한 침엽수들의 숲이 계속되었다(침엽수 지역). 침엽수 지역에는 활엽수인 자작나무는 보이지 않았다.

이 침엽수림 지역에 길을 만들었으나 아직 비포장도로여서 부한카가 터털거리고 달릴 수밖에 없었다.

이 섬에도 우리나라의 금강산 부근에서 있었던 이야기로 전하여지는 설화인 '선녀와 나뭇꾼'과 같은 설화가 있다고 인터넷 자료실에 소개하고 있다. 단지 제목이 '백조와 사냥꾼'이라는 것이다.

부한카가 비포장 침엽수림 사잇길을을 약 15분 달려 첫 번째 차를 세운 곳은 '가란치곶'이었다. 안내자는 이곳에서 북쪽 바이칼 호수면을 바라보라고 했다. 바람이 없어 호수면은 비교적 조용하였다. 수면에 두 개의 바위가 보이는데 하나는 물에 빠진 '사자' 모양이고, 또 하나는 먹이를 잡으려고 섬으로 다가오는 '악어'의 모습이었다. 그래서 이 바위들을 '사자바위'와 '악어바위'라 부른다고 했다.

다시 부한카에 승차하여 비포장 침엽수림 길을 덜컹거리며 약 20분 달려가서 우리 일행을 내려놓았다. 그곳이 '사간후순곶'(Cape Sagan-Khushun)이라 했다. 하나의 호숫가 언덕으로 이곳에서 내려다보이는 호숫가에 예쁜 바위들 셋이 눈길을 끌었다. 이 세 바위들을 '삼형제바위'(Three Brother's Rocks)라고 부른다고 했다. 높지 않은 바이칼 호수의 물결이 밀려오고 밀려와서 그 바위들에 부딪고 부딪는 모습이 바위들을 바이칼 호수가 어루만지는 듯했다. 이곳 알혼섬 주민들이 만들었다는 안내서에 소개된 설화를 읽어 알고 있기 때문에 일어나는 감성일 것이다.

「바이칼왕은 335명의 아들과 외동딸을 두었다고 한다./ 외동딸 '안가라'가 결혼할 나이가 되자 바이칼왕은 안가라를 '이루쿠트'라 하는 총각과 정략결혼을 시켜 옆에 살게 하려고 했다./ 그런데 하늘을 자유롭게 날라 다니는 새들이 '안가라'에게 "저 멀리 가면 너무 잘 생긴 총각인 '예니세이'가 있다고 아르켜 주었다./ '안가라'는 새들의 말을 듣고 총각 '예니세이'에게 결혼할 마음이 있다고 아버지 바이칼왕에게 의견을 말했다./ 그러나 아버지 바이칼왕은 단호하게 "그것은 절대 안된다."라고 말했다./ 그래서 다급하여진 '안가라'는 '예니세이'에게로 밤에 도망쳐 가서 청혼하고 결혼하였다./ 바이칼왕이 335명의 아들 중 똑똑하고 건강한 아들 셋에게 "가서 누이 동생 '안가라'를 찾아오라!" 고 명령을 내렸다./ 삼형제는 수소문하여 누이 동생 '안가라'를 비교적 쉽게 찾을 수 있었다./ 삼형제는 누이를 만나 아버지의 말을 전하고 돌아가자고 설득했다./ 그러나 누이동생 '안가라'도 결심이 대단하여 "오빠들 저를 찾아오시느라 수고하셨는데 저는 충분히 행복하여 돌아갈 생각이 없어요. 그러니 돌아가셔서 아버지께 못 찾았다고 거짓말을 하여 주세요." 했다./ 삼형제는 돌아와서 누이동생 '안가라'를 찾을 수 없

바이칼왕의 전설이 전하여 오는 알흔섬의 삼형제 바위

었다고 거짓말을 하였다./ 그러나 무당에게 점을 쳐서 바이칼왕은 삼형제가 거짓말을 하는 것을 알게되었다./ 그러므로 바이칼왕은 화(禍)가 나서 그들을 바위로 만들었다./ 그 바위들이 언덕에서 내려다보이는 예쁜 '삼형제 바위'라고 했다.」

옛날 옛날 이야기이고 관광지를 활성화 하려고 지어낸 이야기이니 재미로 들은 것뿐이다. 어떻게 사람을 바위로 만들 수 있겠는가? 또 아무리 가슴이 냉혹한 인간이고 능력이 뛰어난 인간이라 할지라도 아버지가 거짓말을 했다고 해서 자신의 아들들을 바위들로 만들 수 있겠는가? 만들 수 있어도 만들지 말아야 하는 것이 이 세상의 도리일 것이다.

수많은 자식 중 하나뿐인 외동딸이 훌륭한 총각을 만나 행복하게 살면 되는 게 아닐까? 이것은 필자의 생각이다. 〈2019. 08. 02〉

관부연락선에서

"선생 모양이 좋습니다."

"무슨 모양이 어떻게 좋다는 말씀입니까?"

"선생 체중이 80 킬로그램은 더 나가지요? 그런데 배도 많이 나오지 않았으니 모양이 좋다는 말입니다."

"그렇습니까? 감사합니다. 그런데 선생님은 연세가 어떻게 되셨습니까?"

"하찌쥬니사이데쓰."

82세라는 말이다. 필자가 정년도 얼마 남지 않았는데 일본의 오카야마대학(岡山大學)으로 두 달 간 연구 왔다가 귀국하는 길이라 하니 그러냐고 하면서 자신이 누구이며 한국에는 왜 가는지를 설명한다. 자신의 고향은 경남 진주이며 한일병합시대인 1930년 아버지를 따라 일본의 히로시마에 가서 살기 시작하여 지금까지 거기에 살고 있으며 지금 진주에 살고 있는 조카에게 돈을 주어 시켜놓은 사업의 진행이 어떻게 되어 가는지 확인하러 가는 길이라고 했다.

필자가 3년 전 히로시마의 겐바구도무(原爆記念館, げんばぐどむ)에 가본 일이 있다고 하자 자신의 머리카락을 들추고 귀를 보라고 했다. 반쯤 잘려졌다. 그리고 오른 손을 내밀며 손을 보여준다. 몇 번인가 수술하여 상처투성이인 손이다. 그러면서 자기가 그 원자탄이 히로시마에 떨어졌을 때 그곳에 있다가 거의 죽은 사람이라 했다. 겨우 살아나 무상으로 치료받고 지금까지 어느 경우라 해도 병원 치료비는 무료라고 했다. 그때 화상을 심하게 입은 부분은 지금도 이렇게 상처가 남았다는 것이다.

그런데 그 노인장 옆에 50세쯤 되어 보이는 일본인 남자가 필자를 쳐다보고 있었는데 그를 인사시키는 것이었다. 그 노인장과의 관계를 물어보니 자기 아들의 친구라고 하면서 얼마 전 부인이 죽어서 자기가 한국에 갔다 온다고 하니 따라나섰다고 했다.

"색씨 사냥을 가는 사람입니다."

라고 그 노인이 웃으며 말하는 것이다. 일본인이고 한국인이고 남자는 여자와 관계 갖는 것을 즐거움과 행복으로 생각하니 많은 불행이 이로부터 발생하는 것이다.

저녁 6시 승선하고 7시 출항하는 부산행 여객선을 승선하기 위해 오후 3시쯤 국제선 시모노세끼항(下關港) 대합실에 도착하여 시간 여유가 있기 때문에 대합실의 다른 승객과 이야기를 나누는 즐거움을 가진 것이다.

이 노인과 헤어져 대합실을 왔다갔다 배회하고 있었는데 이번에는 다른 노인 한 사람이 말을 걸어왔다.

"어디서 오시는 길이요?"

"오카야마대학에서 두 달 간 연구하고 귀국하는 길입니다. 선생님은 어디서 오시는 길이십니까?"

"나는 왜관에 사는 사람인데 친구 셋과 시모노세끼(下關)에 관광 왔다가 돌아가는 길이요."

"그러면 어디어디를 보셨습니까?"

"수족관하고 해저터널을 봤지요."

"그래 어떻던가요?"

"수족관 참 잘 해 놓았습디다. 없는 물고기가 없는 듯하고, 돌고래 쇼가 재미있었어요. 해저터널은 4.5km로 후쿠오카까지 왕복 2 시간 정도 걸리더군요."

"어제 저녁은 어디서 주무시고요?"

"여기도 민박이 있어요. 그 민박집에서 잤어요."

호텔보다 숙박료가 저렴한 민박집이 있었던 모양이다. 이 노인의 이야기도 듣고 필자의 이야기를 이 노인이 물어 답하기도 하면서 이야기를 나누는데 또 한 사람의 노인이 다가오니 이 노인이 그 노인에게

"이 사람 청주에서 온 선생이라는군."

하면서 필자를 소개한다. 듣기가 조금 그랬으나 젊은이를 가르치는 선생임에는 틀림이 없지 않는가?

먼저 대화를 나누던 노인은 76세. 그 다음에 인사를 나눈 노인은 72세란다. 이들은 한일병합시대에 소학교를 나오고, 앞의 노인은 중학

교를 4학년까지 다녔다고 한다. 앞의 노인은 일본의 요코하마(橫浜)에서 태어나서 소학교를 그곳에서 졸업하고 중학교를 들어가 4학년일 때가 1945년이어서 그곳에서 8 · 15해방을 맞은 것이다. 해방 후 고향에 가면 잘 살 것으로 생각하여 아버지가 귀국을 서두르는 바람에 고향인 왜관(倭館)으로 돌아왔다고 한다.

그러나 잘 살 것이라는 예상은 완전히 빗나가 겨우겨우 살아가다가 19세에 6 · 25전쟁이 일어났다. 그래서 입영하고 약 1년 동안 전쟁터에서 졸병(兵)으로 근무하다가 총상을 입고, 국군통합병원(國軍統合病院)을 전전하다가 제대했다. 그리고 자신이 아직도 성생활을 즐기고 있다고 앞의 노인이 이야기하는가 하면 뒤의 노인은 아주머니가 중풍으로 쓰러져 누워 있기 때문에 자신은 성생활이 가능하나 참고 지낸다는 말까지 했다. 두 노인은 마치 이야기에 굶주린 사람과 같았다.

배에 승선할 시간이 다가오자 자기들의 방 번호가 116호실이니 승선하면 놀러오라고 한다. 요코하마에서 소학교를 다닌 노인은 지금도 소학교 동기 두 · 세 사람과 안부편지를 나누며 지낸다고 했다. 아직도 일본어를 잊지 않고 사용하는 것이다. 필자도 방 번호를 알려주고 여유가 있으시면 놀러 오시라고 했다.

그리고 승선하여 짐을 정리하여 놓고 저녁식사를 한 다음 마침 도쿄 남쪽 요코하마(よこはま, 橫浜) 축구 경기장에서 한 · 일 국가대표축구친선경기가 선실 내 TV로 중계됨을 알게 되어 여객선선실에서 즐겁게 시청하였다. 그러므로 116호 선실에 승선한 노인들에게 대화를 나누러 갈 수는 없었다.

아침에 일어나 로비에 나가니 그 왜관 거주 노인 중 한 분이 밖에서 들어오며

"선생 밖에 한 번 나가 보세요 부산 시내와 오륙도(五六島), 영도다리가 건너다보이며 시원한 바람이 불어오니 얼마나 기분이 상쾌한지 몰라요."

했다.

"저는 목욕이나 좀 하고 선생님 방에 놀러 갈게요"

라고 말하고 목욕탕으로 갔다. 여객선에는 목욕탕이 있다. 시내의 목욕탕보다 시설은 좋지 않았으나 깨끗하고 따스한 물이 준비된 목욕탕이 있는 것을 알고 잠시 목욕을 하고, 그 노인들이 쉬고 있는 방을 찾아갔다.

76세의 노인은 누워있고, 요코하마 출생 노인은 앉아서 무슨 이야기를 나누다가 나를 보고 반긴다. 이렇게 하여 그 노인들과 하선할 때까지 두 시간 정도 이야기를 또 나누고 하선 준비를 했다. 요코하마 출생 노인은 왜관역 앞에서 자전거 매매 및 수리 상점을 경영한다고 했다.

이렇게 하여 현해탄(玄海灘)을 또 한 번 건넜다. 세월은 1945년 일본이 한국에서 쫓겨 간 다음 관부연락선(關釜連絡船)이 운행되지 않다가 이제 황혼의 한국인들이 일본을 안내자 없이 여객선으로 여행할 수 있도록 변화한 세상으로 흘렀다. 생각해 보면 이 관부연락선 운항로는 우리 한국인에게 얼마나 애끓는 역사적 일화들이 서린 길이냐? 일반인이 비행기를 탈 수 없었던 한일병합시대에는 한국인과 일본인 모두가 이 현해탄(玄海灘, 大韓海峽, けんかいなだ)을 관부연락선(關釜連絡船)으로

건너 부산과 시모노세끼(下關)를 오고갔다.

동력선이 없던 백제시대 일본에 한문을 전수한 왕인(王仁)은 전라남도 월출산(月出山) 밑 조그마한 항구를 떠나 이 바다를 한 달쯤 걸려 건넜을 것이다. 삼국시대로부터 영 · 호남지방을 괴롭혔던 왜구의 뱃길이 이곳이며, 임진왜란 때 일본의 수많은 전함들이 이 길로 밀려왔다. 또한 임진왜란 후 사명대사 유정(四溟大師 惟政, 1544~1610) 일행은 수교사절로 이 바닷길을 왕래하였다.

구한말 풍운아 김옥균(金玉均, 1851~1894), 박영효(朴泳孝, 1861~1939), 한일병합시대 존경받던 문인들인 이광수(李光洙, 1892~1950), 최남선(崔南善, 1890~1957), 나도향(羅稻香, 1902~1926) 등이 오갔던 길이다. 대하소설 토지(土地)(박경리(朴景利, 1926~2008)저)에서 1923년 도쿄에 관동대지진(關東大地震)이 일어났을 때 한국 학생들을 보호해 주었던 일본인 오가다와 한국의 귀족출신으로 일본인 여인과 결혼하여 살고 있는 박찬하가 오가다의 아들에 관해 진지한 이야기를 나눈 장소도 관부연락선이었다. 이 이외에도 많은 역사적인 사건과 일화들이 관부연락선에는 진하게 묻어있다.

구한말 을사늑약(乙巳勒約)을 반대하다가 일본군에게 구속되어 일본함선으로 현해탄 중간에 있는 쓰시마(대마도)에 와서 위리안치 되었던 면암 최익현(勉菴 崔益鉉, 1833~1907)은 일본의 것은 어느 것도 입에 대지 않겠다고 4 개월 동안이나 단식하다가 돌아가셨다는 이야기가 이 뱃길 한 편에 숨어 있다.

세계 최대의 함대라 하는 러시아의 발틱함대는 1904년 10월 15일

발틱해의 러시아 군항 리에파이항을 출항하여 아프리카의 케이프타운(Cape Town)을 돌아 인도양과 남지나해를 거쳐 현해탄으로 들어와 브라디보스토크로 향하다가 가로막는 일본의 군함들의 야간 기습공격으로 1905년 5월 27일 괴멸되었다. 이 해전에서 일본 함정의 포탄을 맞은 채 도망하다가 침몰된 러시아 군함 한 척이 지금도 울릉도에서 독도 쪽으로 4 km 떨어진 지점 400 m 깊이의 해저에 일부는 묻히고 일부는 암벽에 걸친 채 며칠 전 현대의 첨단장비에 의해 존재가 확인되었다고 한다.

요코하마 출생 노인은 1945년 해방된 후 14살의 소년으로 아버지를 따라 이 여객선을 타고 귀국했고, 이제 머리가 하얀 노인으로 다시 한 번 일본 땅을 밟고 돌아오는 것이다.

「황막한 세상에 달리는 인생아/ 너는 뭣 하러 세상에 왔느냐?/ 이래도 한 세상 저래도 한 세상/ 돈도 명예도 사랑도 다 싫다.」

고달프게 살아가는 사람이 들을 때 심금을 울려주는 이 노래는 현해탄을 건너 일본으로 유학의 길을 떠나는 한 젊은이가 현해탄을 건너는 배 안에서 작사 · 작곡하고 갑판에 올라가 이 노래를 부른 다음 바다로 뛰어들어 죽었다는 이야기가 전해온다.

직장을 찾아, 유학으로, 망명생활로 이 뱃길을 따라 일본으로 떠나갔던 많은 인재들의 마음을 어찌 헤아릴 수 있을 것인가? 〈2003년 6월 1일〉 (한국수필 2006년 6월호 게재)

제2장

서해 섬마을집의 다락방

이 제2장에서는 강화도, 실미도, 위도, 행담도, 그리고 신안군의 몇 개 섬에 필자가 직접 가서 순박한 섬사람들과 만나 이야기를 나누고, 각 섬마을들의 풍경과 듣고 본 섬마을들에 묻혀있는 이야기들을 필자 나름대로 성심껏 기록하였습니다.

실미도의 백동호

실미도(實尾島)는 인천항에서 20 km 남서쪽에 위치한 무인도(無人島)이다. 인천광역시 중구 무의동 무의도(舞衣島, 9.43 ㎢)의 서쪽에 위치한 0.254 ㎢(75,870평)의 작은 섬이다. 이 섬에서 가장 높은 지점이 해발 80 m의 산이다.

실미도는 우리나라 국민 대부분이 알지 못하는 작은 무인도이다. 그런데 1971년 8월 23일 이 섬에서 공군 소속으로 훈련 받던 특수부대원들이 영등포 대방동 유한양행 앞에까지 와서 집단 자폭하는 사고가 일어나 많은 사람들이 어렴풋이 알게 되었고, 소설가 백동호(白東浩, 1955년 04월 28일, 대전광역시 출생)가 1999년 '실미도'라는 소설을 출간함으로써 더욱 많은 사람들이 알게 되었다. 2003년에는 이 소설을 토대로 영화감독 강우석(康祐碩, 1960~)이 '실미도'라는 영화를 세상에 내어 놓아 성황리에 방영되어 이제는 우리나라 국민 거의 모두가 알게 되었다.

필자도 2005년도 쯤 TV에 방영되는 '실미도' 영화를 방청하여 알게 되었다. 그리고 2017년에는 유튜브에서 1971년 이 훈련병들을 훈련시켰던 부대에서 기간병으로 근무하던 24명 중 이 훈련 받던 특수부대원에게 죽지 않고 생존한 6명의 증언을 토대로 KBS1 '인간극장'에서 방영하여 시청하여 더욱 인상 깊게 알게 되었다.

이 실미도를 가 보려고 벼르다가 2018년 9월 5일 아침 일찍 청주 필자의 집을 나섰다. 청주 시외버스터미널에서 인천공항 제1터미널 3층에 도착하고, 바로 그 자리에서 2-1번 마을버스에 승차하여 장전도 선착장에 도착하였다. 이 선착장에서 무의도선착장을 왕복하는 차도선에 오르니 10분도 되지 않아 무의도 선착장에 도착하였다. 무의도 선착장 옆 버스정류장에서 무의도 서쪽 해안이고 실미도를 마주 바라보는 '무의해수욕장'을 왕복하는 마을버스에 승차하여 가는데 그 시간에 손님은 필자 혼자였다. 무의도 선착장 마을의 구불구불하고 긴 집들 사이를 지나고 구불구불한 고갯길을 넘어가서 무의해수욕장 입구에 도착하는 데는 10분 정도 소요되었다. 해수욕장 입구는 하나의 유원지였다. 이 유원지에서 입장료를 지불하고 입장료를 받는 젊은 30대 남자에게

"실미도는 몇 시부터 건너갈 수 있나요?"

하고 물으니

"실미도는 썰물이 져서 모래톱이 들어나는 오후 3시 30분이 돼야 들어갈 수 있답니다."

라고 말하는 것이었다. 그렇다면 청주에서 12시 정도에 출발하는 인

썰물이 되기 전(모래길이 열리기 전) 바라보이는 무의도 해변과 실미도

천국제공항행 시외버스를 승차하였어도 될 것을 아침 일찍 와서 해수욕장에서 4시간을 보내야 되는 것이었다. 일단 모래톱이 들어나 실미도에 들어가면 밀물이 져서 모래톱이 잠길 때까지 5시간은 걸린다는 말을 했다. 나는 우두커니 서서 좁은 해협 건너 실미도 서쪽 기슭을 건너다보기도 하고 해수욕장 모래밭 남쪽까지 걸어갔다가 돌아와 해수욕장 한식집에서 점심식사도 하였다.

15시 30분 모래톱이 들어나 500 m 길이의 모래밭을 밟고 건너 실미도 서쪽 해변에 도착하고 약 500 m의 해안가를 남쪽으로 걸어 내려가 작은 고갯길을 넘어가서 공군 특수부대원 31명이 1968년 4월부터 1971년 8월 22일까지 3년 4개월 동안 훈련했다는 장소에 도착하였다. 넓지 않은 좁은 골짜기였다. 이 장소에서 훈련병 31명과 기간병 24명 합하여 55명이 훈련하고, 시키면서 생활한 것이다.

실미도 684부대는 1968년 1월 21일 북한 124군 부대원 31명이 청와대를 공격하기 위해 파견되었던 1.21사태의 보복으로 조직한 부대

무의도와 실미도 간 모래톱길이 막 열리기 전의 모습

였다. 제4대 중앙정보부장 김형욱(金炯旭, 1925~1979, 황해도 신천 출생, 제4대 중정부장 재직: 1963. 07. 12~1969. 10. 20)이 제안하여 조직된 부대라 했다. 공식적으로는 공군 2325부대 209파견대였다. 31명의 훈련병은 무기수와 사형수로 조직했는데, 연령 분포가 19세로부터 34세까지 였다고 한다. 김일성을 살해할 경우 그들의 과거 기록을 삭제하여 주고 새 삶을 약속한다고 했다 한다.

684부대의 훈련은 교육대장 준위 김순응 밑에서 중사 김이태(1999년 56세)와 중사 김방일(1999년 55세)이 담당했다. 그들에 대한 이야기는 다음과 같이 요약된다.

「1968년 4월에 창설하여 훈련을 시작했다 하여 '684부대'라 불렀다 한다./ 4월에 창설하여 8월까지 철저한 훈련을 시켰다./ 체력이 우수한 사람들이어서 북파해도 될 정도로 이들은 몸이 갖추어졌는데 명령이 내려올 듯 하다가 취소되었다./ 그리고 3년이 지나도록 아무런 조치 없이 훈련만 반복하였다./ 그러면서 그동안 중앙정보부장이 김형욱에서 이후락(李厚洛, 1924. 02. 23~2009. 10. 31, 울산 출생, 제6대 중정부장 재직: 1970. 12. 21~1973. 12. 03)으로 교체되고 이후락이 북한을 방문하면서 남과 북이 화해분위기로 흘러가서 1971년에는 7.4공동성명을 발표하기에 이르렀다./ 이 훈련병들에게 들리는 정보는 이들을 사살한다는 것이었다./ 이들은 드디어 1971년 8월 22일 교육대장 김순웅을 비롯한 기간병들을 죽이고 청와대로 진격하는 난동을 일으켰다.」

1971년 8월 22(토요일)일 김방일 중사는 교육대장의 지시로 인천 파견대에 외출을 나갔었다. 귀대하려고 하는데 약혼녀로부터 파견대로 전화가 와서 그녀가 지금 인천 시내에 와 있다고 만나자는 것이었다. 김방일이 이 사실을 김순웅에게 전하니 김순웅이 "오늘이 토요일이니 오늘 인천에서 약혼녀 만나 즐겁게 지내고 내일 귀대하게!"하는 것이었다. 이튿날 김방일이 귀대하였을 때는 김순웅과 기간병 24명 중 18명이 반란을 일으킨 훈련병들의 총탄에 죽고 김방일을 포함하여 기간병 6명만이 살아남았다고 한다. 이들 6명이 살아 남게된 이야기도 6편의 아슬아슬한 드라마이나 이 글의 성격과 부피 관계로 생략한다.

훈련병들이 실미도를 탈출하여 무의도로 가서 연락선에 승선하여 인천항 옆의 독배부리 해안으로 상륙하고, 시내버스를 탈취하여 인천 시내를 통과하고 소사를 거쳐 영등포 대방동 유한양행 앞의 가로수를 들이 받고 동원된 군경 합동부대와 총격전을 벌이다가 수류탄을 터트려 자폭하는 상황까지는 영화에 상영되어 우리나라 국민들에게 알려져서 그 상황을 기록하지는 않으려 한다.

다만 훈련을 받던 31명이 어찌 되었는지를 간략하게 기술하려고 한다.

입소한 훈련병 31명 중 7명은 3년 4개월 실미도에서 훈련받는 동안 사망했다. 그 내력은 모르나 3명은 무의도 무의초등학교로 무의 면사무소 주변의 처녀 2명을 납치하여 강간한 다음 2명은 그 자리에서 자살하였고 1명은 실미도로 붙잡혀 와서 벌을 받다 죽은 사건도 있었다. 인간의 성적 욕망이 목숨보다 강했던 모양이다. 여하튼 8월 22일 밤 난동을 일으켜 기관병들을 사살할 때는 훈련병들이 24명이었다. 그런데 훈련병들 대부분은 기간병들을 모두 죽이고 청와대로 직행하자는데 동의했다고 한다. 그런데 그 중 3명은 각자 흩어져 살아갈 길을 찾자고 했다는 것이다. 그것을 주장하는 3명 중 1명은 강력히 청와대행을 주장하는 21명에게 집단폭행 당하여 죽고 2명은 무의도에서 인천으로 향하는 도중 탈주했다. 그러니까 탈취한 시내버스에 탑승한 공군 684부대 훈련병은 21명이었다.

이것은 소설가 백동호(1955~)의 소설 '실미도'(밝은세상 출판)에 서술되어 있다고 한다. 소설가 백동호는 남자 쌍둥이로 태어나 5살 때 부모를 잃고 고아 쌍둥이가 된 사람이다. 아이 없는 집에 양자로 들어갔는데 양부모의 학대가 너무 심하여 13살 때 가출을 하고, 도둑질과 강도질을 하다가 전과 7범인 사람이 되었다. 동산유지라는 기업의 20억 정도 보관된 비밀금고 털이를 한 다음 1985년 체포되어 8년 6개월의 형을 복역하고 1996년 출소한 다음 자전소설 '대도(大盜)'를 발표(1999년)

하여 베스트 셀러(best seller, 40만 부 판매) 작가가 되었다. 그리고 그때 교도소 감방에서 실미도 훈련병 출신 생존자 '강인찬'(가명)을 만나 실미도 훈련병들이 반란을 일으킨 실화를 들었는데 그것을 1999년 소설 '실미도'로 발표한 것이다. 내가 지금 살고 있는 청주의 한 곳에 위치한 '청주교도소'에도 수감되었었다고 한다. 여기에서 어릴 때 헤어졌던 쌍둥이 형제도 만났는데 그는 무기수로 복역하고 있었다 한다. 그 형의 살아온 이야기를 '연두빛 바람'(가나북스, 2016)에 기록했다고 한다.

백동호는 남자 쌍둥이로 태어나 학교도 다니지 못하였는데 어떻게 소설을 쓸 수 있었는가(?)를 기자들이 묻자 국립호텔의 10여 년 장기 투숙객이었고, 장기 투숙하면서 읽은 책이 3,000여 권이라고 했다. 책을 읽고 소설을 쓸 수 있도록 도와준 은인이 있었는데 변호사 황순헌(1957~2017)이라 했다.

대방동 유한양행 앞에서 21명이 수류탄을 터트려 집단 자폭했는데 17명이 죽고 4명은 중상이어서 중상자는 우선 국립서울병원으로 이송하여 치료를 받고 군법회의에 회부되어 사형이 확정되고 1972년 3월 10일 사형 집행되었다.

TV 인간극장에 나온 684부대 창설 당시의 공군참모총장 장지량 대장은 TV에 출연하여 중앙정보부장 김형욱의 권유에 훈련은 시키는데 북파관계는 중정에서 알아서 하라고 했다는 이야기를 했고, 1970년 공참총장 김두만 대장은 "당시의 중정부장 이후락에게 강력하게 684부대의 처리문제를 조속히 해줄 것을 얘기하지 못한 게 후회스럽다." 라고 말했다.

소설가 백동호는 정부가 훈련병들에게 배신행위를 했다고 했다.

여성동아 482(2004년 2월)호에 게재된 글에 의하면 소설 '실미도'는 1999년부터 4년 동안 100만 부가 판매되었다고 한다. 강우석 영화감독은 영화 '실미도'를 제작하면서 원작료를 두둑히 지불했다. 김방일과 생존기간병 6명은 '실미도 전우회'를 조직했는데 김방일은 회장, 백동호는 명예회원이 되었다.

우리는 이 사건에서 악질 북괴집단이 1.21사태를 일으켰을 때 보복하려고 공군 684부대를 창설했어야 되는가를 다시 한 번 돌이켜 볼 필요가 있고, 보복하기 위한 특수부대의 훈련을 공군에서 맡아야 했는가도 생각해 볼 여지가 있다. 공군은 폭격기와 전투기로 전투하는 군대인 것이다. 또 누가 조직하여 훈련을 시작하고 시켰던 간에 하지 않으려면 3년 4개월 훈련만 시킬 것이 아니고 처리도 서둘러야 되었지 않는가? 안타깝기 그지없다.

지금도 그들이 훈련받던 좁은 골짜기에 그들이 사용했던 화장실, 방카를 지었던 축대들, 그리고 몇 가지 집기물들이 흩어져 있었다.(사진)

김방일이 1971년 8월 23일 오후 귀대하여 자신의 침상으로 들어가보니 쪽지 하나가 있었다. 그 쪽지에는「소대장님 죄송합니다. 어쩔 수 없었습니다.」라는 글이 기록되어 있더라고 한다. 김방일은 3 년 여 동안 이들을 훈련시키면서 모든 훈련병들에게 엄격하면서도 정이 있게 대했다고 한다. 이들에게 필요한 것이 있으면 기간병이 외출할 때 구입하여 오도록 했다. 예를 들어 감기약이나 소화제, 외상이 있을 때 치료약 등도 구입하여 주었다니 정이 들은 것이다. 684부대 훈련병들

실미도684부애가 훈련하던 공간에 버려진 야전화장실.

31명이 훈련할 때 훈련병 숙영지는 실미도 서쪽 작은 골짜기에는 그 때부터 거의 50년이 흐른 지금도 그들이 사용하던 축대들이 군데군데 남아있고, 임시화장실로 쓰던 것도 있고 몇 가지 플라스틱 장구들이 흩어져 있었다. 그들이 사용하던 샘물이 산기슭 어느 곳에 남아있다고 하는데 필자는 그 샘에는 갸 보지 않았다. 〈2018년 09월 10일〉 〈한국수필 2020년 10월(통권 308)호(2020년 10월 1일 발간)의 「사색의 뜰」에 게재〉

[참고] 제5대 중정부장으로 재직한 사람은 김계원(金桂元, 1923. 06. 28~2016. 12. 03, 경북 영주 출생, 중정부장 재직: 1969.10. 21~1970. 12. 20)이었다.

실미도

1972년 6월 북파 공작원으로
훈련 받다가 아무런 조치가 없어
각종 루머로 시달림을 받던
젊은이들 24명
청화대로 가서 진로를 물으려 했단다.
영등포까지 와서 자폭했으나
살아 남은 젊은이가 있어
소설가 백동호가 교도소에서
그를 만나 이야기를 듣고
소설로 기록했다니

실미도 684부대
창설하고 조치없이 3년 4개월
목적 저버리고 훈련만 시켰다네.
일만 시작하여 놓고
마무리를 하지 않는
무책임한 행위가
우리 생활주변에도 많다.
돌아보아야 할 것이다.

월미도의 맥아더

1950년 9월 15일 06시 30분 UN군이 역사적인 인천상륙작전을 수행하였을 때 상륙해안을 녹색해안, 적색해안, 청색해안으로 정해 상륙하였는데 5시부터 준비사격을 퍼 붓고 그 상륙해안 중 제일 먼저 상륙한 해안이 녹색해안이고, 녹색해안이 지금의 월미도 선착장 부근이었음을 알고 있는 우리나라 국민들은 그리 많지 않다.

그 인천상륙작전을 기획하고 수행한 지휘관이 국제연합(UN)군 총사령관 맥아더(Douglas MacArthur, 1880~1964)임을 우리 국민 모두는 잘 알고 있는데 종북 주사파놈들과 몰지각한 목사라는 놈들이 인천 자유공원에 건립된 그의 동상을 철거해야 된다고 시위를 하거나 동상의 다리에 이불을 두르고 불을 지르는 못된 짓을 하니 한심스럽다.

맥아더가 인천상륙작전을 수행하려고 계획서를 미국 합동참모본부에 제출하였을 때 미합동참모본부와 미해군참모총장이 반대했다고 한다. 인천항 부근은 협소하여 대규모 상륙작전에는 협소하고, 해안

월미도선착장 인천상륙작전 녹색해안 표지석

은 간만의 차가 심하여 상륙작전을 하기에는 상륙일자와 시간(D-day, H-hour)를 정하는데 제한적이라는 것이었다. 그러나 총사령관 맥아더는 그러한 조건이 하나의 잇점이 될 수 있고, 잇점(장점)이 되게 하겠다고 했다 한다.

월미도(月尾島, 0.66 ㎢)는 인천항 북쪽 인천항에서 가장 가까운 섬이다. 그러므로 이 섬을 장악하지 않으면 인천항 남쪽과 북쪽 해안에 상륙할 수 없는 것이다. 1950년 9월 15일 06시 33분 미 해병대 제5연대 제3대대가 월미도에 상륙을 시작하여 08시 월미도를 완전히 장악함으로써 다음 만조 때인 17시 월미도의 북쪽 적색해안(만석동 해안)과 남쪽 청색해안(인천 남항)에 미해병대와 한국해병대 연합군이 상륙할 때 지원사격을 하였다는 것이다.

필자는 역사적인 현장 월미도를 보기 위해 동인천역 앞에서 택시에 승차하고 월미도선착장에 하차하였다. 월미도선착장 앞에서 50세는

되어 보이는 남자를 만나 인천상륙작전 표지석이 어디 세워져 있느냐고 물으니 북쪽 해안을 가리켰다. 선착장에서 약 200m 북쪽 해변에 인천상륙작전 표지석이 세워져 있다고 손가락으로 가리켰다. 내가 걸어가는 바닷가 위로 월미은하레일이 하늘을 가르고 있었다. 이 부근이 어린이 놀이공원이 된 것이다.

표지석은 단단한 오석재질이고, 앞면 중앙 윗부분에 「1950년 9월 15일 인천상륙작전 상륙지점 녹색해안(The Green Beach Point of Incheon Landing Operation)」이라고 표지석 명칭이 기록되어 있고 왼쪽 밑에 '이 지점은 1950년 9월 15일 새벽 유엔군 사령관 더글러스 맥아더 원수가 전함 261척과 상륙군 미 해병1사단 · 한국해병제1연대를 진두지휘하여 역사적인 상륙작전을 성공시킨 3곳 상륙지점(녹색 · 적색 · 청색해안) 중 한 지점이다.'라고 기록하여 놓았고, 오른쪽 밑에는 이 글의 영어번

월미도선착장 인천상륙작전 녹색해안 표지석 부근의 풍경

역문이 새겨 있었다.

그리고 옆에는 플라스틱 재질로 세워진 이 녹색해안 설명문 표지판이 정갈하게 세워져 있었다.

「인천상륙작전 상륙지점 녹색해안/ 1950년 6 · 25전쟁초기 국군은 북한군의 기습공격과 엄청난 전투력에 밀려 낙동강 전선까지 후퇴를 거듭했다./ 이때 맥아더 장군은 북한군의 주력을 견제하면서 북한군의 후방을 강타하는 내용의 인천상륙작전을 단행하였다./ -중략-/ 9월 15일 06시 33분 월미도 녹색해안의 상륙에 성공하여 적색해안과 청색해안의 교두보를 확보하고, 인천시가지 작전을 성공할 수 있었다./ -이하 생략- 」

북한 괴뢰군의 남침으로부터 유엔군 총사령관 맥아더 장군이 이 작전을 기획하고 단행했다는 설명문이다. '중략부분'에서는 인천상륙작전이 성공함으로서 수도 서울을 쉽게 탈환할 수 있었고, 낙동강 전선의 북괴군이 괴멸되었다는 설명문이었다.

인천상륙작전은 새벽 4시부터 함포에 의한 준비사격과 항공기에 의한 융단폭격을 한 뒤 06시 33분에 상륙군이 상륙하고 06시 55분 스미스(Smith) 상사가 월미도 중앙의 월미산 정상에 성조기를 계양했다. 08시 월미도는 완전히 유엔군이 장악하게 된 것이다.

월미도가 유엔군에게 장악되고 9시간 후인 17시에 다시 만조가 되면서 월미도 북쪽 만석동 해안(적색해안)과 인천남항 부근 해안(청색해안)

의 상륙군 상륙은 저항 없이 성공한 것이다.

인천상륙작전 성공기념 표지석 옆 둑 위에는 70대 노인들 몇 명이 망둥어 낚시질을 하고 있겄다. 추가 달린 낚시줄에 낚시들을 일정한 간격으로 달고 그 낚시들에 갯지렁이를 꿰어 바다로 던진다. 아침 10시는 됐는데 바로 옆에서 낚시질 하는 영감의 고기 바구니에는 10마리 정도의 망둥어(약 15 cm 크기)가 잡혀 있었다. 다음은 그 영감과의 대화다.

"영감님 많이 잡으셨습니다. 그런데 영감님 댁은 월미도입니까?"

"우리집은 여기에서 멀어요. 시내버스 타고 나와서 전철을 타고, 그리고 또 시내버스를 타고 왔어요."

"이 망둥어가 겨울철에도 잡힙니까?"

"사철 잡혀요. 지금은 초가을이니 작지만 늦가을이나 겨울에는 50 내지 60cm 정도로 큰 망둥어로 자라요. 내년 봄에 알을 갯벌에 낳지요."

"이 망둥어가 1년생이라고 들었어요."

"그래도 여름까지 살아요."

맥아더는 미 합동참모본부와 해참총장이 우려를 나타내는 데도 불구하고 인천상륙작전을 성공시켰다. 그는 훌륭한 지휘관이고, 우리나라의 은인이다. 그러므로 그의 작전을 자랑스럽게 생각하여 인천 자유공원에 건립한 그의 동상은 역사적인 것이다. 그 동상을 철거해야 된다고 시위를 하거나 동상의 다리에 이불을 감고 기름을 뿌리고 불을 지른 인간들은 북한으로 갔으면 한다. 그들이 북한으로 간다고 하면 보내주기 바란다.

GNP 2만불 시대에는 이 바닷가에는 70대 영감들이 망둥어 낚시를 하면서 노후를 즐겁게 보내는데 1950년 9월에는 이 아름다운 섬에 함포사격과 항공기 포탄이 무수히 쏟아진 것이다. 1950년에 필자는 11세의 어린 소년이었는데, 그 당시 상륙작전의 첫 상륙지점 녹색해안에 79세의 늙은 몸이 되어 찾아와 어릴 때 벌어졌던 한국 역사상 처음인 상륙작전을 상상해 보았다.

만약 우리나라가 GNP $1,500의 북한과 같이 못산다면 노인들이 옛 상륙해안에 나와 망둥어 낚시를 즐길 수 있겠는가? 우리나라가 GNP $30,000의 경제대국으로 행복하게 사는 것을 '고려연방제'로 만들어 못살게 하려는 현 정부 인사들이 안타까운 것이다. 〈2018년 09월 12일〉

[참고} 월미도 역사: 월미도는 인천의 상징이다./ 1866년 병인양요와 1871년 신미양요 때 프랑스와 미국의 함대가 이 섬 앞에서 닻을 내렸다./ 1875년에는 일본군함 운요호가 이 섬 앞에서 영종진을 포격하였다./ 1918년 인천 내항에 갑문을 설치하면서 이를 보호하기 위하여 만석동 해안으로부터 이 섬을 연결하는 둑을 쌓고 둑 위에 2차선 도로를 만들었다./ 1904년 월미도 앞에 머물던 러시아 군함 2척을 일본 군함이 포격하여 침몰시킴으로써 러일전쟁의 발화점이 되기도 하였다./ 그리고 1950년 9월 15일 06시 33분 맥아더 장군(원수)이 상륙작전을 기획하고 지휘하여 악화일로를 걷던 6 · 25전쟁을 반전시킨 첫 상륙지점 녹색해안이었다.

인천상륙작전의 적색해안과 맥아더

월미도선착장의 인천상륙작전 녹색해안의 표지석을 발견하고, 필자는 11시 경 택시에 승차하여 대한제분 주식회사 정문앞에서 하차하였다. 그리고 그 정문 입구 수위실에 근무 중인 50대 남자에게 적색해안 표지석의 위치를 물었다. 그는 앞의 도로를 가리키며 "바로 이 울타리 옆을 죽 따라 300m 정도 가시면 나오는 신호등이 있는 사거리 건너에 있습니다."라고 말하는 것이었다. 감사하다고 인사를 하고 그 방향으로 걸어가는데 대한제분주식회사 울타리 옆 길가에 접시꽃들이 예쁘게 피어 있었다. 9월 초인데 붉은색과 흰색, 분홍색 접시꽃이 만발해 있는 것이다. 접시꽃은 60여 년 전 돌아가신 나의 할아버지가 가장 좋아하시던 꽃이므로 그것을 생각하고 할아버지를 잠깐 생각하는 시간을 가졌다.

사거리를 건너 적색해안 표지석이 있는 곳에 도착하였다. 그 표지석 옆에 아담한 1.5 m 높이의 도로명 표지석이 오석 재질로 만들어져 세워져 있다. 앞면에「맥아더길(Gen. Douglas MacArthur-Road, 麥克阿瑟將軍路)(맥극아슬장군로)」라 도로의 이름이 기록된 것이다. 인천상륙작전이 우리나라뿐만 아니라 세계의 역사에 빛나는 작전이고 이 작전이 맥아더의 착상에서 나와 단행되었으니 인천 시민들이 그에게 감사하는 표식인 것이다.

적색해안 표지석은 크기, 모양, 만든 재질이 녹색해안 표지석과 똑같고, 앞면 중앙에 새긴 표지석 이름만이 달랐다. 이름이「1950.09.15. 인천상륙작전 상륙지점 적색해안(The Red Beach of Incheon Landing Operation)」라고 기록되어 있다. 당시 적색해안 상륙작전 상항을 간단히 기록하면 다음과 같다.

「1950. 09.15. 08시 월미도를 완전 장악한 상륙부대는 적색해안과 청색해안 상륙시 화력지원할 준비를 갖추고 있었다./ 제2단계 상륙작전은 만조가 되는 17시였다./ 만석동 적색해안으로 상륙하는 부대는 미 제5해병연대 3대대와 한국해병 제1연대였다./ 월미도를 장악한 미 해병 제11해병연대 1대대와 2대대의 화력지원을 받으면서 저항 없이 상륙에 성공하였다./ 밤새도록 조명탄으로 시가지를 밝히면서 시가전을 벌려 북괴군 소탕작전을 완료하였다고 한다./ 그것은 09월 16일 12시 경이었다.」

한국 해병대 제1연대가 미 해병들과 연합하여 상륙작전에 성공하였음을 필자는 예비역 해병대위로서 자랑스럽게 생각하는 것이었다. 상

인천광역시 만석동 대한제분(주) 옆 적색해안 표지석

륙하여 시가전을 벌려 북괴군과 북괴 추종 인간들을 제거하고 수도 서울 탈환 작전에 참가하여 혁혁한 전과를 올렸으며 중앙청 국기계양대에 태극기를 계양한 군인도 한국 해병이었다.

필자는 적색해안 표지석 옆에 있는 8각형 형태의 구조물 위에 전투하는 군인들의 동상이 예쁘게 세워져 있는 것을 보았다. 이 8각 구조물 한 면에 다음과 같은 설명문이 새겨져 있었다.

「제2차 인천상륙작전(1951.02.10~02.11)/ 1950.09.15 인천상륙작전을 통해 인천과 서울을 수복하고, 10월 1일 38선을 통과하여 압록강과 혜산진까지 진격하였지만 중공군 약 30만 명의 참전으로 1951년 1월 초 서울 이남까지 후퇴하였다./ 평택-원주-삼척을 잇는 선에서 재반격의 기회를 노리고 있었다./ 우리 해군과 해병대는 유엔군 재반격의 기반을 구축하기 위한 인천 교두보 확보를 위해 PC-701, YMS-510, JMS-301, JMS-302, JMS-306, JMS-310의 6척 군함과 덕적도

2017년 11월 건립한 1951년 2월 10일 제2차 인천상륙작전 기념비.

주둔 해병 1개 중대로 만석동 해안(1950년 9월 15일 상륙작전시 적색해안)에 상륙작전을 감행하여 1951년 2월 1 · 4후퇴 후 1개월여 만에 인천을 재탈환하였다./ −이하 생략−」

이하생략에 포함된 내용은 우선 전과가 있다. 적 사살 82명, 생포 1명, 전차 1대와 야포 8문을 노획. 유엔군이 수도 서울을 재탈환하는데 큰 도움이 되있다. 제1차 인천상륙작전의 적색해안에 전승 기념비를 건립하는 것은 대한제분주식회사의 도움이 있었다고 했다.

이 전승 기념비는 아주 최근인 2017년 11월 건립되었다. 1951년에 이루어진 전승에 대한 기념비를 66년이 지난 다음에 건립한 것이다. 맥아더가 지휘한 인천상륙작전에 비하여 규모는 너무 미약했다. 맥아더 장국의 인천상륙작전에는 군함 261척과 2개 사단 규모(약 7만 명)의 군사에 의하여 이루어졌으나 제2차 인천상륙작전은 군함 6척과 해병 1개 중대에 의하여 상륙작전이 성공한 것이다.

여하튼 평택까지 내려갔던 중공군을 북쪽으로 몰아내고 정전상태로 가게 했으니 훌륭했다. 여하튼 이 적색해안은 2차의 유엔군 상륙작전을 성공시킨 해안이니 자랑스럽다. 그래서 이 해안길이 '맥아더길' 또는 '맥아더장군길'이 된 것이다. 맥아더 유엔군 총사령관은 우리나라의 은인인 것이다. 〈2018.09.14〉

[참고] 맥아더의 생애: 맥아더(Douglas MacArthur, 1880~1964)는 미국 아칸소(Arkansas)주 리틀록(Little Rock)에서 1880년 출생하였다./ 백아더는 1899년 웨스트 포인트(West Point) 미국 육군사관학교에 입학하여 1903년 졸업하였다./ 이 해 수석으로 졸업하였을 뿐만 아니라 전 학년 평균성적이 98점으로 사관학교 1회부터 현재 졸업생 중 누구도 그 성적을 따라간 졸업생이 없다고 한다./ -〈중략〉-/ 세계 제1차대전 중 1918년 미국 제84여단장으로 최전선에서 독일군과 전투하여 은성무공훈장만 7회 수령하였다./ -〈중략〉-/ 1930년 11월 육군대장으로 진급하여 미 육참총장이 되었다./ 1935년 퇴임하여 1936년 필리핀 육군 군사고문을 할 때 소령 아이젠아워(Dwight David Eizenhower, 1890~1969, 미 제34대 대통령)가 그의 부관으로 근무하였다./ 1941년 11월 일본이 하와이 진주만 공격을 하자 맥아더는 현역 복귀를 자원하고 이것이 허락되어 육군중장으로 복귀하고 미 극동군사령관에 임명된다./ 1941년 말 육군 대장으로 승급한다./ 그리고 필리핀을 점령했던 일본군을 1944년 격퇴하고 필리핀을 미국이 점령하는데 맥아더가 공을 세운다./ 그 후 맥아더는 일약 5성장군으로 진급한다./ 1945년 일

본이 무조건 항복하자 일본 군정사령관에 임명된다./ 1950년 6 · 25 전쟁 중 태평양지구 유엔군 최고사령관에 임명되고, 인천상륙작전을 계획하고 단행하여 성공하였다./ 그리고 압록강까지 진격한 유엔군에게 만주의 군사시설 폭격을 감행하려다가 투루만 대총령과 의견이 맞지 않아 해임된다./ 그 후 미 상하원 합동회의에서 연설자로 나와 "노병(老兵)은 죽지 않는다. 다만 사라질 뿐이다."라는 말을 남기기도 했다./ 1960년에는 그에게도 전립선암이 찾아와 전립선을 제거하는 수술을 받았다 한다./ 1964년 4월 5일 워싱톤 월터육군병원에서 84세를 일기로 영면하였다./ "정직한 패배를 부끄러워 하지않고 의연하며, 승리에 겸손하고, 온유할 수 있는 사람이 되게 하여 주소서!"라고 시작하는 그의 아들을 위하여 지었다는 그의 기도문은 많은 사람들이 애송하고 있다.

강화도 선원면의 염성화

강화도령 이원범(李元範, 1831(순조 31)~1863(철종 14), 철종 재위: 1849~1863)이 살았던 그의 외가가 1853년 강화군 선원면에 기와집으로 건설되었고, 지금은 인천광역시 기념물 제8호로 지정되어 관광지로 되었다. 그래서 필자도 2016년 12월 15일 선원면에 갔었다.

필자는 강화도령 첫사랑길이라는 만화가 그려진 표지판과 강화도 지도가 세워진 앞을 지나고 철종외가 건물 앞 경비초소에 근무하는 지킴이(70대 남자)에게 "철종외가를 살펴보려고 왔습니다." 라고 신고하고 철종외가 대문 앞으로 갔다. 대문 앞에 철종외가 안내 설명표지문판이 있었다.

「철종외가(哲宗外家)/ 인천광역시 문화재자료 제8호/ 소재지: 인천광역시 강화군 선원면 냉정리 264/ 1853(철종 4)년 지어진 집으로 철종의 외삼촌 염보길(廉輔吉)이 살았던 집이다./ 당초 안채와 사랑채를 좌·

우에 두는 'H'자 형 가옥 배치를 취하고 있었으나 행랑채 일부가 헐려 지금은 'ㄷ' 자 모양의 몸체만 남아있다./ 평면구성은 전체적으로 경기 지역 사대부 가옥형태를 따르고 있으나 안채와 사랑채를 '一'자로 곧장 연결시켜 화장담(주로 사대부집에서 사용되었던 일종의 담장)으로 간단하게 나눈 것이 특색이다.」

1849년 이원범은 농부 이원범에서 일약 왕 철종으로 된 다음 그가 1853(철종 4)년 강화유수 정기세(鄭基世, 1814(순조 14)~1884(고종 21))에게 부탁하여 국가 지원으로 건축하였다고 한다. 정기세는 이원범을 1849년 강화도에 와서 모셔간 영의정 정원용(鄭元容, 1783(정조 7)~1873(고종 10))의 큰 아들이라 하니 철종과 정원용 부자의 인연은 각별하다. 설명문에서 집의 형태에 대한 설명이 있으나 잘 이해할 수는 없고 단지 가옥의 안채와 사랑채가 '一'자 형태로 이어지고 안마당과 사랑채 마당이 화장담으로 나누어져 있다는 것은 알 수 있었다.

필자가 대문 안으로 들어가면서 사랑채 문 위에 梅軒書堂(매헌서당)이라는 편액이 걸려 있음을 볼 수 있었다. 아마도 이 방이 그 당시 선원면 내 소년들의 한학을 가르쳤던 서당이었을 것이다.

필자는 여기서 필자가 알고 있는 이원범이 조선 제25대 왕으로 즉위한 과정과 당시의 왕으로 근무하면서 정책을 수행한 내용, 그리고 그가 별세할 때까지의 일들을 간단히 기록하려고 한다.

「이 이야기는 사도세자(思悼世子) 의제 이선(毅齋 李愃, 1735(영조 11)~1762

(영조 38))으로부터 시작된다./ 사도세자가 아버지 영조(英祖, 1694(숙종 21)~1776(영조 52), 재위: 1724~1776)에 의해 뒤주에 갇혀 죽은 사실을 모르는 한국인은 거의 없을 것이다./ 사도세자는 27세의 젊은 나이에 사망했음에도 불구하고 정실인 혜경궁 홍씨(惠敬宮 洪氏, 1735(영조 11)~1815(순조 15))와의 사이에 아들 이산(李祘, 정조, 1752(영조 28)~1800(정조 24), 재위: 1776~1800)을 낳았고, 후궁 영빈 임씨와의 사이에 은언군(恩彦君, 1754~1801)과 은전군(恩全君, 1759~1778) 형제를 낳았다./ 정조의 아들이 순조(純祖, 1790(정조 14)~1834, 재위: 1800~1834)이고, 순조의 손자가 헌종(憲宗, 1827(순조 27)~1849, 재위: 1834~1849)이다./ 조선의 왕 중 가장 미남이었다는 헌종이 23세의 젊은 나이로 타계하자 강화도에서 농업에 종사하며 어렵게 생활하던 은언군의 손자 이원범이 정원용이 인솔하는 호위병 부대에 의해 보호를 받으며 창덕궁으로 온 것이다./ 전계대원군(全溪大院君) 이광(李壙, 1785(정조 10)~1841(헌종 8))은 은언군의 아들(서자)이고 철종의 아버지이다./ 제25대 왕 철종은 제24대 미남 왕 헌종의 당숙이었다./ 1844(헌종 10)년 철종의 형 회평군 명(懷平君 明)이 반역죄로 처형되고, 이원범은 부모와 함께 강화도에 유배되어 생활하다가 1849년 6월 6일(음) 헌종이 아들 없이 타계하자 갑자기 창덕궁에 들어와 6월 8일(음) 덕완군(德完君)에 봉해지고, 6월 9일(음) 창덕궁 희정당(熙政堂)에서 관례를 행한 다음 인정문(仁政門)에서 제25대 왕으로 즉위한 것이다.」

철종은 1852년 5월(음) 이후 백성을 편안히 살게 하려고 삼정이정청

철종외가 (사랑채 서쪽에서 사진 촬영).

(三政釐整廳)이라는 임시 특별기구를 설치하고 민란의 원인이 된 삼정(三政)의 폐해를 개선하려 하였다. 그러나 당시 세도정치를 주도하던 안동김(安東金)씨들의 반발과 방해로 무산되었다. 이후 철종은 어느 정책도 수행하려 하지 않고 주색(酒色)에 빠져 몸은 병이 깊어졌다. 그리고 드디어 1863년 12월 8일(음) 재위 14년만에 젊은 나이인 33세를 일기로 타계하였다. 몸이 묻힌 곳은 경기도 고양시 예릉(禮陵)이다.

필자는 이 글을 마치기 전에 철종의 외가의 가족묘에 대하여 쓰려고 한다. 외가 옆에 조성된 외할아버지 형제들의 묘소이야기이다.

필자는 철종외가를 돌아본 다음 대문을 나와 철종외가 지킴이에게 철종 외조부의 묘소가 어디인지를 물었다. 70대의 지킴이노인은 그 무덤들이 바라보이는 철종외가 서쪽 담까지 와서 200 m 정도 서쪽 언덕의 묘소를 가리켜 주었다. 필자는 걸어서 그 언덕으로 올라갔다. 무덤 입구에는 다음과 같은 설명문이 기록되어 있는 안내 표지석이 있었다.

「철종외가 묘(哲宗外家 墓, Tombs of King Cheoljong's Grandfathers)/ 1859년 왕족의 위신을 갖춘다는 뜻에서 철종의 외조부 3대의 묘를 정비하고 비석을 세웠다./ 또한 철종은 외가 5대에게 벼슬을 추증하고 선원면 냉정리에 전답 10여 정보를 하사하는 특전을 베풀었다./ 왼편으로부터 염상임(廉尙任) 부부의 묘, 염덕석(廉德碩) 부부의 묘, 그리고 염성화(廉星華) 부부의 묘가 있다.」

죽지 않는 생물은 없다. 하물며 인간이야! 철종은 1859년 외조부에게 벼슬을 추증하였다고 한다. 세 묘소 중 맨 오른쪽 묘지 앞에 세워진 비석의 비문은 다음과 같다.

"朝鮮 贈大匡輔國 崇祿大夫 議政府領議政 龍潭廉公星華之墓"(조선 증대광보국 숭록대부 의정부영의정 용담염공성화지묘)/ "配贈貞敬夫人尙州池氏祔右"(배증정경부인상주지씨부우)."

외손자가 왕이 되었으므로 철종의 외할아버지는 의정부 영의정에, 외조모는 정경부인에 추증되었다는 것이다. 세도가 안동김씨들은 매관매직(賣官賣職)하면서 그것을 하지 못하게 하는 철종을 감시하고 방해하면서 철종의 가족관계가 있는 사람들에게 벼슬을 내리고 집을 개축하거나 새로이 건축하는 것을 모른 체 한 것이다.

지금의 세상에는 세도가는 없고 정권을 담당한 인간들이 적국에 퍼주기 하는 것이 문제이고, 헌법문의 '자유민주주의'에서 '자유'를 삭제하려 하고, 그대로 두어도 될 '선거법'을 수정하고, 검찰에서 잘 하고 있는데 '공수처'를 설치하는 짓을 하는 것이 문제이다. 대통령이라는 자가 비전향 장기수 '신영복'을 존경한다고 했다. 북괴는 핵폭탄을 생산하여 놓고, 종교를 허락하지 않는 집단이다.

이원범이 사도세자의 증손자였으므로 조선 제25대 왕으로 되었으나 왕은 세도정치로 휩싸인 나라의 허수아비 왕이었다. 세도정치를 세습하여 오던 안동김씨들은 결국 1910년 나라를 멸망하게 만든 것이다. 이원범을 강화로부터 왕으로 모셔 올 때 안동김씨들은 이원범이 자신들의 세도정치를 방해하지 못할 사람이라 반대하지 않았다고 한다.

매관매직이 공공연하게 이루어졌다지 않는가? 어찌 조선 말기에만 이러한 일이 있었겠는가? 지금도 세상에서 알게 모르게 만연되어 있는 현상이 아닌가? 대학에서 인사만 있으면 같은 학과 교수 사이에 피가 터지는 싸움을 하지 않는가? 〈2016년 12월 20일〉

위도 서해훼리호 참사 위령탑

현재(2016년 4월)로부터 22년 7개월 전인 1993년 10월 부안(扶安) '격포항'과 위도(蝟島, 11.14㎢)의 파장금항 사이 작은 섬 임수도(臨水島, 0.013㎢) 가까이에서 일어난 서해훼리호 침몰사고는 당시 우리나라를 떠들썩하게 만들었었다. 그 때 필자는 한 번 '위도'를 찾아 가리라 생각했었다.

그러다가 세월이 흐르고 2016년 4월 21일 13시 55분에야 필자는 전북 부안군 격포항에서 위도의 파장금항으로 향하는 대원카훼리호의 승객이 되었다. 2층 객실의 승객석에 자리를 잡았다.

이 뱃길은 현재(2016년) 격포항과 위도 파장금항을 대원카훼리호와 파장금카훼리호가 주말이면 각각 1일 4회씩 왕복한다. 대형 참사가 일어났던 1993년 서해훼리호가 1일 1회 운항했던 것에 비교하면 많은 변화가 된 것을 알 수 있다. 카훼리호가 출항하여 30분 정도 달렸을 때 작은 바위섬 3개가 왼쪽으로 보였다. 그 세 섬 중 푸르게 잡목으로 덮인 가장 큰 섬이 임수도(臨水島)인 것이다(사진). 1993년 10월 10일(일요일) 9시 50분 서해훼리호가 '위도'의 파장금여객선터미널을 출항하여 높은 파도를 헤치며 부안 '격포항'을 향하여 운행하던 중 10시 10분이 임수도 부근에서 성난 파도에 뒤집힌 것이다.

연세대 국악연구실의 연구발표에 의하면 공양미 300석에 몸을 팔아 아버지의 눈을 뜨게 하려고 16세의 어린 나이에 만경창파(萬頃蒼波)에 몸을 던진 심청(沈淸)은 소설 속의 주인공이 아니며 300년 전 곡성군 옥과에서 태어난 실존인물이라 했다. 그리고 인당수(印塘水)는 위도면 '임수도' 부근의 해역이라 했다. 필자는 그 진실은 모르나 그 '인당수'가 이 조그마한 섬 '임수도' 부근이라면 1993년 10월 10일 공양미 300석을 주고 소녀를 사서 이 바다에 제사 지내는 일을 하지 않아서 용왕이 심술부려 서해훼리호가 뒤집히는 사고가 일어난 것은 아닐까? 안타까워서 그런 생각도 해 보았다.

필자가 승선한 대원카훼리호가 파장금여객선터미널에 도착한 다음 하선하여 파장금 여객선터미널에서 위도면사무소가 위치한 진리(鎭里)로 연결되는 국도를 걸었다. 그 도로 옆 어딘가에 서해훼리호 참사위령탑이 위치한다고 하는 것을 인터넷자료실에서 읽어 알고 있었던 것이다. 파장금여객선터미널에서 서해훼리호 참사위령탑까지는 1.0km 거리였다. 오른쪽으로 내려다보이는 눈이 시리게 푸른 바다를 볼 수 있고, 길가에 가로수로 심어놓은 벚꽃나무는 하얗게 피었던 꽃잎이 거의 떨어지고 싱그럽게 속잎이 피어나는 계절이었다. 그러나 벚나무 사이사이에 심어져 있는 동백꽃나무에 붉은 동백꽃들이 아직 피어있어

서해훼리호 참사 위령탑

이 꽃을 바라보며 걷는 재미도 있었다.

이 도로 오른쪽 길가에 위령탑 위치 표지석이 세워져 있었다. 오른쪽 사이 길로 내려가라는 표지석의 화살표가 가리키는 길을 따라 내려갔다. 약 2 m 넓이로 닦여진 돌을 깔아놓은 길옆은 싱싱한 측백나무들이 자라나고 있었다. 측백나무 가로수들이 나를 위령탑으로 안내하고 있었다. 위령탑은 벽돌로 반원형으로 쌓은 흰 탑(사진)인데 입구 왼쪽에 안내 설명표지문판이 있었다. 위령탑건립취지문과 사고현황이 기록된 설명문판이었다. 우선 위령탑건립취지문을 읽었다.

「위령탑 건립취지문(慰靈塔 建立趣旨文)/ 해상 돌풍과 기상악화를 무릅쓰고 살신성인(殺身成仁) 정신으로 구조 · 인양활동의 헌신적 노력을 역사에서 높이 평가 292위 영령들의 외로운 영혼들을 위로하고 명복을 빌어 다시는 이러한 어리석은 사고가 발생하지 않도록 경각심을 고취하기 위하여 건립하였음」

임수도와 주변 바다 (2016년 4월 24일)

영령들을 위로하고 이러한 어리석은 사고가 재발되지 않도록 많은 사람들에게 경각심을 주려는 교육적 목적이라는 것이다.

여기에서 1993년 10월 10일 서해훼리호 침몰사고의 전말을 기록하여 본다.

「1993년 10월 10일은 일요일(日曜日)이었다./ 낚시 명소인 위도로 10월 9일(토요일) 전국의 낚시꾼들이 몰려들었는데 대부분 직장인들이었다./ 10월 10일 아침, 날씨는 불안하여 기상청에서는 여객선들의 출항을 금지한다고 일기예보 방송이 전하여 졌다./ 그러나 낚시 왔다가 돌아가려는 사람들은 대부분 직징인들이어서 다음 날 출근해야 되기 때문에 안달을 했다./ 서해훼리호 선박회사는 못이기는 체 출항을 결행한 것이다./ 회사가 불황에 허덕였기 때문이었다./ 아침 9시 40분 서해훼리호는 위도의 파장금여객선터미널을 출항하였다./ 승선 정원은 200명인데 362명을 승선시켰고, 시해훼리호 선두에는 부안 격포항으로 나가는 수산물 10톤 이상이 뱃머리를 눌렀다./ 10시 10분 훼리호가 임수도 근처에 왔을 때 선박이 좌우로 흔들리는 정도가 심해지자 기관사가 회항하려고 파장금여객선터미널 쪽으로 뱃머리를 돌렸다./ 순간 배가 파도에 휩싸이며 뒤집혀 침몰하였다./ 1층의 2 · 3등 객실의 승객들은 갇혀버렸다./ 2층 1등 객실과 갑판의 승객 의자에 앉아있던 승객들은 옆의 나무로 만든 물건을 끌어 앉고 바다로 뛰어들었다./ 해경헬기는 사고 발생 한 시간 후쯤 도착했고, 해경함정들은 12시 30분에야 출동하였다.」

아이스박스를 잡고 떠 있다가 구출된 사람도 있었다. 승선정원을 초과하여 승선시키고, 화물도 과적하였으며. 일기가 불안하여 기상청에서 출항금지 명령을 내렸는데 출항한 것은 선장 이하 선박관리자들의 잘못이었다.

필자는 그때 조기테니스회에 출석하여 알게 된 중학교 교장으로 1990년 퇴임한 한 선생님의 이야기가 필자의 가슴을 안타깝게 하였었다. 그 선생님이 아들 부부, 딸 부부와 함께 10월 9일(토요일) 위도 낚시를 갔다가 일요일 아침 그 서해훼리호에 승선했다. 아들 부부와 딸 부부는 3등 선실에 승선하여 있었고, 그 전직 교장선생은 갑판의 승객용 의자에 앉아 있다가 선박이 침몰하자 아들 부부와 딸 부부는 사망하고 자신은 옆의 나무막대를 끌어안고 바다에 뛰어들었다가 구조되었다는 것이다. 집에 할머니와 머물러 있던 손자와 손녀는 죽지 않은 할아버지와 할머니가 키울 수밖에 없게 되었다는 이야기가 필자뿐만 아니고 같이 테니스 하던 조기테니스회 회원들의 가슴을 안타깝게 했었다.

위령탑 건립 취지문 아래에는 사고 개요와 사고수습 상황이 기록되어 있었다.

「서해훼리호 사고개요와 사고수습 상황/ 선명: 110톤 서해훼리호/ 정원: 200명, 1일 1회 격포항-파장금항 왕복 운항/ 승선승객: 362명(생존: 70명, 사망: 292명)/ 사고원인: 악천후 중 무리한 운항(정원 162명 초과 승선, 화물 적정 중량 초과)/ 사고수습 기간: 10월 10일~11월 2일(23일 간)/ 인력동원: 27,360명(공무원: 9,000명), 선박: 1,089척, 헬기: 96대 동원」

현재에 비교하면 열악한 조건이었다. 현재 주말에는 두 카페리호 회사에서 각각 4회 왕복운항하는 것이다. 수습기간이 23일 간이었고 사망자 292명의 시신을 모두 수습했다는 것은 국민들이 성의를 다했다는 증거였다.

2014년 4월 16일 발생한 세월호 사고와 대조되는 것이다. 세월호 이야기가 나왔으니 몇 가지 짚고 넘어가기로 한다. 세월호 선장은 승객들을 선실에 머물러 있으라고 방송하고 자신은 팬츠 차림에 먼저 탈출하여 목포의 지인 집으로 가서 바닷물에 젖은 돈을 말리다가 잡혀 구속되었다. 반면 서해훼리호 선장은 사고 발생한 다음 며칠 동안 행방이 묘연하자 기자들은 사고 후 어디론가 도피하여 숨었다고 방송사와 신문사 기자들이 추측한 것을 사실인 양 떠들었다. "선장이 어선을 타고 도망가는 것을 본 사람이 있다고 합니다."라고 떠들었고 신문에도 그러한 기사를 게재했다.

그러나 10월 27일 선채가 인양되고 3등 객실에서 70구의 시체를 수습하면서 그 70구 시신 중에 선장이 섞여 있음을 발견한 것이다. 선장은 승객들을 구출하려고 갖은 노력을 하다가 같이 사망하였다. 선장의 이름은 백운두(56세)였다. 그 뿐만 아니라 그 70구의 시신 중에 서해훼리호의 최진만 갑판장(42세), 이xx 기관장(61세)의 시체도 섞여 있었다고 한다.

고(故) 백운두 선장의 부인은 남편이 승객들을 구출하려다가 시신으로 되어 나오자 "우리 남편은 정말 대견스러운 훌륭한 선장입니다."라고 한마디 말했다. 남편이 살아있었다면 그 수모를 어떻게 견딜 수 있겠느냐는 것이었다.

서해훼리호참사위령탑은 흰 회색 돌을 반원형으로 쌓은 탑(사진)이었다. 반원 탑 중앙 위에 연꽃 모습 돌투구를 올려놓았는데 그 돌투구 밑에 종서로 '서해훼리호참사위령탑'이라 한글로 새겨 놓고 바로 앞에 제시석을 놓았다. 뒷면에는 소설가 김인성이 지은 '추도의 마음'이 새겨져 있다.

「추도의 마음/ 그대는 아는가? 저 바다 우는 소리를!/ 파도를 헤치고 들려오는 슬픔과 절망의 통곡소리는 아직도 우리 곁에 전율과 회한의 눈물을 마르지 않게 하고 있다./ 1993년 10월 10일 서해훼리호 여객선 침몰사고의 경악과 충격은 지금도 성난 바다 우는 소리로 선량한 행려자 292명의 망령을 방황케 하고 있다./ 그러나 이제 슬픔과 후회는 심연에 묻어버리고, 다시는 이런 불행이 발생하지 않기를 바라는 것이다./ -〈이하 생략〉-/ 1995년 10월 10일」

이보다 더 절실한 기원문은 없을 것이다. 성난 바다 우는 소리로 선량한 행려자(行旅者) 292명의 망령을 방황케 하고 있다면서 전 국민의 뜨거운 응집력으로 침몰사고 후 수습을 했으니 인간의 시원인 바다에서 안식의 보금자리를 마련하여 편안하게 잠들기를 간절한 마음으로 기원한다고 했다.

서해훼리호 침몰사고가 발생한 다음 만2년이 지난 다음 건립한 위령탑이다. 이 추도의 마음이라는 글 바로 밑에 험한 파도 속에 잠든 292명의 이름이 가나다순으로 새겨져 있다. 역시 우리나라에는 김씨와 이씨가 많으니 292명 중 김씨가 60명, 이씨가 45명이었다.

이제 이 참혹한 임수도 옆에서 발생한 침몰사고가 발생한 것이 어저께 같은데 벌써 23년이 흘러갔다. 우리나라의 정치와 경제가 상당히 발전하고 있다. 그러나 아직도 인간을 인간으로 대접하지 않는 북한이 있고, 우리나라에도 북한의 체제가 잘 된 체제라 말하고 중 · 고 교과서도 그렇게 편성해야 된다는 인간들이 있어 걱정이다.

우리나라도 국민들이 법규 지키는 것을 자랑으로 알아야 할 것이다. 국민 중에 덕 있는 인사들이 많아서 부질없는 사고가 없는 사회로 만들었으면 한다. 이것이 많은 국민들의 소망일 것이다. 〈2016년 4월 24일〉

[참고 1] 위도(蝟島): 섬의 넓이 11.14 ㎢, 전라북도 격포항(格浦港)으

로부터 14.4 km 서쪽 바다에 위치한 섬이다./ 위도면은 30개의 섬으로 이루어져 있고, 그 중 유인도는 5개 정도이며 대부분은 무인도(無人島)이다./ 위도라는 이름은 송(宋)나라 국신사(國信使) 서긍(徐兢, 1091~1153)이 고려에 왔다가 돌아가서 지은 시(詩) 선화봉사고려도경 1권 36편에 "1123년 6월 5일 고섬섬에 선박이 정박하였는데 고려인들이 물을 길어다 주고 쌀을 주어 사례하였다."는 기록에서 "섬의 소나무 잎이 마치 고슴도치(蝟)의 가시털처럼 보였다."라고 기록한 글귀로부터 인용되어진 이름이다./ 위도가 고슴도치처럼 생겨서 위도라 이름을 지었다는 이론은 틀린 것이다./ 1915년부터 1962년까지 전남 영광군에 속하였다가 1963년에 부안군에 편입된 다음 지금에 이르렀다./

[참고 2] 위도 주변 해난사고: 위도에는 위령비(탑)가 두 기 있다./ 딴치도에 있는 조난어업자조령기념비(遭難漁業者弔靈記念碑)와 위도 진리 해변에 건립된 서해훼리호참사위령탑(西海FERRY號慘死慰靈塔)이 그것이다./ 위령비는 두 기이나 해난사고는 여러 차례 있었다./ 딴치도의 어선 조난사고는 1931년 4월, 8월, 그리고 12월 3차에 걸쳐 일어났다./ 풍랑으로 전국에서 모여든 어선 500여 척과 어부 600여 명이 딴치도 인근 바다에서 수장된 해난사고다./ 이들의 넋을 위로하기 위해 딴치도에 건립한 조령기념비(弔靈記念碑)가 그 참사사고를 말해 주고 있다./ 1958년 3월 15일(음) 위도-곰소 간을 운행하던 여객선의 침몰사고가 네 번째 해난사고다./ 위도 주민 62명이 탑승하였다가 60명이 바다에서 잠들었다./ 시신 수습도 몇 구만 할 수 있었다고 한다./ 다섯 번째의 해난사고가 1993년 10월 10일 발생한 서해훼리호참사사고이다.

위도

격포항에서 14 km
바다 낚시가 잘 되는 계절의 주말에
아들과 딸 내외와 찾아갔다가
퇴직 공무원 할아버지
혼자만 돌아왔다는 그 섬
위도만 생각하면 그 영감이 떠오른다.
선박회사의 잘못이 크지만
낚시를 즐기려는 인생의 생각도
잘한 것은 아닐 듯

강화도 고재형 시인의 각시바위

강화도 정수사(淨水寺)는 강화도 남쪽 마니산(摩尼山, 472.1 m) 동쪽 기슭에 위치한 사찰이다. 639(선덕왕 8)년 회정대사(懷正大師)가 창건하고 1426(세종 8)년 함허(涵虛)스님이 중창한 사찰이다.

1906년 강화도에 거주하던 한학자이면서 한시인인 고재형(高在亨, 1846~1916) 선생은 출생지이고 거주지인 강화군 불은면 두운1리를 출발하여 강화도(江華島, 면적: 305.75 ㎢) 17개 면(面), 100여 마을을 도보로 돌아다니면서 256수의 한시(漢詩)를 작시하여 심도기행시집(沁都紀行詩集)을 편찬하였다. 심도(沁都)는 강화도의 다른 이름이다. 이들 한시 중 '정수사'라는 제목으로 지은 한시는 다음과 같다.

淨水幽深地不凡(정수유심지불범, 정수사 그윽하고 그 터도 비범하니)
法華金字匣中緘(법화금자갑중함, 법화경 금자사경 서갑속에 봉해있네)
浮屠前殿涵虛蹟(부도전전함허적, 부도 앞 전각은 함허스님 유적인데)

분오리돈대 동쪽 각시바위(閣氏巖).

今日猶傳閣氏巖(금일유전각씨암, 각시바위 전설이 오늘까지 전하여 오네)

이 한시의 마지막 행에 기록되어 있는 '각시바위 전설'에 나는 흥미가 일었다.

그래서 이 바위를 찾아가려고 2021년 7월 19일(월요일) 아침 집을 나섰다. '코로나19' 바이러스로 세상이 떠들썩한 날 중 하루였다.

아침 8시 출발하는 김포행 시외버스에 승차하고 김포시외버스터미널에는 10시 30분 도착하였다. 그곳에서 8000번 시내버스에 승차하여 그 버스가 김포반도의 이곳저곳을 돌아서 강화대교를 건너 강화시외버스터미널에 도착한 다음 강화도 순환 시외버스에 승차하여 '정수사' 남쪽 1 km에 위치한 '분오리돈대' 정류장에서 하차하였다. '분오리돈대'(分五里墩臺)는 조선 숙종 때 조성된 작은 방어진지의 하나라 한다. 이 돈대가 해발 100m 정도의 언덕에 조성되어 있는데 그 돈대의 진지 성벽 위에서 동쪽 바다에 떠 있는 듯한 두 개의 돌섬 '각시바위'를 가까이 내려다 볼 수 있었다(사진). 이 섬들에 4월 찾아온다는 '저어새'

는 내 시력으로는 보이지 않았다. 이 섬의 사진을 디지털카메라(디카)에 담았다. '각시바위' 두 돌섬 너머에는 낮은 산들이 성벽과 같이 이 두 섬을 둘러싸고 있었다.

'함허(涵虛)스님과 각시바위의 전설'은 강화도에 전하여 오는 이야기로서 인터넷 자료실에 잘 소개되어 있다. 그 이야기에 대하여 자세히 문헌을 조사한 글도 찾아볼 수 있었다. 그 중에서도 네이버(NAVER) 기자 양태부는 특히 많은 전설들을 읽고 기록하여 놓아 흥미있게 읽을 수 있었다. 양태부 기자의 글에서 이 '함허(涵虛)스님과 각시바위의 전설'을 소개한 문헌이 1759(영조 35)년 발간된 여지도서(輿地圖書)라고 했다. '여지도서'의 '사찰'조 '정수암의 설명에서「世傳 涵虛子 自天朝航海來 往於此庵 久而不還 其妻尋倒 亦來請歸 不得死化爲石 名其石曰 閣氏岩」(세전 함허자 자천조항해래 왕어차암 구이불천 기처심도 역래청귀 불득사화위석 명기석왈 각씨암) 세상에 전하기를 함허자가 하늘로부터 배를 타고 와서 암자를 지었고, 그처(妻)가 와서 '돌아가자'고 청하였으나 대답이 없자 그 처는 죽어 바위가 되었고 사람들은 그 바위를 '각시암'이라 불렀다.)라고 기록되어 있다고 했다.

이곳저곳에 기록되어 있는 그 전하여 내려오는 애절한 이야기를 간추려 기록하면 다음과 같다.

「함허스님이 30세 전 · 후인 나이로 정수사 뒤쪽 계곡에서 수행할 때였다./ 젊은 여인이 '정수사'로 찾아와서 절에서 심부름 하는 동자승에게 "이곳에 속명이 '유수이'라 하는 스님이 계신가요?" 하고 물었다./

십대에 결혼하고 얼마 되지 않아 공부하러 간다고 집을 나간 남편이 몇 년이 흘러가도 소식도 없고 돌아오지 않자 새색씨가 남편의 행처를 탐문하며 이곳저곳 찾아다니다가 강화도의 정수사까지 온 것이었다./ 동자승은 함허스님이 수행하는 절의 뒤 계곡으로 가서 함허스님에게 "스님 집에서 부인이 오셨습니다. 만나셔야지요." 하고 이야기를 전하였다./ 함허스님은 잠시 생각하더니 "애야 내가 편지를 써 줄테니 전하여 주거라!" 하고 다음 내용의 편지를 써 주었다./「부인! 미안하오. 세상에 태어난 사람은 반드시 죽고, 만나는 자 반드시 헤어지는 것이요. 헤어짐은 괴로운 것이요. 이별을 하지 않으려면 만나지 않아야 되는 것이요. 깨달음의 경지로 정진하는 나의 앞길에 부인을 만나면 나의 길이 막힐까 두렵소. 그러하니 야속하다 생각 마시고 집으로 돌아가세요. 미안하오.」/ 동자승이 이 편지를 부인에게 전하니 부인은 그 편지를 읽더니 동자승을 앞세우고 남편 함허스님이 수행하는 골짜기로 왔다./ 스님은 너럭바위 위에 앉아 바위 절벽을 향해 앉아서 수행하고 있었다./ 부인은 남편 함허스님 뒤로 다가가서/ "여보 제가 찾아 왔습니다. 당신의 마음을 이해합니다. 단지 당신의 얼굴이나 한 번 바라보고 돌아가겠습니다. 돌아 앉아 주실 수 있겠는지요?"/ 간절하게 애원하였다./ 그러자 함허스님은 옆에 놓아두었든 끌과 망치를 들더니 돌아보지 않은 채 자신이 앉아있는 바위 위에 '涵虛洞天'(함허동천)이라는 글자를 새겨 나가기 시작하였다./ 부인의 애원에 마음이 약하여지지 않으려고 부인의 말소리를 듣지 않으려는 것이었다./ 망치로 끌의 머리를 때려 바위를 쪼아내는 소리가 "쨍" "쨍" 울렸다./ 계곡을 흘러내리는 개울물 소리와 바위를 쪼는 망치 소리가 섞여 계곡에 가득 차서 부인의 말소리는 묻혀버렸다./ 뒤에서 이러한 모습을 바라보며 들리건 말건 부인은 다음과 같은 말을 하였다./"여보! 수도하는 스님은 결혼한 부인을 버린다고 합니까? 그렇다면 결혼을 하지 말았어야지요. 깨달아서 어디에 사용하려는 것이예요? 저는 영혼이나마 이곳에 남아 남편이 깨달음을 얻도록 돕겠습니다."/ 부인은 그렇게 말한 다음 정수사에서 내려다보이는 바닷가로 내려갔다./ 그리고 바닷물 속으로 뛰어 들었다./ 그러자 갑자기 파도가 일어나면서 그곳에서 바위가 솟아올랐다./ 강화도 사람들은 이 바위를 함허스님의 출가전 결혼한 부인의 영혼이 변한 바위라고 하여 '각시바위'라 불렀다고 한다.」

애틋한 전설임에 틀림없다. 그러나 이 전설은 사람들이 꾸민 이야기일 뿐이다. 사람의 영혼이 어찌 바위로 변할 수 있는가? 더구나 이 바위는 하나의 바위가 아니고 수십 개 바위로 만들어진 두 개의 바위섬이다. 그러니 숫자로도 맞지 않는다. 지금 이 두 바위섬에는 철새인 저어새가 4월에 날라와 새끼를 낳아 기르고 살다가 10월 말에 남쪽으로 날라간다.

함허스님(1376~1433)은 충주(중원)에서 출생하여 10대 소년으로 일찍 결혼하였다. 부모의 강권으로 결혼했을 것이다. 21세 때인 1396년 관악산 의상암에서 출가했다고 한다. 부인을 집에 남겨 놓은 채 무슨 말을 들었던지 무슨 생각을 했던지 스님이 된 것이다. 그 부인이 황당했을 것이다. 이듬 해 양주 화엄사에서 자초 무학대사(自超 無學大師, 1327

정수사 뒤 산마루에 위치한 함허스님 부도

~1405)의 제자가 되어 가르침을 받았다고 한다. 속명(俗名)은 유수이(劉守伊), 법명은 기화(己和), 법호는 득통(得通), 그리고 당호를 함허(涵虛)라 했다. 이 스님이 멋 모르고 일찍 결혼하여 그 부인이 정수사(淨水寺)로 찾아 왔다는 것이다. 그리고 얼굴 한 번만 보고 가게 하여 달라고 애원하다가 정수사 남쪽 바다로 뛰어 들어 자살했다고 하는 애틋한 이야기가 많은 사람들의 눈물샘을 자극했던 것이다.

이제 화남 고재형 선생의 한시 넷째 행의 '今日猶傳閣氏巖(금일유전각씨암, 각시바위 전설이 오늘까지 전하여 오네)' 라는 구절에 대해 작은 고찰을 한다.

1905년 11월 17일 우리나라는 일본의 초대 총독 이또히로부미(伊藤博文)가 이끄는 일본군과 우리나라 을사오적(乙巳五賊)에 의하여 을사늑약(乙巳勒約)을 강압적으로 체결하여 외교권과 내부 인사권까지 박탈되었다. 일본에 대한제국이 병합될 것이 예측되는 시절이었다. 그러한 시절 1906년 봄 화남 고재형 선생은 자신의 고향 강화도의 17개 면 100여 마을을 순회하면서 각 곳에서 한시를 작시한 것이다. 256수의 한시를 작시하여 한시집 '심도기행'을 저술하였다는 것은 일본에 합병되기 전 우리나라일 때의 고향산천을 돌아본다는 의미가 있다.

그 여행의 거의 마지막 단계에 정수사에 도착하고, 그곳에서 함허스님과 각시바위가 꺼져가는 국가의 운명과 이어지는 상상력이 발동한 것이라 생각되었다. 주권 잃은 나라의 한학자는 고향 나들길을 걸으면서 고향 사람들의 을씨년스러운 표정을 만난 것이다. 그 고향 사람들에게 임당수에 몸을 던진 소녀 심청(沈淸)이 환생하여 아버지 심봉사(沈鶴圭)의 눈을 뜨게 하듯 함허스님의 출가 전 각시가 굳건한 바위로 솟아올라 수도하는 남편의 수호바위(守護岩)로 든든히 지켜주고 있다는 믿음이 전해져 오듯 우리나라 백성들에게 아니 고향 강화도민들에게 희망이 있다는 말을 전해주는 것이다.

잃어버린 대한제국의 정신도 굳건한 저 각시바위처럼 다시 솟아오른다는 설정이야말로 을씨년스럽게 살아가는 고향 백성들에게 희망과 인내의 메시지를 전해주는 것이다. 그렇다면 이제 함허스님의 넋이라는 각시바위야 말로 이제 화남 고재형 시인의 한시로 다시 태어났으니 고재형 시인의 각시바위가 된 것이 안닐까? 지금 우리나라는 어떠한가?

2021년 한국에는 희망의 메시지가 전하여지고 있는가? 한국은 현재 세계 10위권 경제대국으로 성장하였고, 4년마다 개최되는 세계올림픽 경기에서 메달 획득수도 10위권이다. 북한정부는 동포들이 굶주리는데 원자폭탄을 제조하여 놓고 장거리 유도탄 개발을 서두르고 있다. 북한은 부끄러운 3대 세습국가이다.

2021년 우리나라는 비전향 장기수 '신영복'을 가장 숭배한다는 인간이 대통령으로 앉아있는 부끄러운 국가이다. 그는 북한산 석탄 1만 톤을 사할린을 거쳐 밀수하여 온 부끄러운 인물이다. 간첩을 색출하던 안기부에는 간첩이 들끓고 있다고 한다. 누가 그렇게 만들었는가? 비전향 사회주의자 '신영복'을 숭배한다는 인간을 대통령으로 선거에 당선토록 투표한 우리 대한민국 국민은 정말 부끄러운 것이다. 강화도 남쪽 바다에 각시바위가 100개는 더 솟아야 될 듯하다. 〈2021년 7월 25일, 일요일〉

[참고] 강화도 분오리 돈대와 각시바위: '돈대'(墩臺)는 바다로 공격하여 오는 외적을 방어하기 위해 해안에 만든 하나의 성곽(城郭) 방어진지이다./ 강화도 해변가에는 53곳의 '돈대'가 만들어져 있다./ 숙종(肅宗, 1661~1720, 재위: 1674~1720) 때 대부분 조성되었다고 한다./ 1871년 개항을 요구하며 일어났던 신미양요(辛未洋擾)는 1866년 8월 대동강에서 일어났던 미국의 제너럴 셔먼(General Sherman)호 사건의 배상을 요구하면서 미국의 함대들이 강화도를 침범하면서 일어났었다./ 이 전투가 일어났던 돈대는 초지진(草芝鎭), 덕진진(德津鎭), 광성보(廣城堡) 돈대였다./ '분오리돈대'(分五里墩臺)는 정수사(淨水寺)에서 약 1.5㎞ 남쪽 바닷가에 조성되었다./ 이 돈대는 1679(숙종 5)년 병조판서 김석주(金錫胄, 1634~1684)의 명령으로 건설되었다./ 이 분오리 돈대에서 '각시바위'(閣氏岩)를 가장 가깝게 바라볼 수 있다.

도초도 고란리 석장승

2016년 5월 11일 8시 필자는 목포여객선터미널에서 도초도 화도여객선선착장으로 운행하는 쾌속선 뉴골드스타(New Gold Star)호의 선객이 되고, 9시 화도여객선선착장에서 하선하였다. 하선하면서 만나게 된 것은 웅장하고 아름다운 도초도(都草島, 41.9 ㎢) 표지석과 도초도와 비금도(飛禽島, 44.6 ㎢)를 연결하는 1996년 8월 29일 개통된 서남문대교(西南門大橋, 937 m)였다.

신안군에 포함된 1,004개 섬 가운데 큰 섬에 속한 도초도의 이름 유래는 신라시대 당(唐)나라 상인들이 신라에 왔다 돌아가는 길에 이 섬에 들렀다가 "도초도의 지형이 당나라 도읍지(都邑地) 장안(長安)의 지형과 유사한 점이 많으면서 초목(草木)이 무성하다"고 말하여 '도읍지'의 '도'자와 '초목'의 '초'자를 섬 이름으로 하였다는 이야기가 있으나 증거가 없으니 그러니라 하는 것이다.

고란리(古蘭里)의 위치를 모르므로 여객선매표소 앞에 멈추어 있는 택

도초도 고란리의 석장승

시에 올랐다. 택시는 논과 밭 사잇길을 지나면서 고란리 입구 마을 공동 타작마당에 멈추었다.

마당 북쪽에 서있는 회나무는 아직 잎을 피우지 않고 잠들어 있었다. 회나무 앞에 아담한 육각형 정자가 있고, 이 육각형 정자 옆에 석장승이 얼굴에 조용한 미소를 띠우고 손을 배 앞에 대고 서 있었다.

이 석장승을 건립하게 된 유래가 석장승 옆에 세워놓은 오석재질(烏石材質)의 안내 설명표지문석(100 cm×65 cm×15 cm(가로×세로×두께))에 기록되어 있었다.

「古蘭里(고란리) 마을 앞 석장승의 由來(유래)/ 본 마을은 임진왜란을 전후하여 피난 온 사람들이 거주하면서 형성된 부락으로 추정되는데, 이 마을에는 도초면민 전체가 수호신을 모시는 神堂(신당)이 있어 매년 정월 보름이면 면민 전체가 모여 국태민안과 면민의 무사태평을 기원하는 제사를 지내는 풍습이 있었다./ 신당의 건물은 작았지만 초목이 우거져서 한 낮에도 출입하기가 조심스러울 정도로 깨끗하고 위용도 있어 주변에서는 소변은 물론 웃옷을 벗고 그 앞을 지나면 큰 화를 입고, 부락민은 물론 온 면민이 생활에 어려운 일이 생기는 등 피해를 받아왔다./ 그러던 중 마을 앞을 지나는 도승(道僧)을 만나 사정 이야기를 하고 방법을 물었다./ 그 도승이 "장승을 세우면 화(禍)를 면할 것이요."라고 말했다./ 이에 마을 사람들이 협력하여 나무로 된 장승을 세웠다./ 그 후 세월이 흐르면서 신당은 없어지고, 장승만 남았는데, 장승의 몸체가 풍화되어 상했으므로, 섬사람들이 1938년 석장승으로 바꾸었다./ 장승의 재질은 화강암이며, 크기는 높이 290 cm, 너비 66 cm, 그리고 두께는 40 cm이다./ 석장승은 둥근 모자를 쓰고 오똑한 코, 튀어나온 두 눈, 그리고 긴 귀가 특이하다./ 치아를 드러내고 웃는 모습이다./ -〈중략〉-/ 지방문화재 자료 254호./ 지정일: 2005년 2월 26일./도초면 고란리 주민 일동」

우리나라 많은 사람들은 장승을 마을 입구에 세우면 장승이 마을 사람들의 재앙을 미연에 방지하는 마을 수호의 기능이 있다고 생각했다. 도초면 고란리 마을 장승도 그러한 기능이 있다고 이 마을 사람들은 믿는 것이다. 고란리 육각형 정자 옆의 석장승은 2 m 90 cm 키의 우람한 바위 장승이다.

고란리는 임진왜란 때 육지의 피난민들이 들어오면서 만들어진 마을이라 했다. 이 마을이 조성되면서 신당에 마을의 안녕을 빌었는데 그 신당이 너무 조심스러운 곳이어서 그 주변에서 소변만 보아도 마을에

흉악스러운 사건이 일어나므로 마침 마을 앞을 지나가는 도승(道僧)에게 방법을 물으니 마을 앞에 장승을 세우라고 했다는 것이다. 그 말에 따라 나무로 장승을 만들어 마을 앞에 세웠더니 재앙이 사라졌다는 이야기이다. 그러나 그 나무장승은 긴 세월에 썩어 모양이 흉하여 져서 변함이 적은 돌장승으로 교체한 것이다.

섬마을은 바다로 둘러싸여 호랑이와 같은 맹수로부터 공격을 받을 일이 없어 안전지대이나 그보다 더 못된 왜구놈들의 공격이 수시로 찾아오니 왜구놈들은 섬마을 주민들에게 맹수보다 더 무서운 악질적 존재였다.

이제 다시 택시에 승차하여 서남문대교를 지나 비금도로 향하려고 하는데 택시기사가

“여기에서 1 km 정도 서쪽에도 석장승이 있는데 석장승의 모습이 여자입니다. 보고 가실까요?”

하고 내가 생각지도 않았던 좋은 제안을 하는게 아닌가. 나는 “고맙습니다.”하고 그리 가자고 했다. 잠시 후 택시는 마을 앞에 흐드러지게 피어있는 영산홍으로 둘러싸인 멋있는 여자 석장승 앞에 차를 세웠다. 여자 석장승 앞으로 가서 안내 설명표지문판을 읽었다.

이 석장승이 세워진 마을은 도초면 수항리 궁항마을이고, 1950년 6 · 25전쟁 때 세웠다고 한다. 이 마을에도 어려운 일이 많아서 이 석장승을 세웠고, 그 다음부터 어려운 일이 사라졌다는 것이다. 여하튼 도초도에는 남자 석장승과 여자석장승이 옆 마을에 있어 서로 각 마을의 재앙을 막아주고 있으니 이 석장승들은 어떤 신령스러운 힘이 있

는 듯하다. 그러면 그 신령스러운 힘으로 남자와 여자 석장승이 사랑을 하는 게 아닐까(?) 하는 상상도 해 보았다.

그런데 이 택시기사가 외남리 외상마을에도 석장승이 있다고 한다. 그러나 나는 시간이 좀 소요되니 그곳은 생략하자고 했다. 그 기사의 말에 의하면 외남리 석장승은 가슴뼈가 돋아나온 섹시한 모습의 남자 석장승이고 키는 2 m 40 cm라고 했다. 그렇다면 고란리와 외남리의 두 남자 석장승들이 수항리의 아름다운 여자 석장승을 놓고 삼각관계를 이루고 있을지도 모르겠구나 하는 실없는 생각도 하고 필자 혼자 슬며시 웃었다.

석장승을 세워 마을의 재앙도 막아주고 이젠 마을에 그 석장승을 만나러 관광객이 찾아오니 얼마나 좋은가? 인생은 이렇게 살아가는 것이다. 〈2016년 5월 17일 작성〉〈월간 한국수필 2018년 11월호(통권 제285호) 244~247쪽 게재〉.

마니산 암릉의 노송

필자가 마니산 등산을 하려는 것은 단순히 참성단(塹星壇, 472.1 m)까지만 등산하려는 것이 아니라 암릉(巖稜, 800 m 능선길)을 등산하고 정수사(淨水寺)등산로(마니산 제4등산로)를 이용하여 하산하려는 것이었다. 정수사 등산로를 이용하여 하산하려고 하는 것은 그 등산로를 걸어보지 않았으므로 걸어보려는 생각이었고, 그 길로 하산하면 앞바다에 솟아 있는 각시바위(閣氏巖)를 내려다 볼 수 있을 것으로 예상되기 때문에 그 바위를 보려는 것이었다.

함허(涵虛)스님(1376~1433)이 14세기 초 정수사 옆의 계곡인 함허동천(涵虛洞天) 계곡에서 수도하고 있을 때 그의 출가 전 결혼했던 아내가 찾아와 함허스님의 얼굴이나 한 번 보고 가겠다고 하는 요구를 거절하고 얼굴을 돌리지 않았다. 그 아내는 여러 가지 생각을 한 결과 정수사 동쪽의 바다로 뛰어가 바닷물에 빠져 죽었다. 그런 다음 그 바다에서 바위가 솟아 나왔고, 그 바위가 함허스님의 출가 전 아내(각시)의 넋이라 하여 각시바위라고 이름 붙여졌다는 설화가 만들어진 것이다.

2016년 7월 11일 필자는 고려 후기의 거란군을 물리친 장군 김취려(金就礪, 1172(명종 3)~1234(고종 22))의 묘소와 양명학을 체계화한 한학자 정제두(鄭齊斗, 1649(인조 27)~1736(영조 13))의 묘소를 오전 일찍 돌아보고, 시내버스에 승차하여 상방리의 마니산 등산로 매표소에 도착하니 11시 20분이었다. 이곳에서 나는 제5등산로를 이용하여 마니산을 등산하였다. 여름의 중심인 초복(初伏, 7월 17일)이 며칠 뒤여서 날씨가 더웠다. 숲속에서는 이름 모를 새들의 노래 소리가 즐겁게 흘러 나오고 나의 얼굴과 등에는 땀이 흘렀다.

좀 시간이 걸렸지만 참성단에 올라 푸른 잎이 무성한 참성단 둥근 광장 북쪽 벽에 살고 있는 150년 수령의 소사나무와 참성단 계단을 사진기에 담고, 잠시 후에는 마니산 472.1 m 표지목이 있는 작은 봉우리를 지나 참성단 중수기 안내 설명표지문판 앞을 지나고 동쪽으로 암릉 등산길을 걸었다. 인천광역시 강화군에서 안전장치로 쇠말뚝들을 바위에 박아놓고 이 쇠말뚝들을 굵은 나일론 밧줄로 묶어 연결하여 놓아 이 밧줄을 붙잡고 암릉등산길을 걸어갈 수 있게 하여 놓았다. 암릉등산길 중간쯤에는 골짜기 하나가 특별하게 깊어서 이 골짜기를 쉽게 건널 수 있도록 약 10 m의 난간이 설치된 나무다리가 건설되어 있었다. 이 다리에 도착했을 때 맞은 편에서 밧줄과 바위를 잡아가며 내려오는 젊은 등산객이 있었다. 무더운 여름날 월요일 오후 암릉에서 만나게 되는 단 한 사람이었다. 필자가 먼저 이 젊은이에게 인사를 했다.

"수고 많소 젊은이"

"어르신께서도 수고 많으십니다 그려! 그런데 이 길을 따라가면 참성단이 나옵니까?"

그도 이 험한 등산로에서 아무도 만나지 못하다가 필자를 만나 이야기를 나누게 되니 좋은 모양이었다. 그의 모습은 젊은 시절의 필자와 비슷하다고 생각되었다. 좀 뚱뚱하고 키는 한국 사람으로서는 평균보다 좀 큰 편이었다. 미남은 아니지만 씩씩한 생김생김이었다. 그는 짊어진 배낭을 내려 물병을 꺼내 반 쯤 남은 물을 마셨다. 필자가 그의 물음에 답을 했다.

"그래요. 이 등산로를 따라가면 참성단 밖에 만날 수 있는 것은 없고요 참성단에서 상방리 등산로 입구로 내려가는 등산로가 두 개 있어요. 계단등산로와 단군등산로요. 선생은 어디서 왔소?"

"저는 울산에서 왔습니다. 강화에 출장을 왔다가 등산을 좋아해서 이렇게 올라왔습니다."

"여기 암릉으로 마니산 동쪽에서 올라오는 등산로가 세 개 있는데 어디로 올라왔어요?"

"저는 함허동천 계곡등산로를 올라왔어요. 등산로가 어찌 험한지 혼났습니다."

"그래요? 그런데 생각해보면 평범한 산을 오르려면 집에서 뒷동산에 오르면 되지요. 이렇게 험한 산을 등산해야 등산하는 재미가 있는 게 아니겠어요?"

"그렇습니다. 어르신. 울산에도 바위능선이 있는 산이 하나 있어 몇 번 등산을 했는데 마니산보다 험하기가 반도 안됩니다."

마니산 암릉에 보호받는 소나무(2016년 촬영)　　암릉 바위틈에 사는 소나무의 뿌리부분

이러한 이야기를 나누고 그와는 작별할 수밖에 없었다.

험한 암릉등산길 800 m를 묶어놓은 굵은 나일론 밧줄을 잡으면서 동쪽으로 동쪽으로 천천히 나아가다가 만난 것이 바위틈에 뿌리를 박고 용트림을 하면서 자라난 소나무 한 그루였다. 등산객의 손이 닿지 않도록 3 m 길이의 초록색 철기둥 네 개를 이 소나무 주위 바위에 정사각형이 되도록 박아놓고 이 철기둥 네 개 주위를 초록색 철망으로 둘러매어 놓은 것이다. 암릉 바위틈에 소나무 씨앗이 날라 와 떨어져 싹이 터서 이 바위틈에 뿌리를 내리고 수많은 세월이 흐르면서 고목으로 용트림을 하면서 자란 것이다. 소나무의 높이는 5m 정도이고 줄기의 둘레는 60 cm는 될 듯싶었다. 자라면서 영양이 부족하였던지 용트림하면서 자란 줄기 일부는 썩었다.

누가 심을 수도 없는 바위틈에 소나무 씨앗의 싹이 터서 자란 것이다. 죽을 수도 있는 나무가 마니산의 기를 받아 살았는지도 모를 일이다. 다른 곳으로 옮겨 심을 수도 없었을 것이다. 바위틈에 낀 뿌리로 빨아올린 물과 영양분으로 자란 것은 틀림없다. 필자는 이 나무의 생과 인생을 비교하여 보기도 하였다.

필자는 충남 공주시의 변두리에 위치한 궁벽한 시골에서 태어났다. 어릴 때 이 궁벽한 마을에서 같이 놀던 동무들은 대부분 중학교에도 진학하지 못하고 농사를 짓고 지게를 지고 나무를 하며 겨우겨우 살았다. 그 시골에서 결혼하여 아이를 낳고 살다가 소천한 동무들도 많다. 이들이 지게를 짊어지고 나무하고 농사짓고 싶어서 그리 했겠는가? 그것은 마치 바위틈 사이 씨앗이 떨어져 그 좁은 바위틈에 뿌리를 내려 세월이 흐르면서 고목이 된 것과 같은 것이다.

되고 싶어도 되지 않는 일이 이 세상에 있고, 되기 싫어도 되는 일이 있는 것이다. 다시 말하여 커다란 바위의 작은 틈에 고목으로 자라난 소나무가 그곳에서 자라고 싶어 자란 것이 아니고, 씨앗이 그곳에 떨어져 할 수 없이 자라다가 고목이 된 것이다.

마니산 암릉의 소나무

암릉 바위틈의 늙은 소나무
마니산의 기(氣)로 산 것인가
산 아래 흥왕리의 마을길
바다에 떠있는 섬들
바라볼 수 없으면 어떠하단 말인가
마니산 기(氣)면 그만이지
인생이 사는 것을
설명하는 듯

이제 필자는 암릉 동쪽 끝 함허동천(涵虛洞天) 계곡과 정수사(淨水寺)로 내려가는 등산로 삼거리에서 정수사쪽 등산로를 따라 하산하는데 해는 뉘엿뉘엿 석모도(席毛島) 너머로 사라지고 있었다. 하산길은 바위와 잡목으로 덮인 험한 등산로였다. 거기에 황혼이 되니 정수사 동쪽 바다는 그만두고 5m 앞의 등산로도 보이지 않았다. 그래서 막연히 이 정수사등산로(마니산 제4등산로)에서 바다 가운데 '각시바위'가 내려다보일 것이란 필자의 예측은 틀린 것이었음을 실감했다. 그 애처러운 설화가 묻어있는 '각시바위'를 내려다보는 것은 다음으로 미루기로 했다.

이 세상에는 예상한 대로 되지 않는 일이 있는 것이니 어찌하랴! 예상한 대로 일이 되지 않는다고 서러워하거나 낙심할 것도 없는 것이다. 인생은 언제인가 자기도 모르게 이 세상에 왔듯이 어느 순간 자기도 모르는 사이에 자기는 알 수 없는 곳으로 떠나가는 존재이기 때문이다. 〈2016년 7월 21일〉

[참고 1] 죽석 서영보(竹石 徐榮輔, 1759(영조 35)~1816(순조 16))의 한시 번역문: 만길 현모한 제단은 푸른 하늘에 닿았고/ 소슬바람 은근한 기운이 내 마음을 밝게 하여 주네/ 망연히 앉아 나의 견문이 좁았음을 생각하노니/ 눈 아래 우리 강산이 편안하구나.

[참고 2] 화남 고재형(華南 高在亨, 1846(헌종 13)~1916)의 한시 번역문: 마니산 상상봉에 앉아 있으니/ 강화섬이 한조각 배로구나/ 단군성조께서 돌로 쌓은 자취는/ 천지를 버티고 있으니/ 수만 년 동안 물과 더불어 머물러 있네.

행담도

행담도(行淡島, 면적: 0.16 ㎢)는 충남 당진시 신평면 매산리에 속한 섬이다. 섬의 모양이 토끼를 닮았다 하여 '토끼섬'이라 부르기도 한다. 이 섬에서 남쪽 당진시 송악읍 복운리까지는 약 1 ㎞, 북쪽 경기도 평택시 포승읍 해안까지가 약 3.6 ㎞이다. 이섬 주변의 조수 간만의 차가 평균적으로 9.2 m로 대단히 크다.

행담도는 1999년 서해대교(西海大橋, 길이: 7.310 ㎞, 폭: 31.4 m)가 개통되기 전에는 30여 명의 주민들이 주변의 넓은 갯벌에서 낙지, 바지락, 굴, 그리고 소라 등을 채취하고, 그것들을 판매하여 그 수익금으로 생활했던 조용한 섬이었다고 한다.

그러나 이 서해대교가 1993년 11월 착공하여 2000년 11월 개통되면서 이 거대한 교량이 행담도의 중심부를 관통하여 건설되자 이 섬이 고속도로휴게소(高速道路休憩所)와 콘도 등 휴양시설의 적합지라 하여 개발사업을 시작하면서 주민들은 이주할 수밖에 없었다. 그런데 청와대 비서실의 몇 인사가 이 사업에 개입했다가 소송에 휘말리는 사건도 생겼었다.

필자는 벌써 10년이 지나간 사건이지만 이러한 사건이 있었던 섬이 필자의 고향(공주) 가까운 곳이므로 2019년 7월 5일 찾아가 보았다. 아침 일찍 청주의 집을 나서고 시외버스에 승차하여 당진 시외버스 종합터미널에는 11시에 도착하였다. 당진읍으로부터 행담도까지 시내버스가 운행되고 있으나 그날에는 오후 3시에나 있으므로 택시를 이용하여 행담도에 도착하였다.

행담도 휴게소 앞 주차장은 대단히 넓기 때문에 승용차 1,000대 정도를 주차할 수 있을 것만 같았다. 주차장 서쪽으로 '행담도휴게소' 간판이 건물 앞에 부착된 휴게소 건물이 있고, 동쪽으로 행답도에서 가장 높은 산(山)이라 할까(?) 언덕이라 할까(?) 그런 곳에 잡목으로 덮인 언덕이 있었다. 그 언덕에서 약간 동쪽으로 그 거대한 인공구조물인 서해대교가 지나가고 있었다. 필자는 언덕 옆으로 조성된 길을 따라 걸어갔다. 서해대교 밑을 통과하여 섬의 동쪽에 건설된 커다란 조립식 모다아울렛(MODA Outlet) 매장 건물이 약 300 m 저편으로 보였다.

필자는 그 아울렛 매장 3층에 있는 식당가에서 점심 식사를 하고 내려와서 이 매장의 남쪽으로 바닷가길을 걸어서 다시 이 섬의 남쪽 서해대교 밑을 통하여 다시 넓게 조성된 주차장으로 나오고, 주차장을 통과하여 이 섬 서쪽의 휴게소 건물로 들어갔다. 휴게소 건물에는 경부고속도로 옆에 건설된 휴게소에 있는 것과 같은 식당가와 작은 매점들이 갖추어져 있었다. 이 건물 중심부에 건물 뒤로 나갈 수 있는 통로

행담도에서 바라본 서해대교

행담도 주차장에서 바라본 행담도휴게소 건물

가 있으므로 이 통로를 통하여 건물 뒤로 나가 앞을 바라보았다. 바로 밑으로 승용차 500대 정도를 주차할 수 있는 넓은 주차장이 내려다보이고 주차장 건너에 도공의 건물들이 건축되어 있었다. 섬 너머로 아산만의 바다가 끝없는 바다의 모습으로 건너다보였다. 리조트나 해수로 된 수영장, 콘도는 없었다.

필자는 2005년 5월 24일 연합뉴스에서 네이버(NAVER)에 발표한 기사를 읽고 여기에 기록한다.

「행담도 개발사업은 한국도로공사(韓國道路工事, 약자: 도공)가 서해안고속도로(西海岸高速道路) 건설공사의 일환으로 충남 당진시 서해대교 아래 작은 섬 행담도(行淡島) 부지 69,000평과 섬 주위의 갯벌 105,000평을 매립한 부지 등 총 174,000평에 휴게소와 휴양시설 단지를 조성한다는 사업이었다./ 도공은 이를 위해 1999년 싱가포르(Singapore) 투자사인 에콘(Econ)사와 개발사업 협약을 체결하고, '행담도 개발주식회사'를 설립하였다./ 그러나 환경단체와 지역주민의 반발로 갯벌 매립이 늦어지자 2001년 에콘은 보유주식을 자회사인 EKI에 양도하고 철수하였다./ 1 · 2단계로 나누어진 이 사업은 2001년 말 '행담도휴게소' 준공과 함께 1단계 사업이 마무리 되었다./ 2단계 사업은 '행담도 개발주식회사'가 총 사업비 4,433억 원을 투입하여 2008년 말 해양수족관, 돌고래쇼장, 실내수영장 등 복합휴게시설을 건설하는 것이었지만 갯벌매립이 축소되고, 늦어지고 있다고 했다.」

이러한 내용인데 이 과정에서 도공은 에콘사에 실패할 경우 $150,000,000의 주식을 매입한다는 특혜계약까지 맺었다고 했다. 감사원의 감사에 따르면 전 동북아시대위원회 위원장 문정인(文正仁, 1951~?)이나 전 청와대 국민경제비서관 정태인(鄭泰仁, 1961~?)은 행담도 개발사업이 S-프로젝트에 도움이 될 것 같아 불평등계약을 맺는데 관여했다고 밝혔다.

'캘빈 유'라는 주한 싱가포르 대사가 전 청와대 인사수석 '정찬용'에게 "행담도 개발사업은 서남해안 개발사업의 파일럿 프로젝트이니 협조하여 주세요"라는 편지를 보냈다는 것부터 의혹을 불러일으키고 있다. '캘빈 유' '주한 싱가포르 대사'는 '행담도 개발주식회사 사장' '김재복(金在複, 1965~?)'의 요청으로 전 청와대 인사수석 '정찬용'에게 편지를 보냈다고 했다.

동북아시대위원회 위원장 '문정인'은 행담도 개발주식회사 사장 '김재복'에게 정부차원의 지원을 약속하고, 양해각서를 체결했다고 했다. 또한 전 청와대 인사수석 '정찬용'은 청와대로 행담도 개발주식회사 사장 '김재복'을 불러 만났다고 하고, 그에게 싱가포르 자본유치 방안을 협의했다고 했다.

최호원 기자가 네이버에 기술한 기사내용에는 2006년 1월 9일 행담도 개발의혹사건 공판에서 '정태인'과 '문정인'에게 허위공문서 작성 등의 혐의로 검찰이 징역 2년과 1년을 구형했다고 했다.

그러나 법원은 2004년 문정인은 동북아위원회 내부적 검토와 외부 전문위원들의 심의를 거치지 않고, '정부가 동북아위원회를 통하여 행담도 개발주식회사의 행담도 개발을 지원한다.'는 내용의 정부지원 의향서(LOS)를 작성하여 준 '허위공문서 작성혐의'가 "허위 사실을 기재한 것으로 볼 수 없다."면서 무죄를 선고했다. 무죄선고 이유도 장황하게 설명하였다. 그래서 2009년 4월 9일 네이버에 기록된 법원의 판결문에는 최종적으로 '문정인'은 무죄, '정태인'은 징역 6월에 집행유예 1년을 선고하였다. '정태인'은 직권남용, 권리행사 방해 등의 혐의가 인정된다고 하였다.

2006년 2월 6일 김하영 기자의 기술에 의하면 행담도 개발주식회사 사장 '김재복'에게 징역 3년과 집행유예 4년, 그리고 도공 사장 '오점록(吳粘祿, 1943~?)'에게 징역 1년 6개월에 집행유예 2년을 선고했다고 했다.

이 행담도 사건은 행담도 개발주식회사 사장 '김재복'이 아무런 자금 능력이 없으면서도 개발사업을 무리하게 추진한 데서 일어난 하나의 허무맹랑한 사건이었다. 그와 친분을 맺을 수 있었던 '주한 싱가폴 대사'와 청와대의 인맥을 배경으로 도공과 동북아위원회 등을 이용하여 자금을 조달하려 한 의혹이 짙은 사건이었다. 현재 행담도에 수족관과 실내수영장, 콘도 등이 하나도 건설되지 않은 것을 보면 '김재복'의 꿈은 깨진 것이 틀림없는 것이다.

청와대에서 대통령을 보좌하는 인간들은 권력을 이용하는 일이 절대로 있어선 안될 것이다. 지금도 선거에 개입하고 가족의 이익을 위해 권력을 휘두른 부끄러운 사람들이 많음은 한심스러운 세상사의 하나이다. 이런 것들보다 북한산(北韓産) 석탄 1만 ton의 밀수, 2018년 평창 동계올림픽 기간 중 천안함 폭침의 주범인 북한의 김영철을 칙사대접하여 보낸 것, 그리고 대통령이란 자가 공산당 비전향 장기수 신영복을 존경한다고 하는 말을 수시로 하는 종북인임은 더욱 안타깝지만.

행담도의 지명유래로서 '행(行)'자가 간만의 차가 가장 클 때인 백중(伯仲) 사리 때 당진 송악면의 땅에서 섬까지 걸어갈 수 있다는 의미이고, '담(淡)'자는 평소 물이 담겨 있다는 의미라 했다. 또 하나 전설로서 과거보러 가던 선비의 이야기가 있다. 「옛날 한 선비가 한양으로 과거를 보러 가다가 풍랑을 만나 표류하던 중 이 섬에 상륙하였다. 목이 말라 한 동안 물을 찾아 헤매던 끝에 언덕 밑에서 옹달샘 하나를 발견하고 두 손을 오무려 물을 떠서 마셨는데 그 물맛이 대단히 상큼하고 좋았다. 그 선비는 바로 기운을 차리고 과장으로 걸어 올라가 과거에 응시하였고 장원급제 하였다. 이러한 의미에서 '가다가'(行), 깨끗한 '물(淡)'을 마셨다는 의미로 행담도라 했다는 것」이다.

행담도는 1868(고종 5)년 5월 10일 저녁 통상수교 요청을 조선 정부에 하였다가 당시의 집권자 흥선대원군(興善大院君) 이하응(李昰應, 1820~1899)에게 거절당한 것에 앙심을 품은 유태계 독일인 오페르트(Oppert E.J.)가 주도하여 흥선대원군의 부친 남연군(南延君, 李球, 1788~1836)의 묘소(예산군 덕산면 상가리 소재, 1846년 이장해 옴)를 도굴하려고 인부 약 130명을 구하여 선박 차이나호에 승선시키고 상륙한 섬이었다. 오페르트는 인부들을 인솔하여 행담도에서 20 km를 걸어서 예산군 덕산면 소재 남연군 묘소를 훼손시켰다고 한다.

미국인 젠킨스(Jenkins, F.)를 자본주로 프랑스 선교사 훼론(Feron)을 통역관으로 대동하여 왔다고 했다. 그래서 그들이 남연군의 시신이 묻힌 곳까지 파 들어갔으나 시신 위를 무쇠로 덮어 놓아 시신을 훼손할 수는 없었다고 한다. 〈2019. 07.05〉

보문사 눈썹바위에서 만난 태인중 입학생

석모도(席毛島, 42.84 km2)는 강화군(江華郡)에서 강화도(江華島, 300 ㎢)와 교동도(喬桐島, 47.14 ㎢) 다음으로 넓은 섬이다. 강화도 서쪽 해협 건너에 있는 석모도 중심부에는 해발 327 m의 낙가산(洛迦山)이 있고, 낙가산 기슭에 관음성지로 알려진 보문사(普門寺)가 있다. 보문사에 내가 2013년 봄이 멀지 않은 2월 말 찾아갔다.

강화읍시외버스터미널에서 승차한 시내버스가 고려 제23대 고종(高宗, 재위: 1213~1259)의 능인 홍릉(洪陵)의 남쪽 고갯길을 넘어 골짜기 길을 달리고, 얼음으로 덮인 강화도에서는 가장 넓은 호수 고려저수지(高麗貯水池) 옆길을 달렸고, 황청리를 지나 외포리(外浦里)시내버스정류장에 도착하였다. 시내버스의 앞문이 열리면서 들려오는 소리는 "끼륵" "끼륵" 선착장에서 날고 있는 갈매기들의 노랫소리였다.

나룻배의 손님이 되어 나룻배 선실에 오르니 문 밖의 선객들 바로 앞에서 "끼륵" "끼륵"의 주인공들이 군무(群舞)를 펼쳤다. 이들은 선객

중 두어 명의 소년이 던져주는 새우깡을 받아먹으려고 경쟁을 벌리고 있는 것이다.

나룻배가 강화도 외포리선착장으로부터 석모도 석포리(碩浦里) 선착장까지 건너는데 10분도 걸리지 않았다. 나룻배에서 내리니 석포리시내버스승차장을 중심으로 젓갈시장, 음식점, 민박집, 콘도가 광장 주변에 보였다.

이 석모도에서 태어나 오십여 년을 살고 있다는 젓갈상점 주인아주머니에게 "좋은 곳에 사시네요." 하고 인사를 하니 "무엇이 좋아요?" 한다. 필자가 "공기 좋고, 물 좋고, 경치가 좋지 않아요." 하고 말을 받으니 그 여인 하는 말이 "그런 것 좋으면 무엇해요. 돈을 잘 벌어야지요." 하였다. 그 여인은 사랑, 명예, 건강, 돈 중에서 돈이 제일이란다. 과연 그럴지도 모른다고 그 순간만은 생각하기로 했다.

석포리(碩浦里) 선착장 시내버스정류장에서 승차한 시내버스는 잘 정비된 농토가 길 양편으로 펼쳐져 있는 길을 달리더니 남쪽 해명산(309 m) 기슭 진득이 고개를 넘고 시멘트 포장도로를 약 10분 더 달려 보문사 앞 주차장에 도착하였다. 이 주차장이 석모도 보문사시내버스종점인 것이다. 필자는 이곳에서 洛迦山普門寺(낙가산보문사)라는 현판이 걸린 일주문을 지나 보문사 법왕궁(法王宮)으로 걸어 들어갔다. 보문사 일주문에서 보문사 마당까지는 300 m 정도이지만 경사도가 심한 도로였다. 땀을 흘리며 보문사 마당에 오르니 수령 200년은 되었을 느티나무가 잎이 아직 돋아나지 않은 채 서 있는데 그 북쪽 법왕궁 앞의 향나무는 새파란 옷을 입고 그곳을 지키고 서있다. 보문사 법왕궁(석실)은

벽과 지붕이 커다란 자연석(화강암)으로 만들어져 있다. 이 석실 앞 안내 설명표지판의 설명문은 다음과 같다.

「보문사 석실(普門寺 石室)(法王宮)/ 인천광역시 유형문화재 제27호/ 소재지: 인천광역시 강화군 삼산면 매음리 629-1/ 635(선덕여왕 4)년 금강산 회정대사(懷征大師)가 처음 천연석실을 대웅전으로 조성하고, 1812(순조 12)년 다시 고쳐지은 석굴사원(石窟寺院)이다./ 천연동굴을 이용하여 입구에 세 개의 무지개 모양을 한 홍예문(虹霓門)을 만들고, 동굴안에 불상들을 모셔놓은 감실을 설치하여 석가모니불(釋迦牟尼佛)을 비롯한 미륵보살과 나한상을 모셨다./ 이들 석불에는 선덕여왕 때 한 어부의 고기잡이 그물에 걸린 돌덩이를 꿈에서 본 대로 모셨더니 부처가 되었다는 전설이 전해오고 있다.」

인천광역시 강화군에 속하는 사찰이다. 이 사찰의 대웅전(법왕궁)은 암석의 두께가 평균 3 m, 가로와 세로는 각각 10 m씩은 되는 넓은 화강암 재질의 한 개의 암석이 지붕으로 덮여있다. 지붕과 벽이 돌로 되어 있으니 지금까지도 화재가 일어난 일이 없었으나 앞으로 몇 만 년 흘러도 불이 날 염려는 없는 기도처이다. 이 사찰은 법왕궁이라는 큰 바위 밑 석실에 창건의 설화가 있다.

635(선덕여왕 4)년 금강산에서 수도하던 회정(懷征)선사가 이곳에 와서 이 석실을 손질하여 보문사를 창건하였다고 한다. 위 설명문에서 소개한 전설은 다음과 같이 전해지기도 한다. 649(진덕여왕 3)년 한 어부

눈썹바위 밑 마애석불좌상

가 석모도 서쪽 바다 가운데 고기를 잡으려고 놓았던 그물을 올렸더니 무거운 나한석상 22기가 그물과 함께 올라왔다고 한다. 그 석상들이 석굴에 모셔진 다음 그 사실과 함께 보문사 이름이 세상에 알려지게 되었다고 한다.

이 법왕궁 바로 앞 둥글게 조성된 정원 중심부에 푸른 옷을 무성하게 입은 향나무는 고목이어서 줄기 밑 부분이 썩어 두 곳이 움푹 파여 밀랍으로 채워 넣은 것이 보였다. 줄기는 구불구불 올라가는데 1.2 m 높이에서 줄기의 둘레가 3.2 m라 한다. 또한 줄기 높이 1.7 m 에서 동서 두 줄기로 갈라지는데 동쪽으로 뻗은 줄기의 둘레가 1.3 m, 서쪽으로 뻗은 줄기의 둘레는 1.5 m라 했다. 700년 수령의 이 향나무는 자연보호기념물 제17호로 보호된다고 한다. 6 · 25전쟁이 한반도를 휩쓸던 3년 동안 잎이 누렇게 변하여 죽은 줄 알았는데 1953년 8월 전쟁이 휴전되자 잎이 파랗게 살아났다고 하는 전설 같은 이야기도 있다.

필자는 법왕궁 앞의 향나무를 바라보다가 석굴 안으로 들어가 석굴

보문사 극락보전 지붕 위로 보이는 눈썹바위

안쪽 벽면 앞에 모셔진 22기 석불들을 향하여 3배하고 나의 얼마 남지 않은 여생(餘生)에 대하여 빌었다. 필자가 살아온 날들에 비하여 얼마 남지 않은 필자의 여생에는 사람을 미워하지 않고 사랑하고 이해하면서 살다가 타계(他界)하였으면 하는 바람을 가져본 것이다.

보문사 뒷산인 낙가산 중턱에 눈썹 모양으로 법왕궁의 지붕과 같은 재질의 화강암이 앞으로 솟아나와 이 바위를 '눈썹바위'라 부른다. 그 '눈썹바위' 밑 벽에 돋음그림으로 석불이 새겨져 있어 불자들은 보문사에 오면 그곳에 한 번은 올라가 예불을 드린다. 필자도 석굴에서 나와 눈썹바위가 있는 곳으로 오르기 위해 향나무가 살고 있는 정원을 돌아 극락보전(極樂寶殿) 앞을 왼편으로 돌아 419개의 돌층계로 조성된 길을 한 계단씩 밟고 올라갔다.

눈썹바위까지 오르는 동안 층계 옆에 두 곳의 쉼터가 있다. 쉼터에는 앉아 땀을 식힐 수 있도록 나무의자도 몇 개 놓여있고, 과자와 음료수를 판매하는 작은 상점도 있다. 필자는 첫 쉼터에서 잠시 의자에 앉아 있는데 옆에 한 소년이 앉으며 인사하였다. 다음은 그 소년과의 대화내용이다.

“안녕하세요? 할아버지?”

“안녕? 그런데 이 소년은 초등학교 학생인가?”

“올해 중학교에 입학해요.”

“어느 중학교에 입학하는가? 물어도 괜찮지?”

“네 괜찮습니다. 경기도 수원시 남쪽 태인읍에 있는 태인중학교예요.”

“그래? 축하하네. 그런데 나이가 열네 살이지?”

“네”

“무슨 띠인지 아는가?”

하고 물으니 이 소년 우물쭈물 한다. 그런데 저 만큼 서있던 50세 쯤 되어 보이는 장년의 사나이가 다가와 다음과 같이 말하는 게 아닌가.

“그 아이 용(龍)띠예요. 제가 그 애 애비인데 저도 50살 용띠구요.”

“그래요? 나도 일흔네 살 용띠인데 용(龍) 세 마리가 만났군요. 아마 이 소년은 나와 60년 차이이니 같은 경진생(庚辰生)일 것입니다. 반갑습니다. 이렇게 여행을 나와 사람을 만나니 이러한 이야기도 나누게 되는 것 아닙니까? 학생 어때 이렇게 이야기를 나누니 재미있지?”

“네”

하며 미소를 띤다. 미소가 예뻤다. 키가 160cm 정도이고, 날씬한 몸매이다. 말을 좀 더듬는 편이 아쉽다고 할까. 그 소년과는 내가 소년의 나이보다 세 살이 적은 11살 때 6 · 25전쟁이 일어났다고 하면서 그때의 기억을 이야기 해 주기도 했다.

이러한 이야기를 나누고 우리는 각각 눈썹바위 앞으로 올라가 눈썹바위 밑 바위벽에 조성하여 놓은 마애석불좌상(磨崖石佛座像) 앞에서 다시 만났으나 그들 부자가 먼저 내려갔다. 눈썹바위는 바위 밑 벽의 돋음그림 마애석불좌상의 지붕 같은 바위이다. 마애석불좌상 바로 앞은 여러 불자들이 절을 하고 기도할 수 있는 축대 위의 마당이다. 이 마당에 올라온 여러 불자들이 마애석불좌상을 향하여 삼배하고, 필자도 삼배하였다.

이 눈썹바위를 지붕으로 높이 15 m, 넓이 40 m의 바위 절벽 벽면에 양각한 마애석불좌상은 지금(2014년)부터 86년 전인 1928년 금강산 표훈사 주지 이화응과 이곳 석모도 보문사 주지 배선주(裵善周)가 화가와 석공을 초청하여 새겼다고 한다. 마애석불좌상(磨崖石佛座像)은 높이 33척, 넓이 11척의 거대한 양각석불(陽刻石佛)이다. 보문사가 관음보살의 성지이므로 법의를 입은 관음보살이 연꽃 위에 올라앉은 모습이다.

필자는 이 불상 앞에서 삼배를 하고 다시 서해바다를 내려다보기도 하고 잠시 앉아 좀 전 법왕궁에서 빌었던 그 소원을 또 빌었다.

"얼마 남지 않은 여생에서 사람을 미워하지 않고 이해하며 살 수 있길 원합니다. 사람을 사랑하지는 못할지라도 미워하지 않고 생(生)을 보내게 하여 주세요!"

법왕궁 지붕바위, 낙가산 눈썹바위, 그리고 눈썹바위 앞에서 내려다보는 서해바다의 작은 섬들은 수십억 년 전부터 같은 모습이고, 앞으로도 변함이 없을 것이다. 그러나 생명을 가진 식물이나 동물은 이 세상에 잠시 왔다 가는 것이다. 보문사를 창건하신 회정스님도 그랬고, 눈썹바위 밑 바위절벽에 마애석불좌상을 새긴 이화응 · 배선주 스님도 그랬다. 필자가 올라온 낙가산(洛迦山, 327 m) 기슭에서 자라던 모든 식물도 그랬다. 법왕궁 앞 몸통이 썩어 식물의학자가 치료하고 썩어 파인 부분에 밀랍으로 채워 넣은 향나무의 수령이 700년 정도라 하나 생물이니 한계는 있을 것이다. 그러니 나의 여생은?〈2013년 3월 7일〉

[참고 1] 관음성지(觀音聖地): 관음성지는 관세음보살님이 상주하는 성스러운 곳이라는 뜻이다./ 한국의 해수관음성지는 예로부터 남해도 금산 보리암(菩提庵), 낙산사 홍련암(紅蓮庵), 돌산도 향일암(向日庵), 설악산 봉정암(鳳頂庵), 그리고 보문사 법왕궁(普門寺 法王宮)을 이야기 한다./ 세 곳이면 어떻고 네 곳이면 어떠랴마는 세 곳의 해수관음성지를 꼽는다면 보리암, 홍련암, 그리고 보문사를 말한다.

[참고 2] 보문사(普門寺)의 역사: 자연석굴인 법왕궁의 역사가 곧 보문사의 역사이다./ 전설에 의하면 649년 석굴의 감실에 한 어부의 그물에 걸려 올라온 석불들이 안치되면서 보문사가 관음보살성지(觀音菩薩聖地)로 전국에 알려진 것이다./ 석굴 내의 넓이는 30평 정도라 한다./ 우리나라에 잘 알려진 석굴기도도량은 토함산 석굴암(吐含山 石窟庵), 설악산 울산바위 오르는 길 옆 계조암(繼祖庵) 등이 있다./ 보문사의 건물로는 법왕궁 옆 극락보전(極樂寶殿), 절마당 남쪽의 무설재중전(無說在衆殿), 서쪽 언덕에 와불전(臥佛殿), 그리고 세 동의 요사채가 있다.

나쁜 일이 있으면 좋은 일도

강화 고려산(江華 高麗山) 기슭에 750년이나 잠들어 있고 앞으로도 깨어나지 않을 고종(高宗, 재위: 1213~1259)의 능을 둘러보고 고려왕궁터(高麗宮址)까지 걷기 위하여 고갯길을 내려와 이제 평편한 국화리저수지 옆길을 걷는데 그 길옆에 조그마한 상점이 보였다. 필자는 잠시 쉬어가려고 그 상점에 들어갔다. 상점에는 사람이 보이지 않았다. 그래서

"주인 계세요?"

하고 주인을 찾으니 할머니 한 분이 나왔다. 나는 캔 커피(can coffee) 하나를 사서 꼭지를 열어 마시면서 할머니와 한참 동안 이야기를 나누었다. 다음은 그 내용을 기록한 것이다.

"할머니는 연세가 어떻게 되셨나요?"

"여든 여섯이예요."

"일하시기에는 연세가 많으신 듯합니다. 일 그만 하실 때가 되신 것 같아요."

라고 말했다. 할머니는 시각과 청각이 밝았으나 86세 되신 노인이 상점을 관리하신 다는 것은 너무 무리가 된다고 생각하여 그렇게 말한 것이다. 그랬더니 그 할머니

"나이는 좀 많지만 집에 가만히 앉아 있으면 무엇해요. 움직이는 게 좋지요."

하신다. 필자는

"할아버지는 도와주시는지요?"

하고 여쭈어 보았다. 그런데 할아버지 이야기를 하니 금시 눈시울에 이슬이 맺히셨다.

"할아버지는 육년 전에 먼 여행길 떠났어요. 그때 그 양반 나이 여든 둘이었어요."

그리고 눈물을 훔치신다. 필자는 괜히 가족에 대해 물었나보다 하고 후회하여 보았자 소용 없는 일이었다. 필자는 위로의 말씀을 드리는 수밖에 좋은 방법이 없었다.

"할머니! 할아버지 보고 싶으시면 엉엉 소리 내어 우세요. 속이 후련하여지고 건강에도 좋대요. 자녀분은 어떻게 두셨어요?"

하고 자녀에 대해 여쭈어 보았다. 그랬더니 눈물을 지우시고

"4남매 두었어요. 3남 1녀지요."

라고 대답하신다. 필자가 묻는 것을 귀찮다 생각하여 피하지 않으시고 꼬박 대답 하시는 것은 혼자 외롭게 계시다가 대화 나눌 수 있는 것이 조금은 즐거우신 모양이라 생각되었다.

"큰 아드님은 무얼 하는지요?"

하고 아드님에 대하여 여쭈어 보았다. 그랬더니 할머니 금시 웃으시며

"우리 큰 애는 지금 예순네 살인데 미국에 살아요. 중학교 다닐 때부터 영어를 잘 한다고 하더니 대학 졸업하고 미국에 있는 한국대사관 요원으로 갔어요. 가서 벌써 40년이 다 돼가요. 아이들이 남매인데 손녀딸이 미국에서 의사예요."

큰 아들 이야기가 나오니 입에 침이 마르도록 칭찬이 나온다. 한국에는 몇 년에 한 번씩 온다는 말도 하셨다. 그 정도만 이야기하고 둘째 아들 이야기로 넘어갔다.

"둘째 아드님은 무엇 하는지요?"

하고 물으니

"둘째가 강화읍에 살아요. 군청 공무원이어서 하루에 한 번, 이틀에 한 번 여기 오지요. 주말에는 손자 손녀까지 데리고 와서 놀다 가요. 작년에 내가 맹장염이 곪아 터져서 넘어졌는데 마침 둘째가 와서 병원으로 싣고 가는 바람에 살았어요. 김포에 크고 좋은 병원이 있다고 김포로 데리고 가서 한 보름 입원하였다가 퇴원하였지요."

할머니는 병마에 시달렸던 이야기도 하시고 둘째 칭찬도 하셨다.

"둘째 며느리가 가을에는 김치를 담아오고, 새로운 음식을 장만하면 집이 가까우니 가지고 와요. 용돈도 가끔 주어요."

할머니는 필자가 하는 말을 잘 알아듣고, 자신의 의사를 정확히 말씀하신다. 필자가 이야기 할 때는 가만히 필자의 이야기를 들었다. 키는 작고 머리는 백발이신데 예쁜 얼굴이시다. 물론 연세가 연세이신 만큼

주름살은 많으시다. 필자가

"할머니 젊으셨을 때는 미인이셨지요?"

라고 말하니 빙그레 웃으시더니

"젊을 때는 그런 소리 가끔 들었어요."

하셨다. 필자가 셋째 아들에 대하여 물으니 셋째는 인천 부평에 살고 있는데 작은 회사의 회사원이어서 바쁘게 살고, 살기가 좀 어렵다고 했다. 그래서 어미에게도 자주 오지 못한다고 했다. 그 이야기 끝에 필자가 따님의 얘기를 물었다.

"따님이 한 분 있으시다 하셨는데 어디에서 어떻게 사는지요? 따님은 어머님에게 제일 가깝다고 들었어요."

그랬더니 이 할머니 금시 두 눈에 눈물이 그렁그렁 맺히시더니 다음과 같이 말씀하셨다.

"딸이 있으면 내가 훨씬 외롭지 않을 테지요. 딸은 우리 남편이 먼 곳으로 가고, 그 다음 해 위암(胃癌)이 진단되더니 수술을 한 다음 암이 전이되어 저의 아버지를 따라 갔어요, 그때 그 애의 나이가 마흔일곱(47)살이었어요. 지금까지 살았으면 쉰둘(52)이겠구먼요."

말씀하시면서 손수건으로 눈물을 계속 닦으셨다. 필자가 할머니에게 또 위로의 말을 하지 않을 수 없었다.

"할머니 어려운 일이 있으면 쉬운 일이 있는 것입니다. 또 나쁜 일이 있으면 좋은 일이 있구요. 사랑스러운 따님이 나쁜 병마로 일찍 저 먼 세상으로 먼저 떠나갔지만 세 아드님이 잘 살고 있지 않아요? 큰 아드님은 주미 한국대사관에서 근무 잘 하고, 큰 손녀따님은 미국에서 의

사를 하면서 잘 살지 않아요? 둘째 아드님도 공무원 생활을 잘 하고요. 세 아드님을 생각하시고 너무 울지는 마시고 웃으시면서 사세요. 인생은 풀잎에 맺힌 이슬과 같다고 하지 않나요. 사람이 죽지 않는 사람 있나요? 죽은 사람은 조금 일찍 간 것입니다."

이 할머니 할아버지 살아계실 때 미국 큰 아드님 초청으로 미국에 가서 두 달 정도 머물다 오신 적이 한 번 있으시다 했다. 큰 아드님 댁에서 그대로 사셔도 되실 텐데 왜 오셨느냐고 여쭈어 보니 자신은 영어를 못하니 답답해서 도저히 미국에 살 수가 없었다고 말씀 하셨다. 영어를 못해 고생한 이야기도 하셨다.

약 30분 동안에 이렇게 여러 이야기를 할머니와 나눈 것이다. 인생은 초로와 같은 것이고 물거품과 같은 것이다. 결과적으로 인생을 말한 것이다. 길을 가다가 옷깃만 스쳐도 몇 천 겁의 전생 인연이 있었다고 하는 말이 있는데 이 할머니와 필자는 어떤 전생의 인연이 있었는지도 모른다는 생각도 하여 보았다. 할머니에게 건강하시고 웃으시며 사시라고 말씀드리고 국화리저수지 옆길을 따라 강화읍에 있는 고려 왕궁지를 향하여 걷기 시작하였다. 〈2012년 11월 12일〉

제3장

남해 섬마을집의 다락방

제3장에서는 진도로부터 부산 서쪽까지의 바다에 존재하는 섬마을, 예를 들어 진도 세월호 관련 이야기, 거제도에 거주하는 김치5 이야기, 남해의 이락사와 이락파 이야기 그리고 소록도의 한하운과 이춘상 이야기 등, 우리 국민이 가슴 깊이 새겨두어야 할 인물들과 묻혀있는 이야기들을 필자가 직접 찾아가 만났습니다.

거제도의 이경필

1950년 9월 15일 맥아더(Douglas MacArthur, 1880~1964) 원수가 주도한 인천상륙작전이 성공한 다음 국제연합군과 한국군은 9월 28일 수도 서울을 완전히 수복하여 중앙청에 태극기를 계양하였다. 그리고 38선을 통과하여 북진하였다. 평양을 점령하고 압록강과 혜산진까지 진격하였다. 그러나 30만여 명의 중공군의 참전하여 와서 국제연합군과 한국군이 그들을 방어하면서 후퇴할 수밖에 없었다.

혜산진까지 진격하였던 미국 해병대 2개 연대 15,000여 명은 1950년 11월 26일부터 12월 11일까지 16일 동안 영하 30~40도의 혹한 속에서 중공군과의 장진호(長津湖, 64 ㎢) 전투가 격렬하게 벌린 것이다. 미국 해병대 1만 5천여 명이 중공군 12만여 명을 맞아 그들의 남하를 방어한 것이다. 이것은 흥남항과 원산항에서 북한 공산정권의 박해를 견딜 수 없어 군의 철수선에 좀 무리하지만 남쪽으로 내려오려는 20만여 명의 함경도 피란민의 철수를 보호하는 지연작전이었다.

이 장진호전투에서 미 해병대 4,500여 명이 전사하였고 7,000여 명의 부상병이 발생하였다. 미국 역사상 가장 처절한 전투였다고 한다.

거제도(巨濟島, 380.1 ㎢)는 1952년부터 북한 괴뢰군 포로 15만여 명과 중공군 포로 2만여 명을 수용한 포로수용소가 운영되었을 뿐만 아니라 흥남항에서 군수송선에 억지로 동승하여 온 함경도 피란민이 1950년 12월 도착하여 생활을 꾸려나간 터전이 되었다.

필자는 이러한 약 70년 전의 이야기를 여러 가지 자료를 읽어 알 수 있었고, 2005년에는 포로수용소 기념유적공원이 만들어졌으며 그 유적공원 입구에 '흥남철수작전 기념비'가 건립되었다하여 그곳을 2018년도 저물어 가는 11월 12일 찾아갔다.

거제도를 찾아간 가장 중요한 목적은 거제도 장승포읍의 '장승포가축병원장' 이경필을 만나기 위해서였다. 그는 1950년 12월 25일 철수선 중 마지막 화물선 '메러디스 빅토리호'에서 출생한 사람(김치 5)이라 하여 만나 이야기 하고 싶은 마음이 생겼기 때문이었다. '메러디스 빅토리호'는 3,000 명의 최대 탑승 능력을 가진 선박인데 14,000여 명을 탑승시키고 3일 동안 항해하여 함경남도 흥남항에서 '거제도'로 왔고 그러한 극한상황을 극복하고 3일 동안 항해하여 왔으므로 이 철수작전이 기네스북(Guinness Book)에 등재되었다고 한다. 그 복잡한 수송선 안에서 5명의 아기가 출생하였다고 하고, 이 선박 '메러디스 빅토리(Meredith Victory)호' '라루(Leonard La Rue, 1927~2005)' 선장이 이 5명 아이들의 이름을 낳은 순서대로 '김치1', '김치2'... '김치5' 라고 이름 지었다고 한다. 다섯 번째 태어난 사람이 지금 69세의 '장승포 가축병

장승포가축병원 사무실에서 이경필 원장과 이 글의 필자

원장' 이경필(李慶弼)이라는 것이다. 그래서 '김치 5'(Kimchi Five)라는 특수한 이름을 가진 것이다.

필자가 장승포 버스터미널에 도착하니 11시 20분이었다. 터미널 앞에서 택시에 승차하여 '장승포가축병원' 앞에서 하차하고, 필자는 그리 깔끔하지 않은 가축병원 문을 열고 들어갔다. 거실에 60대 남자 두 사람이 앉아 있었다. 안쪽 남자에게 명함을 주면서 "이경필 원장님을 뵈러 왔습니다." 하니 그도 자신의 명함을 필자에게 주면서 "어디서 오셨는지요?" 했다. 키가 좀 작은 편이고 미남은 아니고 뚱뚱한 편인 노인이었다. 다음은 그와의 대화내용이다.

"청주에서 왔습니다. 충북대학교 명예교수입니다. 실례가 많습니다. 원장님이 1950년 12월 25일 피란선에서 태어난 '김치화이브'라 알려져 얘기 좀 나누려고 왔습니다. 괜찮습니까?"

"좋습니다."

흥남철수작전기념비(2018년 5월 27일 건립)

"원장님. 원장님이 1950년 12월 25일 '메러디스 빅토리호'에서 태어났고 '김치화이브'라고 하는 것을 언제 알게 되었습니까?"

"부모님 밑에서 학교에 다니면서 공부만 열심히 하고 사느라 그런 것 몰랐는데 부산에 사시는 흥남철수작전 때 부모님과 같은 배를 타고 왔다는 분이 집에 1995년인가 96년 봄에 오셨는데 그 분이 나를 가리키며 "이 애가 '김치화이브'인가요?"하고 아버지에게 묻는 소리를 듣고 알게 되었습니다."

"그러면 신문과 방송에는 언제 알려졌습니까?"

"그것은 2005년 '거제포로수용소 유적공원' 입구에 '흥남철수작전기념비'를 건립할 때 그 김치 이야기가 나와서 알려지게 되었습니다."

"부모님은 지금도 살아계십니까?"

"아버지는 1996년 음력 12월 7일, 어머니는 1998년 음력 11월 25일 돌아가셨습니다."

"형님도 1960년대 말(1969년?) 월남전에 참전하고 귀국하여 그 후유증으로 돌아가셨다고 자료실에서 읽었습니다."

"그렇습니다. 그래서 제가 둘째 아들인데 큰아들이 되었습니다."

사람은 어느 곳에서 와서 어디로 가는지 모르게 사라지는 존재인 것이다. 이경필의 부친 이석초(1913~1996)씨는 6 · 25전쟁 전 함남 흥남시에서 백운사진관을 운영하였으므로 장승포에 와서도 사진관을 차려서 생활을 이어 갔는데 사진관의 이름이 '평화사진관'이었다. 또한 어머니 김재남(1920~1998) 여사는 장승포에서 '평화음식점'을 열어 생활을 하며 4남매를 교육시켰다고 했다.

이 세상에 전쟁은 없어야 한다며 이석초씨는 사업장의 이름에 '평화'라는 말을 넣었다고 한다. 아들 이경필이 경상대학교 농과대학 수의학과를 졸업하고 가축병원을 개원할 때 가축병원의 이름도 '평화가축병원'이라 지어 주었다고 한다. 또한 아들에게 거제도를 떠나지 말고 살라고 당부했다고 한다. 피란 와서 어려운 처지의 가족을 받아준 거제도민에게 감사하며 그 은혜를 갚으라고 했다는 것이다.

이경필은 부친이 돌아가신 뒤 가축병원의 현판을 '장승포가축병원'으로 바꾸었다고 한다.

이경필은 정영(廷榮, 1979~)과 정진(廷珍, 1981~)의 두 아들을 두었다. 정영은 공군사관학교를 졸업하고 공군소위로 임관되었고, 지금은 공군중령으로 필자가 살고 있는 청주에서 근무한다고 했다. 정진은 서울에서 인터넷 광고회사를 운영 중이다. 손자 1명이고, 손녀가 둘이라 했다. 6 · 25전쟁 중 그 처참한 피란선에서 태어나고 지금은 70대 노인으로 되었고, 이젠 손자와 손녀의 세상으로 되어 가고 있는 것이다. 이경필이 타계하면 이 손자와 손녀는 그 처참한 '흥남철수작전'도 이해하지 못할 것이 근심스럽다고 했다.

그러므로 이경필은 '흥남철수작전 기념공원 조성사업회' 임원이 되어 그 일을 주도한다고 했다. 현재 약 3만 평 부지가 장승포 인근 해안에 확보되었고, 거제도에서는 '메러디스 빅토리호'와 같은 선박을 미국으로부터 구입하여 오려고 한다는 것이다. '메러디스 빅토리호'는 중국 상해에서 해체되어 가져올 수가 없으나 '메러디스 빅토리호'가 만들어 지던 해 만들어지고, 그와 같은 설계도에 의해 제조되어 남아 있는 선박이 미국에 4척이 있다는 것을 알게 되었다고 한다. 그 중 한 척을 구입하려 하니 200억 원을 요구한다는 것이다.

필자는 그와 약 1시간 대화하다가 밖으로 나와 지나가는 택시에 승차하여 '흥남철수작전기념비'가 건설되어 있는 '거제포로수용소 유적기념공원' 입구로 왔다. 들어가면서 설명표지판이 세워져 있으므로 그 설명문을 읽고 기념비 앞으로 갔다. 기념비는 10 m 높이로 하늘을 찌를 듯 세워져 있는데 앞면에 「興南撤收作戰紀念碑」(흥남철수작전기념비)라는 비석의 한문 이름이 세로글씨로 음각되어 있고, 그 비석 이름 밑에 흥남철수작전의 공로자 6명의 사진이 방수처리되어 부착되어 있다. 그 6명은 맥아더(Douglas MacArthur, 1880~1964) 장군, 알몬드(Edward Almond) 당시 미군 10군단장, 김백일(金白一, 1917~1951) 당시 한국군 1군단장, 라루(Leonard La Rue) 당시 메러디스 빅토리호 선장, 현봉학(玄鳳學, 1922~2007) 미군 10군단 민사담당관 겸 통역관, 그리고 포니(Edward Forney, 1914~2001) 당시 미군 10군단 참모장(대령)이었다.

이 기념탑의 기반석은 '메러디스 빅토리호' 모형으로 되어있고 이 선박 옆면에 '흥남철수작전'때 내려진 '하선망(下船網)'에 피란민이 올라가는 처참한 밀랍상들이 부착되어 있었다.

1950년 12월 흥남항과 원산항에 몰려든 피란민들은 20만여 명이었다고 한다. 그러나 철수시 총지휘관인 미10군단장 '알몬드'는 준비된 193척의 화물선으로는 미군 10군단과 한국군 1군단 병력을 철수하기에도 벅차다고 생각하였다. 또 피란민 중에 북괴군 무장 간첩이 섞여 있어 문제를 일으키면 어쩔 것인가(?) 하는 염려 사항도 있었다고 한다.

그러나 한국군 지휘관 젊은 1군단장 '김백일' 소장은 "만약 군 철수선에 함경도 피란민들을 승선시키지 않는다면 한국군 1군단은 그들을 호위하여 육로로 남쪽으로 가겠소!"라고 결단을 말했고, 현봉학 미10군단 민사담당 겸 통역관과 포니 미10군단 참모장은 미 10군단장 '알몬드'를 여러 차례 만나 피난민 동승을 주장하여 결국 미10군단장의 동의를 받아냈다고 한다. 한편, 마지막 철수선 메러디스 빅토리호 선장 라루에게 14,000명 승선 허용은 선장의 결단만이 필요했는데 라루 선장은 두 말 없이 허락했다는 것이다.

2005년 5월 27일 '흥남철수작전기념비' 제막식 때 '김치1,2,3,4'를 찾는 방송을 여러 방송사에서 내 보내고, 각 신문사에서 신문에 광고를 실었는데 2012년이나 되어서 '김대평'이라는 사람이 '김치1'이라고 나타나 김치1은 확인되었다고 한다. 그런데 그 '김대평'은 가명이고 실제 이름은 '손양영'임이 곧 밝혀졌다.'손양영'이 가명을 사용한 이유는 자신의 형이 지금도 함경남도에 생존해 있는데 그에게 어떤 박해가 올지 염려되어 그리 했다는 것이다. 김치2~4는 외국으로 나가 살거나 이미 타계하여 소식이 닿지 않는다고 했다.

지금 '흥남철수작전'이 소설로 쓰여진 것을 '아! 흥남'이라는 제목으로 영화가 제작되고 있다 한다. 내년 2019년 개봉 예정이라 했다. '이경필'은 이 영화가 많은 관람객들의 눈물샘을 자극할 것이라 했다.

현재 자라나는 소년들이 약 70년 전 일어난 그 비참했던 '흥남철수작전'과 같은 조부모 세대의 일을 전혀 이해하지 못하다가 이 글을 읽고 '아! 흥남' 영화를 관람하고 사회주의 이념이 국가를 다스릴 때는 이러한 비참한 현상이 일어나게 됨을 알았으면 하는 것이 이 글을 기록하는 자유민주주의 세상에 살고 있는 필자와 이경필의 조그마한 소원이다. 〈2018년 11월 24일 토요일〉

[참고] 이경필 가축병원장: 두 아들의 아버지인 이경필은 1950년 크리스마스날 메러디스 빅토리호에서 태어나 라루 선장으로부터 '김치5'라는 이름을 얻었다./ 거제도에서 초 · 중 · 고교를 졸업하였다./ 피란민이 주로 다니는 혜성고교를 졸업하였다./ 공부를 잘 하여 진주 소재 경상대학교 농과대학 수의학과에 입학하고 졸업하였다./ ROTC에 지원하여 1975년 제대하고, 거제도 장승포읍으로 돌아와서 '평화가축병원'을 개원하였다./ 아버지가 1996년 타계한 다음에 가축병원의 현판을 '장승포가축병원'으로 바꾸어 달았다./ 그리고 가축병원을 잘 운영

하여 생활은 구김살이 없었다./ 2005년 '포로수용소유적공원' 입구에 '흥남철수작전기념비'가 건립될 때부터 신문과 방송에 '김치화이브'라는 이름이 알려지면서 '흥남철수작전기념사업회' 임원으로 발탁되어 '흥남철수작전기념공원 조성 사업'도 열심히 준비하고 있다./ '아! 흥남' 영화에 출연도 했다고 한다.

거제도의 김백일

거제도 장승포읍의 '장승포가축병원' 이경필 원장과 몇 가지 이야기를 주고받은 다음 택시에 승차하여 '거제포로수용소유적공원' 입구에 건립된 '흥남철수작전기념비'를 돌아보고 옆에 세워진 '김백일(金白一, 1917~1951)' 장군(중장)의 동상 앞으로 갔다.

앞서 '장승포가축병원'에서 이경필과 '흥남철수작전기념비'에 대하여 이야기 하던 중 김백일에 대한 이야기가 나오자 이경필의 얼굴이 어두워지면서

"1950년 12월 초 군 철수선에 함경남도의 피란민들을 동승시킨 것은 김백일 장군의 공로가 크고, 그래서 '흥남철수작전기념비' 앞에 동상을 세웠는데 '거제시민단체협의회(거제YMCA, 거제YWCA, 거제경실련, 거제참교육학부모회 등)'에서 2011년 김백일의 친일행적을 문제삼아 김백일의 동상철거 운동 집회를 열고 동상철거 구호를 외치고 검은 보자기를 씌우고 쓰러트리려 하여 괴로웠답니다. '흥남철수작전기념사업회'에

서도 2012년 이들을 상대로 '김백일 장군 동상철거 집행정지처분'을 위한 소송을 하였답니다. 결과 2013년 대법원 승소판결을 받았습니다. 그런데도 이들은 김백일의 친일행각을 거론하고 있어요."

하는 것이다. 그러면서

"김백일 장군에 대한 친일논란은 더 이상 있어서는 안되지요. 10만여 명 함경남도 피란민에게 자유와 생명을 선물한 큰 공이 있는 분이신데 확실치도 않은 친일논란을 계속하는 것은 무지몽매한 일이지요."

이렇게 말했었다. 나는 김백일 장군 동상 받침석 밑 앞면에 횡서로 음각된 글을 읽었다.

「오호! 김백일 장군!/ 6 · 25전쟁 와중 생사기로에서 갈 곳을 잃고 울부짖던 10만여 명 함경남 · 북도 도민을 위기에서 구출하여 대한민국의 품으로 포옹한 야전의 명장 김백일 장군을 추모합니다./ 함경남 · 북도 도민」

함경남 · 북도 피란민들의 김백일에 대한 감사와 존경의 글을 새긴 것이다. 김백일 장군은 미10군단장 알몬드(Edward Almond)를 만나 "만약 군 철수선에 함경도 피란민들을 승선시키지 않는다면 한국군 1군단은 그들을 호위하여 육로로 남쪽으로 가겠소!"라고 결심을 말한 것이 알몬드의 피란민 수송에 협조하는 계기가 되었다는 것이다.

다음은 2011년 월간조선(月刊朝鮮) 9월호에 김백일 장군에 대하여 서술된 글 중에서 발췌한 것이다.

「본명은 김찬규(金燦圭)이다./ 1938년 '간도 특설대' 창설요원으로 1945년까지 활동하였다./ '간도특설대'는 간도와 열하에서 동북항일연군(東北抗日聯軍)과 팔로군(八路軍)의 토벌작전을 수행한 부대이다./ 1941년 3월에는 일본 보병 중위, 1944년에는 만주 육군 중대장이었다./ 1940년대 북괴 괴수 김일성(金日星)이 속한 동북항일연군의 토벌작전을 주로 수행했다고 한다./ 김찬규의 고향은 함경북도 명천이다./ 조부 백하 김영학(白下 金永學)은 1910년 망국 후 북간도로 이주하여 독립운동을 생활화 하면서 살았다./ 김찬규는 그곳에서 1917년 김창근(金昌根)의 차남으로 태어났다./ 아버지가 일찍 타계하였으므로 찬규는 조부 밑에서 교육을 받으면서 자라났다./ 용정 은진중학교에서 1학년을 다니고, 서울 보성중학교로 전학하여 졸업하였다./ 그리고 만주에 다시 들어가서 봉천군관학교에 입학하고, 1935년 · 봉천군관학교 5기졸업생이 되었다./ 소설가 한번웅이 1986년 저술한 소설 '영웅들의 행진'은 김찬규의 아들 '김동진'을 취재하여 저작한 소설이라 한다./ 이 소설에서 김찬규는 독립운동가인 할아버지 김영학이 권유하여 봉천군관학교에 진학했다고 했다./ 할아버지는 찬규에게 "일본은 멀지 않아 패망할 것이다"라고 몇 번인가 말씀하셨다./ 간도특설대는 한국인으로 조직된 부대였다./ 당시 백두산 주변에서 '김일성 게릴라'라고 하는 항일분자들이 활동하므로 이 게릴라 부대를 제압하여 간도지방의 치안을 유지시키는 작전을 주로 수행하였다./ 당시 '동북항일연군'은 중국 공산당의 지도를 받아 공산혁명을 이루기 위해 결성된 게릴라 부대였다./ 1930년 우리나라 독립군을 이끌던 김좌진 장군도

거제도 포로수용소 유적공원 입구에 건립된 '흥남철수작전기념비'와 김백일 동상

이 게릴라 부대의 한 놈에게 피살되었다./ 찬규는 1945년 8월 15일 우리나라가 광복된 다음 고향 함북 명천으로 갔는데 김일성이 부하들을 찬규에게 보내 같이 협력하며 살자고 하는 것을 거절하였다./ 이때 찬규는 '온 세상이 붉게 물든다 해도 나만은 하얗게 버티겠다'라는 의미에서 김찬규라는 이름을 버리고 김백일(金白一)로 개명하였다./ 남으로 넘어와 1946년 2월 육군 중위로 임관되고, 익산에서 육군 3연대를 창설하여 초대 3연대장으로 임명되었다./ 1947년 9월에는 육사 교장, 1948년 7월에는 특설부대 사령관으로 임명되었다./ 1948년 10월에는 육군 14연대(순천지역 배치)에 공산분자들이 침입하여 여순반란사건을 일으키자 제5여단장으로 임명되어 이 반란사건을 진압하였다./ 1949년 7월 1일 육군보병학교 초대교장이 되었다./ 1949년 10월에는 지리산(智異山)으로 숨어든 여순반란사건의 잔당들을 8개월간 토벌하였다./ 그리고 1950년 6월 25일 6 · 25전쟁이 북괴군의 남침으로 발발하자 1군단장으로 참전하고, 1951년 전쟁 중 비행기 추락사고로

영면하신 것이다.」

이러한 행적의 김백일의 동상을 건립한 것은 자랑스러운 일일 것인데, 흥남철수작전을 할 수 있게 미10군단장 '알몬드'에게 피란민을 수송하도록 결심하게 한 제1인자인데, 그 어렵게 거제도로 피란 내려와 70여 년 거제도에 살아있는 함경남 · 북도 도민들이 건립한 그의 동상을 철거하라라고 데모하고, 동상의 목에 밧줄을 걸어 넘어뜨리려 한다니 그것은 무지에서 나온 것이다. 사회주의를 하는 사회가 인권을 무시하고 인간의 목숨을 파리 목숨으로 취급한다는 것을 모르는 사람이 하는 행동인 것이다. 좌파 인간들의 이러한 행동은 한심스럽다 할 것이다.

김백일 동상 철거를 아직도 해야 된다고 생각하는 사람이 있으면 자숙하길 바란다. 2011년 월간조선(月刊朝鮮) 9월호에 다음과 같은 '흥남철수작전'을 할 수 있게 했던 이야기도 기록되어 있다.

「1950년 초부터 육군참모총장이었던 정일권(丁一權, 1917~1994)의 회고록에는 '김백일'에 대한 다음과 같은 내용이 기록되어 있다고 한다./ "이봐 도대체 어떻게 돼 가는 판국인가?" 정일권이 김백일에게 던진 말이다./ 1950년 12월 초 어느 날이었다./ 정일권과 김백일은 동갑이고, 같은 함경북도가 고향인 사람들이었고, 봉천군관학교 5회 동기생이어서 막역한 사이였다./ "이봐 일권이 우리는 군인이니까 미군 때문에 여길 빠져 나갈 수 있겠지. 그러나 여기 함경도 동포들은 어디로 가나? 산으로 가나? 바다로 가나? 이젠 꼼짝없이 죽었다고 온통 아우성

이야. 북괴놈들이 뙹되놈(중국군)과 함께 쳐 내려오면서 무지막지한 보복을 하고 있다는 거야./ –〈중략〉– / 그런데도 우리 군대만 빠져 나가겠다는 건가? 나는 데리고 가겠어. 알몬드는 아마 못하게 하겠지. 군대 수송 때문에 안된다고 하겠지. 그러니 이 문제로 시끄럽게 굴지 않도록 수습이나 해주게!"/ 정일권은 12월 19일 1군단 사령부 피란민 대책회의에서는 '김백일'이 다음과 같은 말을 민사관계관에게 했다고 쓰고 있다./ "민사관계관은 끝까지 미10군단 민사부와 교섭하라! 십만 명의 목숨이 달린 문제이다. 정 못하겠다면 그 자리에서 배를 갈라 보여라!"/ "흥남철수 당시 배에 미처 오르지 못한 함경도 도민들이 수만 명이였어요. 그들이 마지막에 울부짖고 몸부림치는 모습을 말하면서 김백일이 목매어 했어요."」

흥남철수 당시 마지막 철수선 '메러디스 빅토리호'에 오르지 못한 함경남·북도 도민들이 5만여 명은 되었다고 한다. 이들 중에는 북괴군과 중공군에게 칼로 찔리고 몽둥이로 매 맞아 죽은 사람이 많았다고 한다.

미군 철수선의 수용 한계 때문에 10만여 명 정도의 피란민이나마 부산과 거제도로 옮겨와 살 수 있는 계기를 마련한 '김백일'의 동상을 제거해야 된다고 하는 것은 올바른 언행을 하는 것인가? 생각해 볼 문제이다.

지금 우리나라에서 설쳐대는 사회주의자, 주사파들, 그리고 친북·종북주의자 즉 좌파들은 이러한 현상이 왜 일어났는가를 모르고 북한을 찬양하거나 퍼주기를 거듭하려고 한다. 왜 우리 대한민국은 GNP가 $30,000이 되도록 잘 사는데, 북한은 GNP가 겨우 $1,500도 되지 못하는가? 자유민주주의가 주사파가 들끓는 사회주의보다 훌륭한 사회이기 때문이 아니겠는가? 좌파들은 반성 좀 해라! 이놈들아! 〈2018년 11월 25일 일요일〉

고하도 목포신항의 세월호

세월의 흐름은 공기의 흐름과 다르다.
공기의 흐름은 빨리도 늦게도 흐르지만
더운 공기로도 찬 공기로도 흐르지만
세월(歲月)은 억만 분의 1초도 틀림없이 똑같이 흐른다.
빠르고 늦거나 덥고 찬 것도 없다.
세월호(世越號)가 아니고 세월호(歲月號)가 되어
목포 신항 부두 옆에서 세월(歲月)이 흐른다.
누군가는 세월의 작난이라 했다.

2014년 4월 16일 8시 50분 진도항(팽목항) 남쪽 20 ㎞의 맹골수도(孟骨水道)에서 침몰하여 아까운 어린 학생들(안산 단원고교 2학년)의 목숨을 앗아가 우리 국민들의 가슴을 쓰라리게 했다. 지금은 그 몸체가 2017년 3월 22일 인양작업이 시작되어 인양되었고, 목포 신항(고하도 서쪽)

세월호가 바로 세워진 부두 입구에서 세월호 촬영.

철망 울타리에 매어놓은 노란색 리본들(2018년 6월 26일).

으로 눕혀진 상태로 옮겨져 2018년 5월 10일에는 직립되었다. 그 세월호(世越號)를 필자도 한 번 보려고 2018년 6월 26일 아침 7시 30분 청주의 집을 나섰다.

목포(木浦) 시외버스터미널에 도착하고 택시에 승차하니 택시는 북쪽으로 달려 긴 터널을 3개를 통과하고 4.129 ㎞의 사장교인 목포대교(木浦大橋)를 건너갔다. 목포대교를 건너간 곳이 고하도(高下島, 2.997 ㎢)이고 이 고하도 서쪽 해변에 목포신항이 조성된 것이고, 이곳의 한편에 세월호가 직립되어 세월을 보내고 있는 것이다. 택시가 이 세월호가 세워진 곳 목포신항의 정문 앞에서 필자를 하차시켜 주고 돌아갔다.

택시에서 하차하면서 주위를 돌아보니 세월호는 멀리 바닷가에 세워진 것이 보이는데 주위에 이곳을 방문하여 그 마음을 노란색 리본에 검은 글씨로 써서 주위의 철망 담장에 매달아 놓은 것이 바닷바람에 나브끼는데 생각했던 것보다 몇 배는 감흥적이었다.

노란색 리본에 써 놓은 글은 대부분 “잊지 않겠습니다.” “빨리 진상 규명이 돼야 합니다.” “하늘나라에서 편히 쉬시라!”라는 글이었다. 세월호가 세워진 장소에 들어가는 입구는 삼거리인데 세 방향 길의 양옆으로 500 m 길이의 철망담장에 노란색 리본이 가뜩 매어져 있는 것이다. 유가족뿐만 아니라 친지들과 친척들, 숨진이들을 애도하는 마음으로 찾아온 우리나라 국민들이 묶어 놓고 돌아간 것이다. 정문 앞의 커다란 게시판에 세월호 침몰 사고에 의해 사망 실종된 학생들과 승무원, 그리고 일반인과 화물기사들의 사진을 붙여놓고 사진 밑에「왜 구하지 않았나?」라고 큰 글씨를 써 놓은 것이다. 무엇보다 막 피어나는 학생들 250명의 죽음이 안타까웠을 것이다.

세월호는 일본의 나카사키(長崎, Nakasaki)의 하야시카네에서 1994년 건조되었다. 그 해 4월 진수한 6,825 톤의 여객선이다. 일본에서는 ‘페리나미노우에’ 라는 이름으로 18년 동안 카고시마-오키나와 간을 운행하다가 2012년 10월 운항을 마친 선박이었다. 이 선박을 한국의 청해진해운에서 구입하여 2013년 3월부터 인천-제주 항로에 투입한 것이다. 이 낡은 여객선을 수입한 것은 2009년 정부가 규제완화를 명분으로 여객선 사용 연한을 20년에서 30년으로 연장했기 때문에 가능했던 것이다. 이 여객선은 건조 직후 일본의 해운사에서 589 톤을 증축했는데 청해진해운에서 구입한 다음 239 ton을 더 증축했다고 한다. 무리하게 구조변경을 한 것이다.

2014년 4월 15일 21시 세월호는 안개가 짙어 앞이 보이지도 않는데 무리하게 인천항에서 제주도를 향해 출항하였다. 이 여객선에는 경기도 안산시에 위치하고 있는 단원고교 2학년 학생 325명, 인솔교사 14명, 일반탑승객과 화물기사 합하여 108명, 그리고 승무원 29명이 탑승했다. 합하여 476명이었다.

4월 16일 8시 49분 병풍도(屛風島, 0.3 ㎢) 북쪽 1.6 마일, 동거차도(東巨次島, 3.23 ㎢)와 맹골도(孟骨島, 1.38 ㎢) 사이 맹골수도(孟骨水道)에서 중심을 잃고 표류하여 8시 51분 한 단원고교 학생이 119에 구조요청 신고를 한 것이다. 그리고 선박이 침몰하는 중 침몰 45분 후인 9시 35분 해경 123함정이 도착한 것이다. 제일 먼저 탈출한 사람이 선장 이준석과 항해사들이었다. 그리고 침몰 전까지 172명이 구조되었지만 10시 35분 여객선의 객실이 수면 아래로 묻힌 다음에는 한 사람도 구조되지 않고 시신들만 겨우 인양되고 최후까지 9명은 시신도 찾지 못한 것이다. 304명 사망 실종자 중 295명의 시신은 거두었다고 한다.

사고 당일 9시 35분까지 구조된 세월호 탑승자는 난원고교 학생 75명, 교사 3명, 승무원 23명, 화물기사를 포함한 일반인 71명으로 172명이었다.

세월호는 2015년 8월 4일 인양업체로 중국 국영기업 상하이 셀비지컨소시엄이 선정되어 인양을 시작하고 진행하여 2017년 3월 31일 옆으로 뉘어진 채 화이트 마린(White Marine)호에 탑재되어 4월 9일 고하도의 목포신항 부두에 올려졌다. 침몰참사 후 1,091일만이라 한다. 그리고 2018년 5월 10일 옆으로 뉘어져 있던 선체는 수직으로 세워졌다.

필자는 이 글에서 침몰의 원인과 승무원들과 선주들에 대한 처벌문제를 쓰지 않겠으나 검찰이 밝힌 몇 가지를 기록하려고 한다. 세월호가 침몰되자 가장 먼저 탈출한 이준석 선장, 항해사들과 기관사 등 승무원들은 살인 혐의로 2014년 5월 15일 구속되였다. 그리고 세월호 침몰사고의 원인으로 첫 번째가 평형수를 방출하여 과적을 눈속임하려고 한 것이다. 낡은 선박(중고품)을 구입하여 239 ton을 증축하고 화물 적재정량은 1,007 톤인데 2,142 톤의 화물을 탑재했다는 것이고, 차량을 120대 탑재했다고 보고하고 실제는 180대 탑재했으며, 차량을 선박에 고정시키지도 않았다는 것이다. 평형수를 방출하면 무게중심이 올라가 선박이 불안정해 진다는 것이다. 삼등항해사가 조종하면서 맹골수도에서 해류도 강하게 흐르는데 무리하게 변침했다는 것도 침몰사고의 큰 원인이었다.

세월호가 세워진 옆에 가까이 가려면 주말과 휴일에 신청서를 제출해야 하며 허락을 받아야 된다는 공고문이 입구에 세워진 표지판에 기록되어 있었다.

십여 개의 판넬에는 '세월호 3년', '진상규명을 위한 증거 1호', '주요훼손 부위 스태빌라이저', '0416 그날', '팽목항 아픈 기다림이 시작되었다', '우리가 걸어온 3년' 등이 기록되고 사진이 부착되어 있었다.

우리 인생은 사회에서 정하여 놓은 법과 도덕의 테두리 내에서 질서있게 살아야 된다. 우리 주위에는 이웃의 마음을 상하게 하는 일을 당연한 일을 하는 양 살아가는 이준석과 같은 인간이 일류대학을 나왔다는 사람들에게서 발견되니 한심스럽다. 유병언이 죽지 않았다고 하는 말을 나는 여러 번 들었다. 유병언의 자식들은 왜 귀국시키지 못하고 불법으로 재산을 빼돌려 미국과 불란서에 부동산을 구입하였다고 하는데 그 재산을 환수하지 못하는가?

물은 빨리도 늦게도 흐르지만
뜨거운 물 찬 물로도 흐르지만
세월(歲月)은 억만 분의 1초도 변함없이 흐른다.
빠르고 늦거나 뜨겁고 찬 것도 없다.
세월호(世越號)가 아니고 세월호(歲月號)가 되어
목포 신항 부두 옆에서
세월(歲月)이 흐른다.
누군가는 세월의 장난이라 했다.

〈2018년 7월 4일〉

진도의 강민규

2014년 4월 16일 8시 49분 중심을 잃고 침몰하기 시작하고 9시 35분에는 객실들이 해수면 아래로 묻혀버렸다. 침몰지점이 동거차도(東巨次島, 3.23 ㎢)와 맹골도(孟骨島, 1.38 ㎢) 사이 맹골수도(孟骨水道)의 한 가운데라 한다. 그 여객선에 승선한 사람은 경기도 안산시 단원고교의 학생(325명)과 교사(14명), 승무원(29명), 일반인과 화물차 기사들(108명)이었다. 합하여 476명이라 했다. 그 중 172명이 구조되었고, 304명이 사망 또는 실종되었다.

구조된 탑승자들(172명) 중 단원고교 2학년 학생들은 75명이고 교사는 3명이었다. 학생들은 제주도로 수학여행 가는 중이었다.

필자는 이 글에서 이 침몰사고의 원인과 과정, 결과 등을 자세히 기록하지는 않으려 한다. 단지 진도(珍島, 363.94 ㎢)의 남쪽 해류의 흐름이 우리나라 주변에서 울돌목 다음으로 세차다는 맹골수도에서 침몰한 여객선 세월호(世越號, MV Sewol)에 수학여행 목적으로 승선한 단원고교 학생 325명의 인솔단장이었던 교감 '강민규'가 구출된 다음 실종자들 유가족들이 머물고 있던 진도 실내체육관의 뒷산 어느 소나무 가지에 목을 매어 숨을 거둔 안타까운 일에 대하여 기록하려 한다.

고(故) 강민규(2014년 당시 52세) 교감은 공주대 사범대 윤리교육과를 1987년 졸업한 사람이었다. 그 해 경기도에 배정받아 중학교 윤리학 교사를 시작하였다고 한다. 경기도에서 중학교와 고등학교를 전근 다니면서 교사생활을 이어왔다. 성실하게 교사생활을 하였으므로 2012년 3월 1일에는 교감으로 승진하였고, 2014년 3월 1일에 안산시 단원고교의 교감으로 발령받아 와서 근무한 것이다.

단원고교에 부임하자마자 4월로 계획된 2학년 제주도 수학여행 계획을 인계받아 진행을 맡아 세월호에 승선하는 것까지는 잘 진행되었다. 그러나 18시 30분 출항토록 계획된 세월호의 출항은 짙은 안개 때문에 23시로 연기되었다. 그런데 21시가 되자 새월호 선장의 명령으로 출항한 것이다. 그날 저녁 19시 인천항에서 출항토록 되어있는 선박은 세월호를 포함하여 11척 이었는데 짙은 안개로 출항을 23시 이후로 미루고 있었는데 21시에 출항한 선박은 세월호 한 척 뿐이었다고 한다. 출항은 전적으로 선장의 결단에 의한 것이었다.

그래서 맹골수도까지는 왔는데 3등 항해사가 어떤 이유인지 모르나 갑자기 변침하면서 선박이 옆으로 넘어졌다. 16일 8시 49분이었다. 아수라장이 된 선실에서 여자승무원, 교사들 학생 몇 사람이 학생들과 일반탑승객들을 구하려고 안깐 힘을 쓰는데 고(故) 강민규 교감도 앞장서서 갑판으로 올라가는 문을 열고 "얘들 빨리 이쪽으로 올라오거라!

너희들 거기 있으면 죽는다. 어렵더라도 이곳으로 올라와야 산다!" 라고 소리치고 학생들의 탈출을 도왔다고 한다. 그때 생존한 학생들이 후에 말한 것이다. 그렇게 학생들을 구출하다가 그의 지병인 저혈압증세(低血壓症勢)가 나타나 정신을 잃었다고 한다. 강민규 교감이 깨어났을 때는 해경의 헬리꼽터에 탑승하여 누워있었다고 한다. 그리고 진도읍의 진도실내체육관으로 옮겨졌다. 그리고 4월 16일 저녁에는 안산에서 교사 몇 사람과 같이 내려온 교장과 함께 유가족들 앞에서 무릎 꿇고 절을 하고 사죄하였다.

그리고는 강민규 교감은 행적을 감추었는데 그의 시신이 체육관 인근 야산에서 한 소나무가지에 목이 매달린 채 시신이 2014년 4월 18일 16시 5분 발견되었다.

필자는 이러한 극한적 생사의 현장을 필자의 눈으로 보기 위해 2018년 6월 26일 아침 집을 나섰고 진도 버스종합터미널에 도착했을 때는 11시 경이었다. 진도 버스종합터미널에서 팽목항으로 운행되는 마을버스에 승차하여 산과 밭 그리고 산과 논 사이로 조성된 도로를 달려가서 팽목항에 도착하였다.

4년 전 2014년 4월 15일 세월호 침몰사고가 일어나자 4월 16일부터 유가족들이 이 팽목항으로 달려왔었다. 팽목항은 사고지점에서 약 20㎞ 되는 항구지만 우리나라의 항구 중 사고지점에서 가장 가까운 항구였기 때문이었다. 구출되는 탑승객이나 시신이 인양되면 이 팽목항 부두로 옮겨져 왔었다. 정부에서는 유가족들이 팽목항으로 몰려들자 팽목항 주변에는 천막을 준비할 공간도 적으니 진도실내체육관으로 유

팽목항 유족들이 머물던 곳에 남아있는 분향소(2018년 6월 26일).

족들을 안내하여 머물게 한 것이다.

2014년 4월 20일 이후에는 침몰된 세월호에서 시체인양이 장기화되자 팽목항으로 몰려 유가족들과 정치인들, 그리고 일반 애도객들이 이 팽목항 부두 주변에 시체의 빠른 인양을 기원하는 글을 기록한 노란색 리본들을 이곳저곳에 매달아 묶어 놓은 것은 TV 뉴스 시간에 보았었는데 이제 그 세월호가 인양되어 목포항 앞 고하도에 조성된 목포신항의 부두 옆으로 올려져 거치되자 이곳의 노란색 리본들은 제거되어 없었다. 그 리본들은 고하도 목포신항 터미널 앞 철사 울타리에 달아놓은 것이다. 유가족대표 가족이 텐트를 치고 머물렀던 자리에는 '분향소'라 기록한 표지판 하나만 덩그러니 세워져 있었다.

이곳만 확인하고 필자는 다시 시내버스에 승차하여 진도읍의 시외버스공용터미널로 나와서 약 300 m 북쪽으로 걸어갔다. 이곳에 진도실내체육관이 있었다. 이 체육관에서 유가족들이 2014년 4월 16일부터 2017년이 다 가도록 세월호로부터 시신이 인양되지 않은 유가족들이 머물렀던 건물이었다.

2014년 4월 17일 밤 11시 진도 실내체육관 내에서 단원고교 교장과 약 10명의 교사들이 유가족 학부형들 앞에서 무릎 꿇고 사죄한 다음 큰 절을 했을 때 학부형 중 한 어머니가 강민규 교감에게 "우리 아이 여객선에서 죽이고 어찌 당신 혼자 살아서 나왔소?" 라고 소리쳤었다. 강민규 교감은 머리를 들지 못하고 아무런 대답을 하지 못했다고 한다. 큰 충격을 받았을 것이다. 단원고교 김진명 교장이 옆에 서 있다가 강민규 교감에게 다음과 같이 위로의 말을 했다. "강 교감 너무 걱정 마시오, 우리 교사가 인력으로 어찌 할 수 없었던 일인데 어쩌겠소? 시간이 흐르면서 유족들과 먼저 간 안타까운 어린 생명들에게 도움이 될 수 있는 일을 찾아서 하면 되는 것이요." 그러면서 주위에 찾아온 신문사와 방송국 기자들에게 다음과 같은 말을 했다고 한다. "강민규 교감은 평소 말수가 적고 책임감이 강하여 자신이 맡은 일은 성실히 수행하는 훌륭한 선생님입니다."

자살한 고(故) 강민규 교감의 몸에서는 자살 전 날인 4월 17일 기록한 유서(遺書)가 발견되었는데 그 내용은 간추리면 다음과 같다.

「혼자 살기에는 내 힘에 너무 벅찹니다./ 가족과 학교, 교장선생님, 학생, 교육청, 그리고

학부형 등 모두에게 미안한 마음이 넘칩니다./ 다른 사람에게 책임을 절대 묻지 마십시오./ 모든 책임은 모두 저에게 있습니다./ 제가 수학여행을 추진했고 인솔책임자였습니다./ 저의 몸뚱이를 불태워 세

월호 침몰해역에 뿌려 주십시오./ 시신을 찾지 못하는 녀석들과 저승에서도 만나 선생을 할까?」

필자는 단원고교 당시 교장 김진명이 강민규 교감에게 "강 교감 너무 걱정 마시오, 우리 교사가 인력으로 어찌 할 수 없었던 일인데 어쩌겠소? 시간이 흐르면서 유족들과 먼저 간 안타까운 어린 생명들에게 도움이 될 수 있는 일을 찾아서 하면 되는 것이요." 라고 말한 것이 옳은 말이라 생각한다. 안개가 짙을 때 세월호가 출항하는 일부터 침몰하고 탑승한 승객들을 구출하는 일의 책임은 강민규 교감의 책임은 아니었다. 강민규 교감이 혼자 일부러 먼저 살아나온 것이 아니고 힘을 다해 구출하다가 저혈압증세로 졸도했는데 해경에서 쓰러진 강민규 교감을 구출한 것이지 선장 이준석과 같이 선체가 기울자 먼저 탈출한 것은 결코 아니었다.

2014년 4월 18일 강민규 교감이 스스로 목숨을 끊은 다음 그의 아내와 둘째 딸(당시 23세)이 강 교감의 명예를 회복하기 위해「강 교감의 위험순직 인정」을 위한 '정부 인사혁신처장'을 상대로 법원에 제소했는데 지방법원과 고등법원에서 패소하여 대법원에 상고 했다고 한다. 그러나 대법원에서도 2016년 3월 또 다시 최종 '원고 패소' 판결이 선고되었다고 한다. 선박 안에서 학생들을 구출하다가 사망한 것이 아니고 구출하여 놓으니까 스스로 목숨을 끊은 것은 위험순직이 될 수 없다는 것이다.

2017년 6월 9일 한국교원단체 총연합회(한국교총)에서도 고 강민규 교감은 참사 당시 자신의 안위는 생각 않은 채 학생들을 구조하기 위해 최선을 다했다고 '위험순직 인정'을 '인사혁신처'에 요구하였다. 그랬더니 인사혁신처에서 2018년 4월 24일 청원인 20만명의 날인을 받아 청와대에 제출하라고 하였다고 한다. 고 강민규 교감의 둘째 딸을 비롯 가족들과 한국교총이 총 동원되어 서명을 받기 시작하였다. 그러나 6월 말까지 서명날인을 받은 사람은 8,696명이라 하니 20만 명의 서명을 받는 것은 대단히 어려운 일이고 20만 명의 서명을 받았다고 '위험직무 순직'이 인정된다는 보장도 없는 것이다. 〈2018년 7월 6일 작성, 이 글은 월간 한국수필 통권 297호(2019년 11월호) 189~192쪽에 게재된 수필이다.〉

[참고 1] 고 강민규 단원고교 교감: 고 강민규 단원고교 교감은 1963년 생이고 1987년 공주대 사범대 윤리교육과를 졸업하고, 경기도에서 교사생활을 한 교육자였다./ 단원고교에 교감으로 부임한 날자가 2014년 3월 1일이었다고 한다./ 고 강민규 교감은 학과는 다르지만 필자의 사범대학 23년 후배이다./ 그래서 조금은 더 안타까운 마음이 드는 것인지도 모른다./ 필자의 판단으로는 강민규 교감은 스스로 목숨을 끊지 않고 김진명 교장의 위로의 말과 같이 사는 것이 바람직했다고 생각한다.

[참고 2] 후지텔레비존에서 일본 해경 관계자의 세월호에 대한 의견 진술: 2014년 9월 18일 우리나라의 국회에서는 세월호 침몰사고 원인의 진상규명을 위한 여야가 대립각을 세우고 있었다./ 세월호 침몰

사고는 사고일로부터 5개월이 지난 때인데 일본에서 조차 크게 보도되는 커다란 사건인 것이다./ 진실이 밝혀지면 입장이 곤란해지는 정치인이 있지 않나 의심되는 것이다./ 또 어찌 보면 출항하기 전부터 단원고교 2학년 학생들이 이러한 운명(運命)을 가졌었다고 말할 수도 있는 것이다./ 선장이나 항해사 승무원들이 침몰사고 직전까지 선박의 운항에는 관심을 두지 않고 벌거벗은 채 술판을 벌였다지 않는가?/ 지연(地緣), 혈연(血緣), 뇌물에 묶인 사회를 바꾸지 않으면 또 다시 이러한 사고는 일어날 것이다./ 여기에서 대통령이 남은 임기 동안 목숨을 내어 놓고 사회를 청명하게 바꾸지 않는다면 이보다 더 큰 사고가 일어나도 전혀 이상하지 않은 것이다./ 북한의 비핵화 문제보다도 이것이 더 먼저이고 열 배, 백 배 중요한 것이다.

[참고 3] 팽목항 분향소 폐소: 팽목항 세월호 분향소는 2018년 9월 5일 2014년 분향소가 설치된 후 4년 4개월만에 국가 보훈처의 결정으로 폐소되었다./ 필자가 위의 글을 쓰기 전 찾아가지 않았으면 못 보았을 것이다./ 분향소에 거치되었던 영정사진들도 각각 가족들에게 돌아갔다.

소록도의 한하운

필자는 소록도에 대한 인터넷 자료실의 이것저것을 읽다가 소록도 중앙공원(中央公園)에 시인(詩人) 한하운(韓何雲, 1920~1975)의 시(詩) '보리피리'가 커다란 너럭바위 윗면에 새겨지고 그것을 '보리피리 시비'라 함을 발견하였다. 그것을 보았으면 하는 생각이 일어 2017년이 시작되는 1월 7일 싸늘한 바람을 맞으며 찾아갔다.

국립소록도병원 입구의 두 빌딩 사이를 걸어서 중앙공원 쪽으로 걸어가면 300 m 정도 안쪽에 구라탑(救癩塔)이 3 m 높이의 흰 받침석 위에 예리한 창(槍)을 들고 두 날개를 활짝 핀 미카엘(Michael) 대천사(大天使)가 한센(Hansen)균을 죽이는 모습의 흰 석상이 세워져 있다. 1963년 만들어졌고 이 석상의 받침석에 "한센병은 낫는다."라 기록하고 있다.

이 탑까지 필자는 걸어갔다. 그리고 옆을 바라보니 10개 정도의 돌 층계가 있는데 층계 옆에 '보리피리 시비 가는 길'이라는 표지판이 있었다. 필자는 돌계단을 밟고 올라갔다. 50 m 정도 올라간 곳에 가로

4m, 세로 2m, 높이 0.6m 정도의 육중한 회백색 바위가 누워 있다. 그 바위 위에 큰 글씨로 한하운의 시 '보리피리'가 음각되어 있었다.

보리피리

한하운

보리피리 불며
봄언덕
고향 그리워
피-ㄹ닐니리

보리피리 불며
꽃 청산
어릴 때 그리워
피-ㄹ닐니리

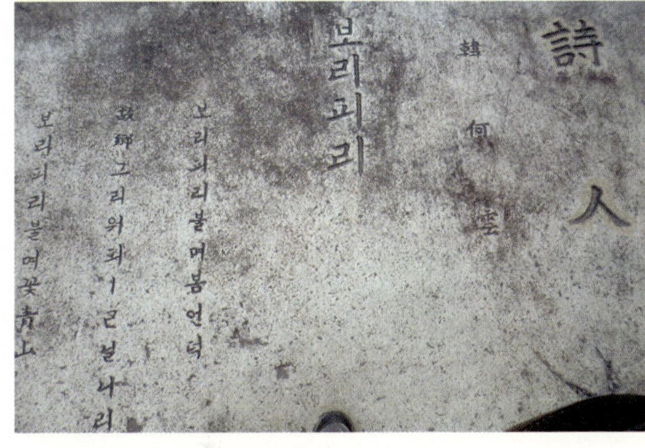

보리피리 시비 윗면 처음 부분

보리피리 불며
인환(人寰)의 거리
인간사 그리워
피-ㄹ닐니리

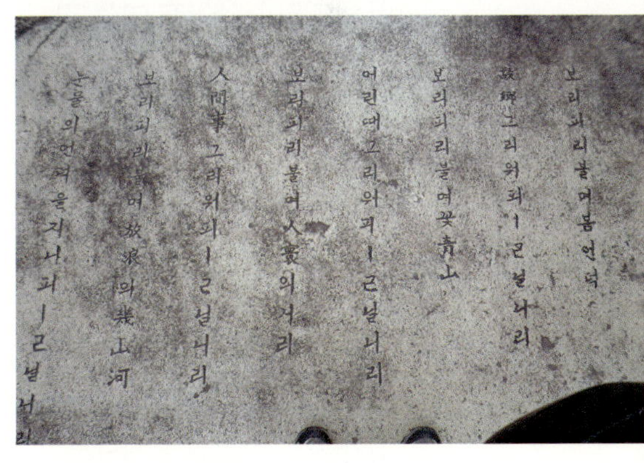
보리피리 시비 윗면

보리피리 불며
방랑의 기산하(幾山河)

눈물의 언덕을
피-ㄹ닐니리

첫 행과 넷째 행이 '보리피리 불며'와 '피-ㄹ닐니리'로 후렴과 같이 반복되는 네 연의 시다. 1연은 고향의 그리움, 2연은 어린 사절의 그리움, 3연은 인간 세상에 대한 그리움, 그리고 4연은 방랑의 서러움을 노래했다. 한센병 환자만이 느낄 수 있는 인간 세상에 나가 인간들과 어울리기를 바라고 일반인과 같이 차량도 이용할 수 없는 한센병 환자의 서러움을 나타낸 것이다.

한하운 시인이 그가 작시한 시를 잡지에 투고하여 처음 게재된 것은 1949년 신천지(新天地) 4월호에 발표된 '나시인 한하운 시초'라 하는 '전라도길' 외 12편이 한꺼번에 게재된 것이었다. 시 '전라도 길'의 부제는 '소록도 가는 길'이다.

전라도 길 – 소록도 가는 길

한하운

가도 가도 붉은 황토길
숨 막히는 더위뿐이더라

낯선 친구 만나면
우리들 문둥이끼리 반갑다
천안(天安) 삼거리를 지나도

수세미 같은 해는 서산을 넘는데

가도 가도 붉은 황토길
숨 막히는 더위 속으로 쩔름거리며
가는 길

신을 벗으면
버드나무 밑에서 지까다비 벗으면
발가락이 또 한 개 없다

앞으로 남은 두 개의 발가락이 잘릴 때까지
가도 가도 천리(千哩) 먼길 전라도(全羅道) 길

한하운이 한센병 환자(나환자, 문둥이)가 되어 전라남도 고흥군 소록도로 한센병을 치료하려고 걸어서 가는 여정을 나타낸 피눈물 나는 '시'이다. 이 '시'가 많은 사람에게 감동을 주어 같은 해(1949년) 5월 이 시를 포함한 13편에 13편의 시를 더하여 그의 첫 시집 '한하운 시초'가 정음사에서 발간되었다. 한하운이 1949년 이 시를 신천지에 발표했다는 것은 1948년 그가 소록도에 와서 얼마 동안 머물렀음이 확실한 것이다.

그러나 소록도에 남은 한화운의 흔적은 중앙공원 구라탑 부근에 있는 너럭바위 윗면에 1972년 5월 17일에 음각했다는 보리피리 시비뿐

보리피리 시비'(앞쪽 너럭바위)와 '소록도병원 제40주년 기념비'(뒷쪽 세워진 비석).

이다. 필자는 소록도병원 박물관장을 만나

"혹시 한하운 시인이 1948년 소록도병원에 왔었다는 기록이 있습니까?"

하고 물어보았더니 박물관장이라는 40대 남자는 다음과 같이 대답했다.

"한하운 시인은 1963년 오마도(五馬島) 간척공사가 진행될 때 보사부 장관과 함께 오마도 현장에 왔었다는 기록은 있습니다. 그 외에 다른 기록은 없습니다."

라고 말하면서 1996년 발간된 소록도병원 80년사를 한 권 읽어보라고 나에게 주었다. 그 책에는 시인 한화운과 작가 김백(金白)이 정희섭 보사부 장관에게 계속적인 오마도 간척공사 지원을 부탁했다는 내용이 기록되어 있었다(소록도병원 80년사 159쪽).

한하운(韓何雲)의 본명은 한태영(韓泰英)이다. 한하운은 필명이고 1949년 신천지 4월호에 시 '전라도 길'을 발표할 때 처음으로 '한하운'이라는 필명을 사용한 것이라 한다. 한태영은 1920년 3월 20일 함경남도 함주군 동촌면에서 한 지주의 맏아들로 태어났다. 함흥제일보통학교를 졸업하고, 1934년 이리농림학교 수의 · 축산학과에 입학하였다. 그러나 1936년 봄 성균관대부속병원에서 나(한센)병 진단을 받았다고 한다. 한태영은 1937년 한센병의 증세가 호전된 다음 도쿄 성혜고등학교에 입학하여 학생이 되었다. 2년 동안 열심히 학교생활을 했는데 한센병이 악화되어 졸업하지 못하고 귀국하였다.

몇 개월 함경남도 고향집에서 치료한 결과 상태가 호전되었다. 이번에는 중국 베이찡대학 축목학과(北京大學 畜牧學科)에 진학하여 1940년 졸업하고 귀국하였다. 그리고 함경남도청과 용인군청 서기로 취업하여 근무하였다. 1945년 한센병이 재발되어 퇴직하고 귀향했다.

이때 8월 15일 우리나라가 광복되고 함경남도는 공산치하에 들어가면서 부친의 재산은 부재지주로 되어 북한괴뢰정권에 몰수되었다. 한태영은 체포구금되는 등 여러 가지 수모와 우여곡절 끝에 남쪽으로 넘어와 거지생활을 하였다. 거지생활과 한센병을 치료하려고 한센병요양원을 찾아다니면서도 시를 쓰는 일을 계속하여 1949년 신천지 4월호에 13편의 시를 발표하고 5월에는 첫 시집 '한하운 시초'를 발행하였다. 1955년 그의 두 번째 시집 '보리피리'가 출간되었다.

한하운의 시는 6 · 25전쟁이 휴전된 다음 1953년 8월 그의 시에 사용한 용어가 공산당에서 사용하는 용어와 같다고 용공분자로 의심도 받았으나 오해는 곧 풀렸다. 1950년부터 한하운은 인천 부평의 한센병요양소인 성혜원(聖慧院)에서 생활하면서 한센병환자들을 치료하고 음성판정을 받는 환자들의 사회진출을 돕는 봉사활동을 하였다. 한하운은 1959년 한센병 음성 판정을 받았다. 그러면서 그 해 한하운 자작시 해설집을 출간하였다.

1960년 이후 한하운은 계속 시를 작성하고 수필과 몇 문학작품을 집필하면서 한센병환자들을 돕는 봉사활동을 하였다. 1975년까지 열심히 살았으나 1975년 1월 28일 한센병이 아닌 간경화병으로 한 많은 세상살이를 마쳤다.

한센병은 인간의 존엄성을 송두리 채 앗아가는 천형(天刑)의 병이다. 한하운은 몇 번이나 자살하고 싶은 충동을 가졌었다고 한다. 사람들이 자신을 피하고, 멸시하고, 발길질까지 하였다고 한다. 그러나 그가 한센병환자가 되기 전부터 친하게 지냈던 R이라는 소녀의 만류와 함께 생을 살겠다는 약속도 있었지만 자신보다 더 험한 한센병환자들을 도울 수 있는 일을 할 수 있다는 생각이 들었을 때 자살을 포기하였다고 한다.

필자는 이 글을 기록하면서 한센병으로 또는 어떤 신체장애로 고통받는 사람들을 볼 때마다 내가 얼마나 축복받은 사람인가(?) 라는 생각을 한다. 필자가 지금까지 팔십 년 살아오면서 받은 많은 수모는 한센병환자들이 받은 수모보다는 비교도 할 수 없이 작고, 필자는 많은 행복을 누리고 살아왔다고 생각하는 것이다. 〈2017년 01월 11일〉

소록도의 이 동(李 東)

국립소록도병원 자료관을 둘러본 다음 밖으로 나와 중앙공원을 중심으로 조성된 길로 걸어 들어갔다. 중앙공원에는 100여 종의 나무가 심어져 70~80년이 흘러가면서 아름다운 나무들로 우람하게 자라고 있다.

소록도병원 입구로부터 100여m 들어간 곳에 작은 로터리가 있고 중심에 救癩塔(구라탑)이 있다. 1963년 국제워캠프 대학생 133명이 오마도 간척공사 참가를 기념하기 위해 세웠다 한다. 성서에 소개된 일곱 천사 중의 한 천사인 '미카엘천사'가 한센균을 박멸하여 한센병을 퇴치한다는 의미를 담고 있다고 한다.

구라탑에서 동쪽으로 조성된 길을 약 200m 정도 따라가다가 오른쪽을 바라보면 글씨가 꼭 차게 기록된 비교적 큰 안내 설명표시문판이 보이고, 그 옆에 조그마한 연못이 있다. 그 연못의 가운데 십자가가 세워지고 그 십자가에 손과 발이 못 박혀 있는 예수크리스트의 형상이

1930년 대 소록도 벽돌공장터에 연못이 조성되고 십자가에 못 박힌 예수님상이 세워졌다.

세워져 있다. 상당히 넓은 공간의 북쪽 언덕 밑이었다. 필자는 그곳으로 가서 우선 그 안내 설명표지문판의 설명문을 읽었다.

「소록도 벽돌공장 이야기/ 일제시대 소록도에서 가장 가슴 아픈 장소는 이곳 벽돌공장터였다./ 1933년 소록도 갱생원 제4대 원장 수호마사히데(周防正季)는 당시 소록도 갱생원 1,200명 수용 환자수를 3,000명으로 증가시키려고 벽돌건물을 지을 때 벽돌을 만들어야 되므로 이곳에 벽돌공장을 건설했다./ -〈중략〉- / 이곳이 한센병환자들의 저주받은 땅이라 불린 것은 1937년 중일전쟁(中日戰爭)이 시작되면서 부터였다./ 병원재정의 많은 부분이 전쟁비용으로 옮겨졌기 때문이었다./ -〈중략〉- / 이러다보니 공사가 무리하게 진행되고 동원되는 환자들은 심하게 시달렸다./ -〈이하생략〉- / 소록도 천주교회」

1937년 중일전쟁이 시작되면서부터 소록도 갱생원의 병원재정은 한

1930년대 붉은 벽돌로 지어진 검시실이 지금도 남아있다

센병환자들의 노동력으로 대부분 충당되었다고 한다. '일본군국주의' 대륙침략 전쟁인 중일전쟁으로 이 병원에 지원되는 조선총독부 지원금은 전쟁지원금으로 전환되어 벽돌공장에서 생산되는 벽돌들을 판매하여 병원재정을 보충했다는 것이다. 한센병환자들은 강제노동에 시달렸다. 벽돌생산에 소요되는 좋은 흙과 벽돌을 굽기 위한 가마에 불을 지피기 위한 나무를 인근의 섬으로 가서 가져오는 노동까지 했다. 벽돌 생산량을 증가시키기 위해 가열되어 구어진 벽돌이 식지도 않은 상태에서 가마에서 꺼내다가 화상을 입는 환자들이 속출하였다.

'벽돌공장 이야기'의 이하생략 부분에서 특별히 설명한 것은 예수크리스트의 십자가에 못 박혀 돌아가신 상이 세워진 작은 연못 가운데가 1930년대 붉은 벽돌을 구워내던 가마의 굴뚝이 설치되었던 자리라 한 것이다. 중략 부분이나 이하생략 부분의 대부분이 감금실의 설명내용과 같아서 생략한 것이다.

필자는 여기까지만 중앙공원을 돌아본 이야기를 쓰고 돌아 나와 감금실과 검시실을 돌아본 이야기를 쓰려고 한다.

2015년 12월 17일 소록도를 찾아 갔었다. 감금실은 중앙공원 입구 가까운 곳에 위치한 자료관(박물관)에서 남쪽으로 길 건너에 위치하는데 3.5m 높이의 높은 벽돌 담 안에 두 건물로 되어 있다. 감금실 정문 앞에 '감금실(監禁室) 안내 설명표지문판'이 세워져 있었다.

「감금실(監禁室)/ 건립년도: 1935년/ 감금실은 1935년 제정된 조선총독부 나병환자병원령 제6조 및 같은 법 시행규칙 제8조의 규정에 따라 설치된 인권탄압의 상징물이다./ 붉은 벽돌담으로 만든 육중한 담벽으로 둘러싸여 있으며, 두 건물이 회랑(回廊)으로 연결된 H자 형태로 각각의 방은 철창이 설치되어 있다./ -〈중략〉- / 소록도에 수용된 환자들은 원장의 판단에 따라 감금, 금식, 체벌 등의 벌책을 받아야 했다./ -〈중략〉- / 출감시에는 정관절제(精管切除, 단종(斷種))수술을 하였다./ -〈이하생략〉- 」

감금실은 등록문화재(登錄文化財) 67호로 지정되어 있으며, 감금실 두 건물은 회랑으로 연결되어 H자 형태이다. 들어가 내부의 방들을 돌아보았으나 너덜너덜 우중충한 벽지가 있는 방들이었다. 벽돌 굽는 일을 게을리 하거나, 불평불만을 하고 일을 시키는 직원에게 반항하는 환자가 있으면 그때마다 병원직원들은 이런 환자들을 결박하여 이곳 감금실(監禁室)로 연행하여 와서 감금시킨 다음 매질하고 금식하는 벌책을 가했다. 강제노역을 시킬 때 굴종케 하고, 병원의 부당한 운용에도 저

단종(정관)수술실의 수술대

항하지 못하게 하려는 것이었다.

그러므로 이 저주의 땅을 피하려고 녹동해협(鹿洞海峽)에 뛰어들어 녹동(鹿洞)으로 탈주하다 익사하는 환자들이 생겼다는 것이다. 그때 많은 한센병환자들이 감금실에서 죽었고, 장애인으로 되었다. 또한 감금실에 들어갔다가 갖은 수모를 당하고 풀려나오는 사람은 강제로 단종(정관절제)수술(斷種(精管切除)手術)을 받았다. 반항하는 인간은 자녀를 생산할 수 없게 한다는 것이었다. 그런데 문제는 마취약이 없으니까 마취를 하지 않고 국부를 절제하였기 때문에 통증이 대단히 컸다.

감금실 두 건물을 연결하는 회랑의 한 쪽 벽에 1940년 경 감금실에 들어와 갖은 수모를 겪고 풀려나가며 단종수술(斷種手術)을 받은 25세 청년 이 동(李 東)이 지은 시 '단종대'(斷種臺)가 판넬에 기록되어 표고되어 걸려 있었다.

단종대

이 동(李 東)

그 옛날 나의 사춘기에 꿈꾸던
사랑의 꿈은 사라지고
여기 나의 25세 젊음을
파멸해 가는 수술대 위에서
내 청춘을 통곡하며 누워 있노라
장래 손자를 보겠다고 하시던 어머니 모습
내 수술대 위에서 가물거린다
정관을 차단하는 차가운 메스가
내 국부에 닿을 때
모래알처럼 번성하라던
신의 섭리를 역행하는 메스를 보면서
지하의 히포크라테스는
오늘도 통곡한다.

마취도 하지 않고 정관수술을 하면서 통증이 심한 것은 언급도 하지 않고 사랑을 할 수 없고 후손을 가질 수 없다는 설움만을 안타까워하는 시를 쓴 것이다.

단종수술은 두 종류의 사람들에게 시술했다고 한다. 하나는 감금실에서 풀려나가는 환자이고, 두 번째는 부부가 따로 살다가 같이 살고 싶을 경우였다.

필자는 아무 흔적도 없는 75년여 전의 비참한 현장인 감금실(監禁室)을 둘러보고, 다시 정문으로 나와 바로 옆에 있는 검시실을 둘러보려고 옆 건물 입구로 왔다. 검시실 문 앞에도 감금실(檢屍室) 앞 안내 설명표지문판과 똑같은 크기의 안내 설명표지문판이 있었다.

「검시실(檢屍室)/ 건립년도: 1935년/ 검시실 또는 해부실로 부르는 이 건물은 두 방으로 되어 있으며, 입구의 넓은 방은 사망 환자의 검시를 위한 해부실로 사용되었고, 안쪽 방은 단종수술실(斷種手術室)로 사용되었다./ 소록도에서 살던 모든 사망자는 본인의 의사와는 관계없이 이곳에서 사망원인에 대한 해부절차를 마친 다음 간단한 장례식을 거치고, 섬 내 화장장에서 화장 후 납골당에 유골로 안치되었다./ –〈이하생략〉– 」

감금실에서 죽었거나 수용시설에서 생활하다가 죽은 한센병환자는 검시실로 보내져서 해부를 받고 사망의 원인이 밝혀져야만 소록도의 동쪽에 있는 화장장(火葬場)으로 보내져서 화장(火葬)되었다고 한다. 물론 단종수술도 검시실 옆 수술실에서 행하여 졌다.

소록도의 한센병환자들은 이러한 감금실과 검시실의 상황을 보면서 보통의 사람들은 한 번 죽지만 한센병환자들은 세 번 죽는다고 하였다. 첫 번째 죽음은 한센병의 발병, 두 번째의 죽음은 시체해부, 그리고 세 번째가 화장이었다.

2,000년 2월 6일 검시실은 등록문화재 제66호로 등록되었다.

필자는 검시실 입구로 들어갔다. 텅 빈 방에 수술대 한 대와 수술기구 등을 비치하였던 유리문이 달린 정돈대 한 대만 있을 뿐이었다. 시체 검시실 수술대는 가운데가 낮고 아래와 위가 좀 높은 구조이고, 가운데 중심에 구멍이 하나 뚫려 있고, 그 구멍과 수술대 각 귀퉁이가 홈으로 연결되어 수술 중 흘러나오는 혈액과 세척수, 오물 등이 가운데 구멍으로 흘러내려가 그 밑에 놓여진 수거통에 수거된다. 사람들은 수술대의 모양이 일본의 욱일승천기(旭日昇天旗)의 형태라고 말했다.

검시실과 벽 하나로 구분된 작은방 단종수술실에도 수술대 한 대와 수술기구 보관용 유리문이 있는 진열장이 있을 뿐이었다. 한 쪽이 높고 한 쪽이 낮은 수술대는 단종수술용으로 검시실 시체 수술대와 모양이 다르다. 그것을 '단종대'라 하였다. 가운데 구멍 같은 것은 없다. 앞의 단종대 시를 작시한 이 동(李 東)과 같이 '감금실'에서 풀려나가는 한센병환자는 이 수술대에 눕히고 수술대에 팔과 다리, 그리고 몸통이 묶인 다음 바지와 팬츠가 벗겨진 후 마취도 하지 않고 국부가 찢기고 '정관'이 잘리었다니 일본인들도 똑 같은 인간인데 그렇게 악독한 짓을 한 것이다.

우리나라가 우리 조상들이 왜놈이라 멸시했던 이웃나라 놈들의 식민지로 된 것은 우리나라가 과학의 발달이 늦어 힘이 없어 생긴 일이므로 누구를 원망할 것이냐? 그 왜놈들이 하라는 대로 해야 하는 수모를 당하는 것은 어쩔 수 없는 일이 아니겠는가? 필자는 칠십여 년을 살아오면서 같은 우리나라 선 · 후배들로부터 뜻 아니게 이해관계에 얽혀져 많은 수모를 당하기도 하였다. 우리는 살면서 어떠한 힘이 없으면 같은 이웃에게도 일본놈들에게 당했던 단종수술 이상의 수모를 당하는 것이다. 어쩌랴! 못된 왜놈이나 못된 우리나라 이웃 사람이나 무엇이 다르냐? 이것이 인간사회인 것을!

현재 종북을 하면서 우리나라의 헌법을 바꾸려 한 자가 정부를 이끌고 있다. 만약 이 자의 뜻대로 헌법을 수정한다면 일정시대 일본놈들이 우리나라 사람들에게 자행했던 것보다 더 한 수모를 좌파놈들에게 받을 것이다. 이들은 헌법문에서 자유민주주의에서 자유를 삭제하려고 하는 인간들이다. 북한의 살인 독재자들이 민주주의를 한다고 주장하는 것이다. 〈2015년 12월 24일〉

소록도의 이춘상

필자의 고향은 공주시의 산골 마을이다. 그 편안하고 고요한 마을에도 1940년대부터 30세 정도의 나병(癩病)환자 한 사람이 살고 있었다. 사람들은 그를 문둥이라 불렀다. 필자의 어린 시절 같은 마을의 그 문둥이 때문에 문밖을 나갈 때는 그가 나와 있는지를 살피고 나갔고, 여름철 시냇물로 목욕하러 나갔다가 그가 시냇물에서 목욕을 하고 있으면 목욕을 하지 않고 들어 왔었다.

1917년부터 개원된 한센병 전문병원인 소록도자혜의원(小鹿島慈惠醫院, 현 국립소록도병원)이 있는 것은 몰랐다. 있다는 것을 알았어도 우리 마을의 나병환자와 같이 부모가 잘 보살피는 환자는 소록도의 수용능력 때문에 갈 수 없었을 것이다. 다행인지 무엇인지 모르지만 그 나병환자(지금은 한센병환자)는 필자가 중학교 2학년 때 사망했다.

필자는 오래 전부터 나병환자들을 집단수용한다는 소록도(小鹿島, 3.79 ㎢(111만 평))를 찾아가 보았으면 했는데 2015년도 저물어가는 12

월 17일 찾아가게 되었다.

전남 고흥군 녹동시외버스터미널에서 소록도까지는 약 8 km이므로 걸어갈 수도 있겠으나 대합실에서 밖에 나가보니 12월 중순 고흥군 녹동읍이 남쪽이지만 이곳의 겨울 바닷바람도 싸늘했다. 그래서 택시를 이용하기로 하고, 택시에 승차하니 택시는 시외버스터미널에서 동남쪽으로 연결된 도로를 달렸다.

5 분쯤 후에 2009년 3월 개통된 소록대교(小鹿大橋, 길이 1,160 m) 입구에 멈추어 필자가 몇 장의 사진을 담을 수 있는 시간을 주고 다리를 건너갔다. 그리고 5분도 되지 않아 국립소록도병원(國立小鹿島病院)의 현대식 4층 건물 앞에서 필자를 하차시켜 주었다. 필자는 우선 병원의 입구에 건설된 두 빌딩 사이를 지나 왼쪽 낮은 언덕 위에 건축된 자료관으로 들어갔다. 자료관을 관람하면서 본 몇 가지 사항을 거록한다.

자료관은 중앙공원 쪽으로 들어가는 길의 왼쪽 언덕 위의 아담한 1층 건물이고 하나의 박물관이었다. 내부 벽에 돌아가면서 소록도병원의 연혁과 이 병원이 개원되면서부터 이 병원에서 일어난 특기할만한 사건들을 설명하여 놓은 판넬들이 걸려 있었다. 개원되면서부터 병원에서 사용했던 수술기구, 약품들은 진열대에 진열되어 놓았다.

이 자료관은 1996년 5월 17일 개관하였다고 입구에서 가까이 걸린 판넬에 기록되어 있었다. 이 자료관은 소록도 자혜의원(현 국립소록도병원) 개원 80주년을 기념하는 의미에서 개관하였다고 하고, 5년 후인 2001년 5월 17일 병원 개원 85주년 기념으로 내부 시설을 전면 보수하고 전시물도 대폭 늘려 재개관했다고 국립소록도병원 제25대 원장

오대규(吳大奎, 재임: 1994년 1월 5일~1996년 10월 11일)와 第26대 원장 김윤일(金潤一, 재임: 1996년 10월 11일~2002년 5월 13일)의 인사말을 기록된 판넬에서 읽을 수 있었다.

두 원장의 안내 인사말이 기록된 판넬 옆에는 국립소록도병원의 연혁(沿革)이 기록된 판넬이 걸려 있었다. 우선 이 연혁으로부터 이 병원의 이름이 수차례 변화하였음을 알 수 있었다. 1917년 소록도자혜의원, 1934년 소록도갱생원, 1949년 소록도중앙나요양소, 1951년 다시 소록도갱생원, 1960년 국립소록도병원, 1968년 국립나병원, 그리고 1982년 다시 국립소록도병원으로 되어 지금도 그렇게 부른다고 기록되어 있다.

그리고 1916년 소록도가 한센(Hansen)병 환자 수용의 최적지로 선정된 다음 1917년 5월 17일 자혜의원 개원식을 할 때에는 의료시설과 건물의 환자 수용능력이 100명 정도였다. 그러나 1917년 말에는 조선총독부에서 소록도 전체(111만 평)를 매입하고 수용시설을 확장하여 나갔다. 1933년에는 3,000명 환자들의 수용시설로, 1936년에는 4,000명, 그리고 1939년에는 5,000명의 환자 수용시설로 확장하였다. 이렇게 확장하여 나가 1947년에는 6,254명의 한센병 환자들을 수용하였다고 한다. 그러나 전국에 흩어져 있는 10만여 명의 한센병환자를 수용하기에는 너무 미약한 수용능력이었다.

그러면서 이 확장공사가 모두 수용된 한센병환자들의 뼈를 깎는 강제 노동으로 이루어졌다고 했다. 이러한 내용이 그 다음 판넬에 기록되어 있었다. 그러지 않아도 몸이 불편한 한센병환자들이 동물취급을 받았다는 것이다. 그래서 자살자들이 많아지고, 수영으로 해협을 건너 녹동항으로 탈주하다가 익사하는 일이 빈번히 일어났다는 것이다. 반항하거나 일을 기피한 환자는 감금실로 보내져서 금식 등의 고통을 주다가 해금될 때는 정관절제수술(精管切除手術)을 한 다음 풀어주었다고 한다.

소록도갱생원 제4대 원장 수호마사히데(周防正季, 원장재임: 1933년 9월 1일~1942년 6월 20일)의 살해사건이 소개된 판넬의 내용을 하나의 설화로서 기록하고 이 글을 마치려고 한다. 그는 소록도갱생원 역대 원장 중 가장 악질적 일본놈 원장이었다. 소록도 내 수용시설 확장공사를 위한 붉은 벽돌 굽는 일부터 시설 증·개축공사, 중앙공원 조성공사까지 환자들의 노동력을 갖은 강압적인 수단으로 이용하였다.

한편으로 가엾은 한센병환자들에게서 기금을 강제로 갹출(醵出)하여 그 돈으로 자신의 동상(銅像)을 중앙공원 중심부에 거대하게 세웠다(전체 높이 9.6 m). 그 건립일이 1940년 8월 20일(음)인데 그 음력 20일에 어떤 의미를 두어 매월 음력 20일을 보은감사일(報恩感謝日)로 정하고 매월 음력 20일 12시를 한센병 환자들이 자신의 동상에 참배하는 시간으로 정하였다.

1942년 6월 20일(음) 경증 한센병환자 이춘상(李春相, 1920(?)~1942)은 이 보은감사일 12시 수호마사히데 원장의 동상에 참배하는 시간 식도를 가슴에 품고 동상 앞 광장 올라가는 도로가에 환자들과 함께 서 있다가 품고 있던 식도를 꺼내어 그곳으로 올라오는 원장 수호마사히데의 가슴을 찔렀다. 그리고 다음과 같이 소리쳤다고 한다. "너는 한센병

환자에 대하여 지독하게 악독한 짓을 했으니 칼을 받아라!"

이춘상은 체포되어 감금되었고, 수호마사히데는 원장 사택으로 옮겨졌으나 과다출혈로 숨을 거두었다. 이춘상은 1942년 8월 20일 광주지방법원에서 열린 제1심 재판에서 사형이 선고되고, 상소하자 10월 20일(음) 대구 복심법원에서 열린 제2심에서도 사형선고가 다시 선고되었다. 또 다시 상소하자 총독부고등법원에서 열린 제3심에서는 상고가 기각되어 사형이 확정되어 형장의 이슬로 사라졌다. 재판을 받으면서 수호마사히데의 악독한 행위를 진술했으나 일본인들 재판관들은 들은 적도 하지 않았다. 그 사실을 들어서 알게 된 조선인들은 이춘상을 소록도의 안중근(安重根, 1879.9.2~1910.3.2)이라 불렀다 한다.

안중근은 1909년 10월 26일 만주 하루빈역에서 우리 민족의 원수 이또히로부미(伊藤博文, 1841~1909.10.26)를 권총으로 저격 사살한 우리나라 최고의 의사(義士)이다. 한센병 환자들은 이춘상을 소록도의 안중근이라 불렀다. 한센병 환자들을 동물처럼 사역하고, 한센병환자들에게 금전을 갹출케 하여 그 돈으로 자신의 동상을 세우고 한센인들에게 자신의 동상에 참배를 강요한 수호마사히데를 죽인 이춘상은 안중근의사가 이또히로부미를 사살한 것과 같은 의로운 일을 한 의사라는 것이다.

이춘상이 1942년 12월 사형선고를 받고 형장의 이슬로 사라졌다는 소식이 소록도갱생원에도 전달되었다. 이 소식을 들은 한센병환자들은 이춘상이 그들에게 "수호마사히데를 죽여야 환자들이 살 수 있다"라고 말하던 그의 모습이 어른거린다며 "참으로 아까운 사람이 죽었다."며 울었다고 한다.

일제시대는 말할 것도 없고 지금의 우리나라 정부와 사회 각 분야, 그리고 대학교수 사회도 일본인 소록도갱생원 제4대 원장 수호마사히데와 같은 인간이 많이 있음을 필자는 칠십여 년 세상을 살아오면서 보아왔다. 선거로 선출된 대통령이라는 문재인은 국회의 동의를 얻지 않고 휴전선의 철조망과 지뢰를 제거하였다. 휴전선 방어초소 10개를 폭파하였다. 정찰기가 휴전선 위를 날라 정찰하지 못하게 했다. 이놈을 어찌 해야 하는가? 그들을 제거하는 가장 좋은 방법은 우리나라 각 사회의 이곳저곳에 소록도의 안중근 의사 이춘상과 같은 인사가 몇 명 있어야 하는 것이다. 〈2015년 12월 22일〉

[참고 1] 이춘상(李春相)의 인생로정: 이춘상은 1920년 경북 성주군 대가면 용흥리의 한 가난한 농부의 아들로 태어났다./ 어렸을 때 아버지가 세상을 떠났다./ 그리고 이상하게 14살에 한센병이 발병하였다./ 그는 맨손으로 상경하여 살기 위하여 이것저것 행상을 하다가 1939년 봄 경성 본정 경찰서에 연행되었다./ 1939년 5월 12일(음) 경성지방법원에서 절도교사와 장물수수죄의 죄목으로 징역 1년과 벌금 50원의 판결을 받고 복역하였다./ 그리고 그해 한센병환자임이 발견되어 광주형무소 소록도지소로 이감되고 1940년 출소한 다음 소록도갱생원 경증환자수용소에 수용되어 생활하다가 1942년 수호마사히데를 살해한 것이다.

소록도 박물관에 전시된 세종대왕과 노르웨이의 세균학자 '한센'의 영정

[참고 2] 한센병환자 국립소록도병원 수용 현황: 1947년 6,254명으로 최대수용 상태였다고 한다./ 1960 년경부터 신약의 개발로 환자가 치유되기 시작하면서 환자는 급감하였다./ 1985년 2089명, 2,000년 835명, 그리고 현재 상처가 심했던 환자들이 치유되면서 580명이 생활하고 있다./ 한센병은 더 이상 무서운 전염병이 아니라고 한다./ 치유될 수 있는 병이고 일종의 피부병이라고 한다.

[참고 3] 세종대왕(世宗大王)과 한센(Gerhard Hennik Armauer Hansen): 국립소록도병원 자료관은 자료관1과 자료관2로 구분되어 있다./ 자료관1을 둘러보고 자료관2로 갔는데, 그 입구에 세종대왕(1397~1450, 재위: 1418~1450)과 한센(1841~1912)의 상반신 영정 사진이 걸려 있다./ 이 사진이 걸려있는 이유가 사진 밑에 기록되어 있었다./ 세종대왕은 우리나라 최초로 국가 차원에서 한센병 환자를 관리한 왕이라는 것이고, 한센은 노르웨이의 세균학자이고 의사로서 1873년 나결절(癩結節)의 세포 내에서 한센균을 발견하였다./ 그때부터 나병을 한센병이라고 부르게 되었다./ 한센은 한센병이 유전이나 천형병이 아니고 전염병이고, 투약함으로서 치료할 수 있음을 밝혀낸 것이다.

진도 운림산방의 허 련

진도(珍島, 363.9 ㎢)는 우리나라가 가지고 있는 3,000여 개의 섬들 중 세 번째로 큰 섬이다. 고려시대에는 삼별초군(三別抄軍)이 진도의 용장리에 왕궁을 조성하고 새로운 나라를 세우려 했으나 실패했고, 임진왜란(壬辰倭亂) 때는 이순신(李舜臣, 1545~1598)이 이끄는 조선수군의 13척 판옥선이 330여 척 왜수군 함대를 진도의 울돌목에서 완전 격파하고 승리하였다. 진도에는 이러한 역사가 묻혀있다,

진도에는 또한 조선시대 말 시(詩) · 서(書) · 화(畵)에 능한 삼절의 화가 소치 허 련(小痴 許 鍊, 1808(순조 9)~1893(고종 31))이 만년 36년 동안 작품활동을 한 곳이 있다. 훌륭한 작품을 완성했던 운림산방을 필자가 2016년 싸늘한 바람이 불어오는 계절인 12월 1일 찾아갔다.

진도읍에서 동쪽으로 4 km 국도를 따라 가면 삼거리가 나오는데 그곳이 다구투곡, 핏기내, 왕무덤재로 불리우는 산기슭이고, 이곳을 지나 약 7 km 북쪽으로 가면 운림산방(雲林山房)이 위치하여 있다.

진도 시외버스터미널 뒤에서 필자는 택시에 승차하고 운림산방을 찾아갔다. 그리고 운림산방 입구에 하차하여 운림산방 안내 설명표지문판의 설명문을 읽었다.

「진도 운림산방(珍島 雲林山房)/ 국가지정 문화재 명승 제80호/ 전라남도 진도군 의신면 운림산방로 315/ 진도 운림산방은 조선시대 말기 남화의 대가였던 소치 허 련(小痴 許 鍊, 1808~1893) 선생이 말년에 그림을 그렸던 화실의 이름이다./ 폐허된 것을 1982년 소치의 손자 남농 허 건(南農 許 楗, 1907~1987)이 복원하여 세상에 알려졌다./ -〈중략〉- / 보배의 섬 진도에 있는 운림산방은 소치 허 련의 화혼이 그 후손들을 통하여 찬란하게 진행되고 있는 지구상에 단 하나밖에 없는 살아 있는 미술관이다.」

운림산방은 소치 허 련(小痴 許 鍊, 1808(순조 9)~1893(고종 31))이 1856(철종 8)년 스승 추사 김정희(秋史 金正喜, 1786(정조 10)~1856(철종 7))가 소천한 다음 1857년 서울 생활을 정리하고 고향 진도로 내려와서 진도의 첨찰산(尖察山, 해발 485 m) 남쪽 기슭에 토지를 매입하여 예쁘게 정리하고 세운 건물이다. 운림산방이라는 이름은 이곳을 둘러싸고 있는 첨찰산과 주변의 산봉우리들 주변에 아침 · 저녁으로 피어오르는 안개의 모습이 구름 숲 같다고 하여 붙여진 이름이다.

이제 잔디밭 사이의 길을 따라 100 m 정도 연못 쪽으로 들어간 곳의 오석에는 1982년 허련의 손자 남농 허 건(南農 許 楗, 1907~1987)이 폐허된 운림산방을 재건한 과정이 기록되어 있다. 이 오석에서 150 m 정도 들어간 곳에 5각형의 연못이 있고, 가운데에는 인터넷 자료실에서 본 직경 10 m 정도의 원형 인공섬이 있다. 섬의 가운데에 소치 허련이 심었다는 배롱꽃나무가 겨울이어서 잎과 꽃이 떨어져 살았는지 죽었는지 모르게 앙상한 모습으로 서 있었다. 160년 수령이어서 줄기의 둘레 약 60cm되게 굵어진 줄기를 자랑하고 있었다.

이 연못 바로 북쪽에 'ㄷ'자 형태로 세워져 있는 건물이 운림산방이고, 운림산방 바로 뒤의 초가집은 소치 허 련의 생가이다. 생가의 동쪽 입구에서 자라나는 귤나무는 겨울인데도 잎이 푸르고 소담스러운 노란 귤들을 달고 있었다.

소치 생가 뒤에는 운림사(雲林祠)라는 소치 허 련의 영정을 모신 사당

운림산방 앞 연못안의 섬에 자라나는 배롱나무

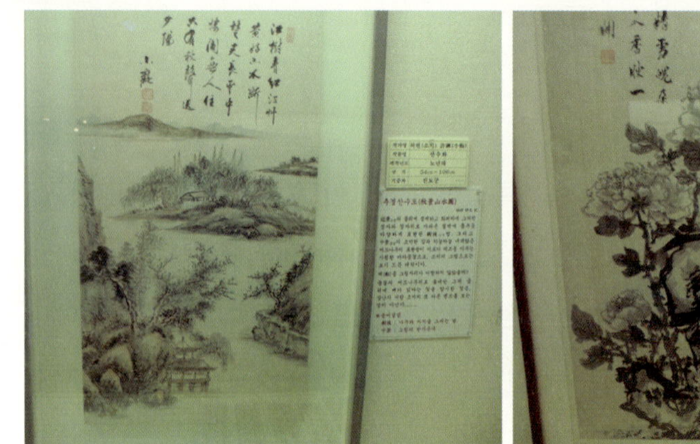

소치의 '추경산수도'

헌종 앞에서 그렸다는 소치의 괴석모란도

이 있다. 갖을 쓰고 도포를 입은 소치의 영정은 평범한 우리나라의 할아버지이다. 그러면서 짙은 검은 수염이 소치의 50대를 말하여 주고 있었다.

필자는 이제 운림산방의 200 m 동쪽에 위치한 소치 기념관으로 들어갔다. 이 기념관에는 소치로부터 소치 고손자까지 화가로 활동했거나 활동하고 있는 사람들의 동양화 작품들이 전시되어 있었다. 입구에 가까운 곳에는 소치의 고손자들의 작품이 전시되어 있고, 안으로 들어가면서 증손자, 손자, 아들의 작품들이 전시되어 있고 가장 안쪽에 소치 허 련의 작품들이 전시되어 있었다. 그런데 이들 작품들은 진품이 전혀 없고 모두 모사품이거나 복사품이라는 것이다. 모사품이나 복사물이라 하여도 그림에 대해 문외한(門外漢)인 필자는 모사품과 복사품이 진품과 어떻게 다른지 구별할 수 없었다.

작품들 사이에 소치 허 련의 생애를 기록한 설명표지문판 두 개도 있었다. 입구 안내 설명표지문판과 검은 오석에 새겨진 설명문판의 설명문을 필자가 모두 읽고 그것들로부터 중요한 소치의 생애를 요약하였다.

「소치 허 련은 1808년 진도읍 쌍정리에서 출생하였다./ 초명은 허 유(許 維)였으나 소년시절 허 련으로 개명하였다./ 허 유는 어려서부터 그림에 남 다른 재능을 보였다./ 20세가 되면서 공재 윤두서(恭齋 尹斗緖, 1668(현종 10)~1715(숙종 42)) 집안의 3대 명화첩을 대여하여 보면서 그 그림들을 모사하며 그림 그리는 연습을 하였다./ 1836년 29세 때 해남 대둔사의 초의선사(艸衣禪師, 1786~1866)를 찾아가 스승으로 모시고 시(詩)와 서(書)를 익히고, 1839년에는 초의선사의 권유에 따라 추사 김정희를 서울로 찾아가 사제관계를 맺었다./ 추사로부터 서와 화(畵)를 배웠다./ 그런데 1840년 추사가 제주도 대정읍으로 유배되자 소치는 스승의 유배길에 동행하고 유배지에서 상당 기간 같이 머물면서 스승의 수발을 들었다. 스승이 1848년까지 유배지에 머물게 되자 그 동안 소치는 서울을 세 차례나 왕래하면서 추사를 모셨다고 한다./ 소치가 대정읍에 머문 기간도 1년 정도나 되었다고 한다./ 1849년 소치가 42세 되던 해에는 소치의 명성이 당시의 임금 헌종(憲宗, 1827~1849, 재위: 1834~1849)에게 알려져 헌종의 부름을 받고 궁에 들어가 헌종의 앞에서 먹을 갈아서 대왕을 상징하는 화중지왕(花中之王)이라 하는 목단을 그렸다고 한다./ 소치는 당대 최고의 화가로 추앙받았고, 화성(畵聖)처럼 살았다./ 대표작으로 1866년 작인 선면산수도, 김정희 초상, 묵모란 등이 있다./ 스승 추사가 1856년 소천하면서 소치는 1857년 고향으로 내려와 운림산방을 건립하고 만년 작품활동을 하고 1893년 86세를 일기로 타계하였다.」

김정희가 "압록강(鴨綠江) 동쪽에서는 소치를 따를 사람이 없다."고 몇 번이나 소치를 칭찬하였다고 한다. 미산 허 형(米山 許瀅, 1861~1938)은 소치의 넷째 아들이며 소치의 뒤를 이은 화가인데, 미산의 수제자가 의재 허백련(毅齋 許白鍊, 1891~1977)이다.

필자는 평범하게 한 생을 살아온 사람으로 소치 허 련의 생애와 만년 36년 간 작품활동을 수행한 운림산방을 돌아보고 한 예술가의 성공한 한 생애는 이렇게 좋은 흔적을 남기고 소천하는구나 하고 부럽고 존경의 마음이 솟았다. 한 분야에 최고의 경지에 자리한 훌륭한 인사가 있는데 우리는 자신의 본분을 지키지 못하고 한 직장에 근무하는 동료들을 괴롭히는 인간이 있음을 보는 것이다. 한심스러운 인간을 보는 것은 불행인 것이다. 어느 직장에 근무하면서 모든 일을 공명정대하게 수행해야 자신이 근무하는 곳이 편안하고 발전된 사회가 되는 것을 모르는 것은 이들의 어린 시절과 소년 시절 인성교육이 잘 되지 못한 것임을 실감하는 것이다.

공직자로서 상상도 할 수 없는 '최순실게이트'가 온 나라를 시끄럽게 하고 있으니 우리나라는 대통령의 권한을 축소해야 할 것이다. 대통령만 그렇겠는가? 모든 직장에서도 각 개인은 공익에 어긋나고 이웃을 괴롭히며 예의에 어긋나는 언행은 삼가야 할 것이다. 그래야만 잠시 왔다 가는 인생이 세상을 떠나는 날 이 세상이 아름다웠다고 말 하고 갈 수 있는 것이 아닐까? 〈2016년 12월 6일〉

보길도 낙서재의 윤선도

보길도(甫吉島, 32.99 ㎢)는 완도(莞島, 88.57 ㎢)에서 서남쪽으로 23.3 km 떨어져 있는 섬이다. 이 섬에는 오우가(五友歌)와 어부사시사(漁父四時詞) 등 훌륭한 시가를 남긴 윤선도(尹善道, 1587(선조 20)~1671(현종 13))의 유적이 이곳저곳에 남아있다. 필자는 약 10년 전인 2007년 어렵게 찾아 온 일이 있었던 보길도를 2016년 다시 찾아갔다.

그때는 필자의 불찰로 세연정(洗然亭)과 세연지(洗然池)만을 만나고 돌아갔었다. 세연정과 세연지는 윤선도의 놀이공간이었고, 윤선도의 생활공간은 세연정에서 2 km 섬 안쪽에 있음을 알고도 찾아가지 않았었다. 찾아볼 욕심이 없었던 것이다.

그래서 2016년 7월 27일 보길도를 다시 찾은 것이다. 완도 화흥포항 여객선터미널에서 철부선(鐵府船)에 승선하여 노화도(蘆花島, 25.02 ㎢) 동천여객선선착장까지 갔다.

노화도 동천항여객선선착장에서 보길면소재지가 위치한 청별항까

보길도 격자산 기슭 낙서재

지 선박회사에서 매 시간 운행하는 마을버스에 승차하여 보길대교(甫吉大橋, 길이: 620 m)를 건너 청별항에 도착하고, 그곳에서 택시에 승차하여 낙서재(樂書齋) 주차장에 도착하였다. 이곳을 윤선도는 지형이 연꽃을 닮았다 하여 부용동(芙蓉洞)이라 불렀으나 현재는 보길면 부황리(芙黃里)라 부른다. 풍수지리학자들은 낙서재가 연꽃의 꽃술 자리라 하고, 금계포란형(金鷄抱卵形) 명당 자리라 한다.

주차장 입구에서 하차하고, 언덕 위에 건축된 낙서재에 올라갔다.

필자는 여기서 보길도 윤선도 유적지에 대하여 간단히 필자가 읽은 인터넷자료실의 내용을 기록하려고 한다.

보길도의 윤선도 유적지는 세 곳이다. 보길도 청별항에서 1 km 섬 중앙으로 올라간 곳에 위치한 세연정이 놀이공간으로 첫 유적지이고, 세연정에서 다시 섬 중앙으로 2 km 올라간 곳의 낙서재와 부속 건물들이 윤선도의 생활공간으로 두 번째 유적지이다. 세 번째 유적지는 낙서재에서 건너다보이는 남쪽 망월봉(望月峰) 중턱 바위들 아래와 위에 한 칸 규모의 정자 두 개가 있는데 동천석실(洞天石室)이라 하고, 윤

낙서재 뒤 산기슭의 소은병

선도의 사색의 공간이었다.

낙서재는 보길도 내에서 가장 높은 산인 격자봉(格紫峰, 해발 425m)의 기슭에 옛날 기와집으로 건축되어 있다. 낙서재 입구 마당가에 안내 설명표지문판이 세워져 있다.

「낙서재(樂書齋)/ 낙서재는 고산 윤선도(孤山 尹善道, 1587~1671)가 1637(인조 15)년 보길도에 들어와 1671(현종 3)년 타계할 때까지 살았던 집이다./ 경내에는 낙서재 외에 무민당, 동와, 서와, 그리고 서재가 있었다고 기록되어 있으며, 소은병이라는 바위가 뒷 정원에 있어 그 아름다움을 더하여 주었다고 한다./ 낙서재: '학문이나 글을 배우는 것이 가장 즐거운 일이다'라는 뜻을 가진 집/ 무민당(無悶堂): 윤선도가 숙식하던 집/ 동와 · 서와(東窩 · 西窩): 가끔 잠시 휴식하던 움집/ 소은병(小隱屛): 낙서재 뒤 예쁜 바위/ 귀암(龜岩): 낙서재 앞 거북모양 큰 바위/ 서재(書齋): 윤선도 제5남 학규를 비롯 제자들을 교육하던 집」

낙서재 부속건물로 무민당, 동와, 서와, 그리고 서재가 있었다 하고, 품위있는 바위 귀암과 소은병이 낙서재 앞과 뒤에 있어 낙서재의 품위를 높인다고 했다. 내가 낙서재 주위를 돌아보면서 만난 귀암은 황갈색의 특이한 색깔을 띠는 아름답고 큰 바위이고, 소은병은 회색의 큰 바위였다. '소은병'은 낙서재 뒤 산기슭에 위치하고 있으니 1670년 윤선도가 이곳에서 생활할 때나 지금이나 똑같은 모습으로 존재하나 귀암은 윤선도가 사망한 다음 낙서재가 불에 타고 부근이 폐허로 되면서 땅에 묻혀 있다가 2002년 문화재청에서 발굴했다고 한다. 귀암이 있는 곳으로 가서 귀암을 손으로 만져보려면 층계를 밟고 내려가야 했다. 낙서재는 1990년 재현되었다. 소은병은 낙서재에서 제자들을 교육하던 북쪽 언덕 위 서재로 올라가는 경사가 완만한 길의 오른쪽 산비탈에 위치해 있다. 윤선도는 소은병이 송나라 주자(朱子)가 경영하던 무이산(武夷山)의 대은병(大隱屛)보다 작기 때문에 그렇게 이름 지었다고 한다.

낙서재에서 내려다보이는 서쪽 아래 골짜기에는 곡수당(曲水堂)과 사당(祠堂)이 조용히 자리하고 있다. 이 건물들도 낙서재의 부속 건물들이다. 곡수당은 윤선도의 첩실(妾室)인 설씨(薛氏) 소생, 윤선도에게는 다섯째 아들 윤학관(尹學官)의 생활공간이었다고 하고, 사당은 선조들의 제사를 모시는 곳으로 1671년 7월 21일(음) 윤선도가 향년 85세로 타계하자 그의 시신이 안치되었던 곳이다.

필자는 낙서재와 서재, 그리고 곡수당과 사당을 돌아보고 1시간 전쯤 택시에서 내렸던 주차장으로 나와 약 340여 년 전 윤선도가 올라가

사색의 공간으로 사용했다는 망월봉 기슭 동천석실(洞天石室)에 올라갈까 생각을 하다가 동천석실 한 칸 집이 바위 절벽 아래와 위로 재현된 것이 주차장에서 그대로 보였고 삼복이이어서 무더웠으므로 올라가는 것을 다음으로 미루고 세연정 쪽으로 걸어서 내려왔다. 내려오는 길의 인도는 목재테크로 관광객이 걷기 좋게 만들어져 있는데 그 옆은 따뜻한 기후를 좋아하는 동백꽃나무들이 숲을 이루고 있었다.

윤선도는 풍수지리(風水地理), 의학(醫藥學), 점술 등에도 뛰어난 지식의 소유자였다고 한다. 그의 풍수지리 지식으로 낙서재 자리가 금계포란형(金鷄抱卵形)이고, 연꽃의 꽃술에 상당하는 명당자리라는 것을 알았다고 한다. 그는 당시 조선 5대 재벌에 들어가는 부자였으니 그러한 터에 자신의 생활터전을 지을 수 있었던 것이다.

윤선도는 1587(선조 20)년 서울의 현 대학로(마로니에 공원) 가까이에서 예빈사부정(禮賓寺副正)을 지낸 윤유심(尹惟深)의 셋 째 아들로 태어났다. 그러나 8살 때인 1595년 강원도 관찰사(江原道 觀察使)를 역임한 큰아버지 윤유기(尹惟幾)가 아들이 없었으므로 그에게 입양(入養)되었다.

윤선도는 1606(선조 40)년 20살로 승보시(陞補試)에 수석(1위)으로 합격하여 벼슬길에 올랐다. 1616(광해군 9)년에는 30세의 젊은 성균관 유생으로 당시 북인 실권자 이이첨(李爾瞻, 1560(명종 15)~1623) 일파의 부패상과 죄상을 격렬하게 규탄하는 탄원서를 광해군에게 올렸는데 이것이 오히려 이들의 모함을 받는 것으로 되어 함경도 경원(慶源)으로 유배되었다. 1년 뒤에는 부산 기장으로 이배되어 1623년까지 유배생활을 하였다. 1623년에는 인조반정(仁祖反正)이 일어나 유배에서 풀려났다.

1671년 고산 윤선도 타계후 시신을 안치했다는 사당

당시의 정세를 잘 모르나 윤선도는 총 14년 1개월(1차: 1616년부터 1623년까지 경원과 기장에서 7년, 2차: 1638년부터 1639년까지 영덕에서 9개월, 그리고 3차: 1661년부터 1667년까지 삼수와 광양에서 6년 4개월)의 유배생활을 하였다. 왜 그렇게 유배를 당해야 하느냐고 오늘을 사는 사람은 물을 것이나 대답은 궁색하다.

윤선도는 부용동에서 13년여를 살았다. 부용동에 살면서 남겨놓은 시가와 시조들은 불후의 명작들이다. 그의 삶을 조명하여 보는 것은 인생의 문제를 조명하는 것 같고 사람이 왜 사는 것이냐고 철학적 질문을 던지는 것만 같다. 그가 남긴 '낙서재'라는 한시의 한글번역문은 다음과 같다.

낙서재(樂書齋)

한 줌 띠풀집이 비록 낮아도 / 다섯 수레의 책 또한 많구나

어찌 한갓 내 걱정만 없애랴 / 내 잘못도 깊기를 바라네 〈2016년 8월 16일〉

[참고] 고산 윤선도의 생애: 윤선도(孤山 尹善道)는 1587년 해남(海南)에서 출생하였다./ 생부는 윤유심(尹惟深)이고, 양아버지는 강원도 관찰사를 역임한 윤유기(尹惟幾)이다./ 1606년 20세 때 승보시에 장원한 윤선도의 글은 철강춘망(鐵康春望)이라는 시라 한다./ 당시의 과거를 준비하던 젊은이들은 이 시를 암송했다고 한다./ 17세(1603년)에 남원윤씨와 결혼하여 1607년 장남 인미(仁美)를 낳았다./ 1608년 양모 능성구(具)씨 타계./ 1609년 생모 순흥 안(安)씨 타계./ 1616년 이이첨 등 당시 실권자들을 극렬 비난./ 1617년 생부 고산촌 은거./ 1617년 1월 9일(음) 경원 유배./ 1619년 양부 윤유기 타계./ 1637년 보길도 부용동 입도./ 1638년 경북 영덕으로 유배./ 1652년 정3품 동부승지 겸 세자사부 임명./ 1655년 2월, 부인 남원윤씨 타계./ 1658년 정3품 공조참의 겸 세자 사부./ 1660년 서인과의 예송논쟁 후 삼수 · 갑산 유배./ 1665년 5월 삼수에서 광양 이배./ 1667년 광양 유배 풀림. 부용동 귀환./ 1671년 7월 21일(음) 낙서재에서 타계하였다.

이락사와 이락파

남해도(南海島, 301 ㎢) 관음포(觀音浦)라는 마을의 앞바다에서 1598년 11월 19일(음) 54세를 일기로 이순신(李舜臣, 1545(명종 1)~1598(선조 31)) 삼도수군통제사(三道水軍統制使)가 타계하였다. 그때로부터 418년이 지난 2016년 10월 27일 필자는 그 역사적인 바다를 보려고 그곳을 찾아갔다.

진주시외버스터미널에서 남해읍행 시외버스에 승차하여 남해대교를 지나고 관음포 시외버스정류소에서 하차하였다. 관음포는 온통 도로 확장공사로 도로가 복잡하게 얽혀 있었다. 이락사(李落祠)는 버스정류장에서 300 m 정도 북서쪽에 위치하고 있었다.

이락사는 이순신이 최후를 맞이한 곳의 사당이라는 뜻으로 관음포에서 바닷가 쪽에 건립된 이충무공 기념비각(紀念碑閣)의 이름이다. 또한 이 지방 사람들은 관음포 앞바다를 이순신이 왜군 저격수의 흉탄을 맞아 최후를 맞은 바다라 하여 이락파(李落波)라 부른다.

관음포 시외버스정류소로부터 이락사로 오르는 계단이 시작되는 작은 마당가에 커다란 안내 설명표지문판이 세워져 있었다.

「관음포 이충무공 전몰유허(觀音浦 李忠武公 戰歿遺墟)/ 사적 232호/ 이곳 관음포 해역은 임진왜란의 마지막 격전지로서 충무공 이순신 장군이 순국하신 곳이다./ 이 앞바다에서 함정에 승선하고 도망하는 왜적들을 무찌르다가 적의 유탄에 맞아 장열한 최후를 마치니 1598(선조 31)년 11월 19일(음) 아침이었다./ 그로부터 234년이 지난 1832(순조 32)년 홍문관 대제학(弘文館 大提學) 홍석주(洪奭周)의 글로 이충무공 유적비(李忠武公 遺蹟碑)를 세웠다./ 1945년 일제로부터 우리나라가 해방된 후 1950년 남해군민 7,000여 명이 자진 헌금하여 정원과 참배도로를 조성하였고, 1965년 고 박정희(朴正熙) 전직 대통령께서 李落祠(이락사), 大星隕海(대성운해) 현판을 내렸으며 1973년 4월 사적으로 지정하고 경역을 정화하였다.」

충무공 이순신은 관음포 서쪽 바다(이락파)에서 왜적을 무찌르다가 적의 유탄에 맞아 최후를 맞았다 했는데 어느 역사서에는 '왜적 저격수의 흉탄을 왼쪽 가슴에 맞았다'라고 기록되어 있다. 어느 표현이 맞는지 모르겠다. 이락사는 이충무공이 이락파에서 순국한 다음 시신이 처음 올라온 육지에 건립된 사당이다. 시신이 올라온 바닷가에 1832년 홍문관 대제학 홍석주(洪奭周, 1774(영조 50)~1842(현종 8))가 비문을 지은 비석(높이 1.9 m)이 세워지고 비각 안에 안치한 것이다. 비각 건물의 앞마당 밖 출입문과 비각 건물의 현판은 고 박정희(朴正熙) 전직 대통령의 친필 글씨가 걸려있다. 李落祠(이락사)와 大星隕海(대성운해, 큰 별이 바다에 떨어지다)라는 글을 기록한 현판이다.

이 돌기둥 옆의 노량해전 약사에는 1598년 11월 18일(음) 24시 충무공 이순신이 출전기도를 올린 다음 19일 2시부터 12시까지의 전투전개상황을 기록하고 있다. 2시경 조 · 명연합군(朝 · 明聯合軍艦隊) 150척이 관음포 앞바다에서 왜적선 500척과 접전을 벌렸다고 했다. 9시 경에는 왜선의 왜병 저격수가 발사한 흉탄이 이순신의 왼쪽 가슴을 관통하여 넘어지면서 옆에서 이순신을 돕던 조카에게 "전투가 급하게 전개되니 내가 죽었다고 말하지 말아라!"라고 최후의 말을 했다는 것이

고 박정희 전직 대통령의 현판 글씨가 있는 이락사(李落祠)

기록되어 있다.

비각 오른쪽 앞에는 1980년 임창순(任昌淳, 1914~1999)이 홍석주의 한자 비문을 현재 사용하는 한글 문법에 맞도록 번역하여 동판에 양각한 비문이 비스듬히 바위에 박혀 있다.

「이충무공 유적지(李忠武公 遺蹟地)/ 남해읍에서 서북으로 이십여 리./ 바다에 큰 배가 넘나드는 이곳은 관음포./ 옛적 삼도수군통제사였고, 타계한 후 영의정으로 추증된 이충무공께서 순국하신 장소이다./ 공이 수군을 거느리고 왜적을 대파한 이래 지금까지 230여 년 동안 해상에는 왜적으로 인한 걱정이 없어졌지만 공은 이 싸움에서 탄환을 맞고

첨망대에서 바라본 이락파(李落波)

목숨을 잃었다./ -〈중략〉- / 장렬한 최후를 마친 이곳에는 아무런 기념물이 없다./ 1832(순조 32)년은 임진왜란 후 네 번째 맞는 임진(壬辰)년이다./ 금상께서는 깊은 감회를 일으켜 당시 공을 세운 분들에게 추숭의 예전을 베풀 때에 가장 먼저 충무공에게 하였다./ 이때 마침 공의 8새손 항권(恒權)이 공이 맡았던 삼도수군통제사로 이곳에 부임하여 순국하신 이곳에 왕명을 받들어 제사를 드리고 나서 여러 주민들과 상의하고 이 비석을 건립하기에 이르니 공은 훌륭한 후손을 두었다./ 1832년 홍문관 대제학 홍석주 짓고, 형조판서 예문관 제학 이익회(李翊會) 쓰다./ 1980년 11월 1일 임창순 역술, 배재석 글씨」

이충무공은 순국 후 영의정에 추증되었다. 이 비석은 임진왜란이 지난 다음 234년이 되는 해인 1832년 이순신의 8세손 이항권(李恒權, ?~1835)이 삼도수군통제사로 부임하여 주민들과 상의하여 건립하였다.

아마도 1598년에 작은 나무였을 이락사 경내의 우람하게 자란 아름드리 소나무들을 필자는 한참 동안 바라보다가 이락파를 바라볼 수 있는 정자인 첨망대(瞻望臺)를 향하여 발길을 옮겼다. 첨망대는 이락사 정문에서 400 m 낮은 능선 소나무 숲길을 서쪽으로 걸어간 곳에 세워진 정자이다. 첨망대 앞에 첨망대를 설명하는 안내 설명표지문판이 세워져 있었다.

「첨망대(瞻望臺)/ 이 정자는 충무공 이순신 장군이 순국하신 바다를 보면서 장군의 공덕을 기리기 위해 세워졌다./ 장군은 1598년 11월 19일(음) 이 앞바다에서 펼쳐진 임진왜란 마지막 전투인 노량해전(露梁海戰)을 대 승리로 이끌고, 도망하는 왜군들을 추격하다가 왜군 저격병의 흉탄에 왼쪽 가슴이 관통된 것이다./ -〈중략〉-/ 첨망대는 2층 8각지붕으로 건평 55.8 ㎡(17평)이며 1991년 2월 16일 건립되었다.」

관광객이 첨망대 2층에 올라가 바다를 바라볼 수 있는 난간에서 노량해전의 설명지도와 설명문이 그려지고 기록된 설명표지문판이 내려다보였다.

「노량해전(露梁海戰)/ 노량 앞바다는 1598년 11월 19일(음) 순천 왜교성에 고립된 고니시 유키나카(小西行長)와 그의 부대원들을 구출하기 위해 출동한 도진의홍(島津義弘)이 지휘하는 왜함선 500여 척과 이순신 장군이 지휘하는 조 · 명 연합군함대 150여 척이 처절한 전투를 벌린 곳이다./ 조 · 명연합군함대의 공격으로 죽음의 경각에 놓인 도진의홍 함대는 막다른 골목인줄도 모르고 관음포로 도망했다./ 그들은 이순신 함대의 맹추격으로 크게 패하여 겨우 150여 척만 빠져나와 여수반도 쪽으로 도주하였다./-〈이하 생략〉-」

왜적함대 500여 척 중 이 해전에서 격파된 왜적선은 350여 척이라 하고 150여 척만 여수반도 쪽으로 도피했다는 노량해전 결과를 설명하고 있다. 이순신 장군이 장렬한 최후를 맞이한 이락파와 그의 시신이 육지에 처음 올라왔다는 이락사의 관광은 감동적이었다. 충성으로 일생을 사는 사람이 그렇게 소천한다는 것은 아깝지 않은가? 홍석주의 비문 이상으로 이충무공의 애국애족 정신을 설명할 수 있는 글도 없을 것이다. 북한의 석탄 1만톤을 밀수하여 주었고, 북한(3대 세습을 하여 살인행위를 자행하는 악질 집단)을 찬양하고, 고려연방제를 선거공약으로 내 세운 문재인은 반성해야 할 것이다. 〈2016년 11월 8일〉

남해도 충렬사의 이순신

이락사(李落祠)에서 시외버스정류소에 나와 필자는 지나는 시외버스에 승차하고 남해대교(南海大橋) 입구에 하차하였다. 이곳에서 남해충렬사(南海忠烈祠)는 해안도로를 따라 400m 동쪽 산기슭에 위치한다고 표지판에 기록되어 있다. 충렬사 사무실 건물이 길 건너로 건너다보이는 곳에 8각정자가 우람하게 서있었다. 이 8각정자 동쪽에서 8각정자와 남해대교를 바라보는 것은 다른 곳에서 볼 수 없는 특이한 인공 구조물의 아름다움이 인간의 힘을 과시하는 듯하였다.

8각정자 옆길 건너에 남해 충렬사 안내 설명표지문판이 세워져 있었다.

「남해충렬사(南海忠烈祠)/ 사적 233호/ 소재지: 경남 남해군 설천면 노량리/ 이순신 장군의 시신을 3일 간 모신 사당이다./ 이충무공이 순국한 다음 34년이 지난 1632(인조 9)년 지역의 선비들이 노량해전과 이충무공을 기념하기 위해 세웠던 조그마한 사당에서 시작되었다./ 1658(효종 10)년 통제사 정익(鄭隘)이 다시 건축했고, 1663(현종 5)년에는 현종(顯宗, 1641(인조 19)~1674(현종 15), 재위: 1659~1674)이 '충렬사'라는 사액을 내렸다./ 충렬사 내삼문 안 비각의 대형 비석의 비문은 우암 송시열(尤庵 宋時烈)이 지었는데 충렬사의 유래가 기록되어 있다./-〈중략〉-/ 현재의 사당에는 비각(碑閣), 내 · 외삼문, 재실(齋室), 가묘(假墓) 등이 있다.」

충무공 이순신(忠武公 李舜臣, 1545(명종 1)~1598(선조 31))이 1598년 11월 19일(음) 순국하여 유구가 충렬사로 옮겨져 3일 간 모셔졌다가 고금도 옆 작은 섬 묘당도(廟堂島)로 옮겨졌다. 유구는 고금도(古今島, 43.23㎢) 옆 묘당도에 장사지냈다가 1599년 2월 11일(음) 충남 아산 현충사(顯忠祠)로 이장되었다. 이곳 주민들은 이충무공 시신이 3일 간 모셔졌던 곳에 1632년 초당을 짓고 그때부터 봄과 가을 두 차례 제사를 올렸다고 한다.

필자가 충렬사 사무실에 들어가니 50대 아주머니가 문화재해설사라고 하면서 필자를 반갑게 맞아 주었다. 자신이 충렬사를 안내하겠다고 앞서 사무실 동쪽 조그마한 동산 위에 건축되어 있는 충렬사로 올라갔다. 이 문화재해설사 아주머니와 필자는 사무실에서 나와 언덕길을 올라가 충렬사 정문으로 들어갔다. 이때부터 이 아주머니가 나에게 설명하여준 문화재 이야기는 여러 가지이다. 그 중 세 가지만 기록한다.

첫째는 충렬사 내 · 외삼문의 현판이 고(故) 박정희 전직 대통령의 글씨라는 것이다. 둘째로 비각 안의 비석의 글은 숙종 때 서인(西人)의 거두 송시열(宋時烈, 1607(선조 40)~1688(숙종 15))이 지었고, 송준길(宋浚吉, 1606(선조 39)~1672(현종 32))이 글씨를 썼다고 했다. 셋째, 사당 뒤의 공간에는 이순신의 가묘가 있고, 가묘 북쪽에는 1965년 4월 12일 박정희 전직 대통령이 이곳에 와 기념식수한 나무가 있다고 했다.

고 전직 대통령 박정희의 현판 글씨는 두 개인데 하나는 忠烈祠(충렬사) 이름의 한자 현판이고, 다른 하나는 비각 앞의 補天浴日(보천욕일)이라는 현판글씨였다. 補天浴日(보천욕일)은 '하늘을 깁고 해를 목욕시킨다'는 뜻으로 나라에 큰 공훈이 있음을 비유하는 말이라 했다.

비각 안 3m 높이의 큰 비석의 글이 조선 중기 서인의 거두였던 송시열이 지은 글이고, 글씨는 송시열과 동문수학한 명필 송준길의 글씨라는 것도 여기에서 처음 알게 된 것 중 하나였다.

고 전직 대통령 박정희가 1965년 직접 이곳에 와서 기념식수한 그 나무가 52년이 흐르면서 30m 높이로 자라났다는 것이다. 나무의 이름이 '히말라야시다'라 하여 한국에서 처음 보는 나무였다. 나무의 밑에 있는 1 m 길이의 표지석에 "朴大統領閣下記念植樹"(박대통령각하기념식수)라고 새겨져 있다고 하여 그 나무 밑에 가서 그 표지석의 글씨를 확인하기도 했다.

문화재해설사 아주머니는 위 세 가지 이외 충무공(忠武公)과 충민공(忠愍公) 표지석 이야기 등 여러 가지를 설명해 주고 이순신 가묘(假墓)까지 안내한 다음 바쁜 약속이 있다고 내려갔다. 필자는 가묘 앞의 가묘 안내 설명표지문판의 설명문을 읽었다.

남해도 충렬사 앞에서 바라본 8각정과 남해대교(1973년 완공)과 건설 중인 제2남해대교

「성웅 충무공 이순신 장군 가묘(聖雄 忠武公 李舜臣 將軍 假墓)/ 이순신 장군께서 삼도수군통제사로 임진왜란 중 노량해전에 참전 1598년 11월 19일(음) 관음포 앞바다(이락파)에서 순국했으며, 공의 유구는 최초로 관음포(이락사)에 올려졌고, 이곳 충렬사에 안치되었을 때의 가묘이다./ 3일 뒤 고금도 옆 묘당도에 옮겨졌다.」

충무공 이순신은 성웅이라 했고, 관음포에서 1598년 11월 19일(음) 순국한 다음 시신이 이곳으로 옮겨져 모셔졌던 가묘라 했다. 그리고 시신은 3일 뒤 고금도(묘당도)로 옮겨졌다고 기록한 것이다. 충신이고 자신의 본분을 충실히 수행한 아까운 겨레의 스승이 54세의 젊은 나이로 떠나야 했으니 인간이란 자기 마음대로 올 수도 갈 수도 없으며, 세상인심이 그러한 훌륭한 인물은 오래 세상에 있었으면 한다고 오래 있는 것도 아니니 어쩌랴!

필자는 가묘가 있는 곳에서 나와 바로 앞의 사당으로 가서 문을 열고

남해도 충렬사 뒤 이충무공 가묘와 고 박정희 전직 대통령이 1965년 기념식수한 '히말라야시다'

안을 들여다보았다. 앞문을 열었을 때 맞은편 벽 위에 이순신의 영정이 걸려있고, 왼쪽 벽에는 명나라 신종(神宗, 1563~1620)이 이순신에게 보낸 8종류의 선물 그림이 그려져 있었다.

고 박정희 전직 대통령은 재임시 역사적으로 숭배 받을 인물들의 유적지를 정화하는 일에 정성을 쏟은 것을 알 수 있었다. 후세인들이 그러한 숭배 받을 인물의 마음가짐을 갖도록 교육에 힘쓴 것이다. 〈2016년 11월 15일〉

진도 왜덕산의 한순엽

1592(임진, 선조 25)년 4월 14일 십여 만의 왜군이 수백 척의 함선에 승선하고 부산 앞바다에 침공하여 왔다. 임진왜란(壬辰倭亂)을 일으킨 것이다. 갖은 피해를 입히고 돌아가더니 1597(정유, 선조 30)년 1월에는 다시 14만여 명의 병력을 수백 척 함선에 승선시키고 다시 부산 앞바다로 침범하여 온 것이다. 정유재란(丁酉再亂)을 일으킨 것이다.

1597년 7월 16일(음) 칠천량해전(漆川梁海戰)에서 삼도수군통제사(三道水軍統制使) 원균(元均, 1540~1597)이 통솔하는 160척 판옥선(板屋船)과 3척의 거북선(龜船)이 일본 전선 600척의 급습을 받아 전부 파괴되고 불에 탔다.

그러한 왜적선의 급습이 염려되자. 원균에게 판옥선들을 전라좌수영이 있는 여수(麗水) 서쪽으로 옮겨야 된다고 건의한 사람은 수하 장수중 한 사람인 배설(裵楔, 1551~1599)이었다. 배설은 건의가 받아들여지지 않자 자신이 거느린 12척의 판옥선과 장병들을 인솔하여 한산도

(閑山島, 14.8 ㎢)의 통제영으로 가서 군량미 등을 침범하여 온 왜군이 사용치 못하도록 불태우거나 바다에 던져버리고, 12척 판옥선들을 거느리고 전남 장흥군 회령포로 이동하여 숨어 버렸다.

배설이 인솔하여 나온 12척 판옥선을 이용하여 9월 16일(음) 진도와 해남반도 사이 좁은 해협 울돌목(명량해협(鳴梁海峽))에서 133척 일본 전함을 맞아 싸워 이순신(李舜臣, 1545~1598) 장군이 승리한 것이다. 이 해전이 명량해전(鳴梁海戰)이었다. 명량해전 참전 판옥선은 13척이라 하는데 배설이 인솔하여 온 12척에 전라 우수영에 머물던 한 척이 참전한 것이라 했다. 명량해전에서 조선군의 피해는 미미하여 판옥선 13척이 파괴되지 않았고, 사상자도 이순신 삼도수군통제사가 승선한 판옥선에서만 5명이 부상당한 것이었다. 반면 공격하여 온 일본 전투함 133척 중 31척이 완파되었고, 그 전함들에 승선하였던 4,000명 일본 수군이 포탄 파편이나 화살을 맞고 사살되고 익사하였다는 것이 기록으로 남아있다.

2019년 8월 15일 TV 한 프로그램에서 이러한 역사적 사실과 진도(珍島, 439.66 ㎢) 고군면(古郡面) 내동리(內洞里) 마을 옆의 야산(野山)의 이름이 왜덕산(倭德山)이라고 불린다면서 이 산 아래로 울돌목에서 조선 수군에게 사살되어 익사한 왜수군 시체 100여 구가 떠내려 온 것을 이 마을 주민들이 이 왜덕산 기슭에 묻어 주었다고 하는 설화가 있다고 했다. 그래서 이 마을 주민들이 1597년 9월 악질 왜수군들에게 덕(德)을 베풀었다고 하여 이 산의 이름이 그때부터 왜덕산이라 불린다는 설명까지 하였다.

이러한 설화가 맺혀있는 곳을 실제로 보기 위해 필자는 2019년 11월 6일 이른 아침 청주 오송역에서 목포행 KTX열차에 몸을 실었다. 이제 날씨가 싸늘한 늦가을이어서 은행나무 가로수 잎들은 노랗게 물들고, 스쳐가는 산들에 자라나는 단풍나무를 비롯한 활엽수들이 갈색과 붉은색으로 곱게 물들어 있었다.

진도읍 버스종합터미널에서 내동리행 시내버스에 승차하여 내동리 표지석 옆에 하차하였다. 30여 호 농가들이 옹기종기 세워져 있는 왜덕산 밑 마을길로 들어갔으나 한낮인데도 사람은 볼 수 없었다. 마을 중심부에 들어가니 마을회관 겸 경로당으로 사용하는 건물이 있는데 그 집에서 사람의 말소리가 흘러 나왔다. 문을 열고 들어가니 할머니들 5명이 누워 한담을 하고 있었다.

"제가 왜덕산을 보려고 왔습니다. 안내 하여 줄 수 있습니까?"

하였더니 한 할머니가 어린이용 유모차의 손잡이를 잡고 밀면서 필자를 마을 남쪽으로 안내 하였다. 그 할머니가 왜덕산의 존재를 세상에 알린 고(故) 이기수(李基洙, 1925~2011)씨의 아내 한순엽 여사였다. 이 할머니와 함께 전라남도와 진도군에서 건립하여 준 그 부부의 커다란 공적비(功績碑) 앞으로 가서 비석에 음각한 한자 글씨를 읽었다. 왼쪽 비석의 앞면에는 「素江全州李公基洙功績碑」(소강전주이공기수공적비)라 음각되어 있고, 오른쪽 비석의 앞면에는 「孝婦賢母淸州韓順葉之碑」(효부현모청주한순엽지비)라 음각되어 있었다. 소강(素江)은 고 이기수옹의 아호(雅號)이고, 그의 왜덕산을 세상에 알린 공적을 찬양한다는 것이다.

임진왜란 때 명량대첩(鳴梁大捷)에서 전사한 왜수군들의 시체가 이 마

진도군 고군면 내동리 왜덕산 밑 이기수 공적비와 한순엽 효부현모비와 유모차 잡고 있는 한순엽 여사.

을 앞바다로 떠내려 왔을 때 마을 사람들이 왜덕산 기슭에 안장시켜 주었다는 설화를 진도 문화원 부원장 향토사학자 박주언(朴柱彦) 선생에게 2003년 8월 15일 경 말하여 주었다는 공적을 표시하는 비석이다.

효부현모란 한순엽(韓順葉, 1936~) 여인이 11년 연상의 이기수씨와 결혼하여 시부모를 잘 봉양하였으며 3남 5녀를 출산하여 훌륭하게 길렀음을 나타낸 말일 것이다. 고 이기수 옹의 공적비와 한순엽 여사의 효부현모비 사이에 앞면에 글이 새겨진 비석이 건립되어 있었다. 글의 제목이 「부모의 은혜에 감사하는 글」이었다. 8남매가 기금을 마련하여 부모님의 하늘보다 넓고 바다보다 깊은 은혜를 구구절절하게 새겨 놓은 것이다.

고 이기수 옹의 공적비 옆면에는 8남매의 이름뿐만 아니라 손자들, 사위들, 외손자 · 외손녀들의 이름까지 새겨져 있었다.

한순엽 할머니는 청주 한씨이고, 둘째 아들 가족이 지금 청주에 거주하므로 필자가 청주에서 '왜덕산'을 보러 왔다고 하니 반갑다고 했다.

명량대첩에서 왜적선들이 파괴되면서 익사한 시체들은 1597년 9월 19일(음)로부터 21일(음) 경에 내동리 앞바다로 엎어져서 떠내려 왔을 것이다. 건강한 인간이 강이나 바다에 익사하면 일단 물속으로 가라앉는다. 그리고 3~5일 지나면 내장이 부패하면서 발생된 기체가 뱃속에 차면서 시체가 물 위로 떠오르기 때문이다.

왜덕산의 이야기가 일본에까지 알려진 것은 진도문화원 향토사학자 박주언 선생과 일본 히로시마(廣島) 수도대학 향토사학자 히구마다케요시 교수의 활동 때문이었다. 2003년 8월 15일 경 박주언 향토사 연구원은 고려시대 삼별초 역사탐방차 용장산성에 들렸다가 내동리에 들려 고 이기수 옹(당시 80세)을 만나 '왜덕산' 이야기를 듣게 되었다고 한다. 사실 고 이기수 옹은 어린 시절(아마 7세 경) 부친과 왜적산 기슭을 밭으로 개간하다가 인간의 뼈가 출토됨을 보았다는 것이다. 그리고 부친으로부터 정유재란의 명량대첩에서 죽은 왜수군 시체의 뼈일 것이라는 설명을 들었다고 한다.

박주언 진도문화원 향토사학자는 고 이기수 옹으로부터 들은 이야기를 글로 기록하여 진도문화원에서 발간하는 「진도사람들」이라는 책에 이 '왜덕산 이야기'를 게재하였고, 진도를 소개하는 진도여행 소개서에도 「아름다운 진도 여행」이라는 제목으로 '왜덕산'을 소개하는 글을 게재 하였다.

한편, 2004년 진도 여행을 왔던 일본 히로시마 수도대학 교수 히구마다케요시 향토사학자가 박주언 선생의 글을 발견하고 박주언 선생과 이기수 옹을 찾아왔다고 한다. 히구마다케요시 교수는 '왜덕산의 이야기'를 박주언과 이기수로부터 듣고 발간물도 가지고 일본 히로시마로 돌아갔다.

히구마 교수는 1597년 정유재란 당시 참전했다가 사망한 일본군 수군 장군 구루시마미치후사(당시 37세)의 고향인 시코쿠(四國) 에이메이현 이마바리시 문화원에 찾아가서 한국의 진도 왜덕산은 명량해전에서 사망한 일본 수군들의 시체 100여 구가 묻힌 곳임을 이야기 하고 박주언 선생의 글을 보여 주었다고 한다.

그런데 에이메이현 이마바리시에는 정유재란 때 사망한 일본수군을 기리는 모임인 구루시마보존현창회(來島保存顯彰會)가 300명의 회원으로 구성되어 400여 년이 지난 현재도 명량해전에서 사망한 선조들을 애도한다는 것이다. 그 때 명량해전에서 사망한 일본 수군 4,000여 명 중 구루시마미치후사를 비롯하여 에이메현 젊은이들이 많다는 것이다.

그래서 2006년 8월 15일 명량대첩 축제 행사 때 진도군 군민들은 명량해협(현 진도대교 밑)에서 축제를 하는데 진도 고군면 내동리 왜덕산 밑에서는 일본인들 25명이 왜덕산에 묻힌 400여 년 전에 사망한 일본 수군들의 제사를 지냈다는 것이다. 이때 찾아온 25명은 에이메현 현창회원 4명, 히구마 교수와 수도대학 학생들 18명, 그리고 일본 NHK방송국 히로시마 지국 PD와 에이메현 이마바리 지사 기자 등 3명이었다.

2007년에는 에이메현 현창회의 초청으로 이기수씨 부부가 히로시마와 에이메현 이마바리시에 여행을 다녀왔다고 한다. 일본 에이메현 현창회에서는 고군면 내동리에 70만 엔(Y)의 생활보조금도 보내왔다고 한다.

420여 년 전 이순신(李舜臣, 1545~1598) 장군의 영도력으로 명분 없는 전쟁을 일으켜 금수강산을 침범하여 온 왜군들을 훌륭히 처단했으며, 처단되어 왜덕산 밑까지 떠내려 온 그들의 시체 100여 구를 왜덕산 기슭에 묻어 준 왜덕산 서쪽 기슭 마을 주민들의 따스한 마음을 실감한 좋은 여행을 산이 울긋불긋 물들어 가는 2019년의 가을을 보람스럽게 생각한다. 〈2019년 11월 12일〉 〈월간 한국수필 통권319(2021년 9월)호, 144~147쪽 게재〉

금산 보리암 선은전의 이성계

겨울이 지나려 하는가(?) 봄이 오고 있는가(?) 했다. 광양만(光陽灣)에는 매화가 꽃잎을 열고 있는데 남해 금산 보리암(南海 錦山 菩提庵)에 부는 바람은 차가웠다.

몇 년 전에 비교하여 청주로부터 금산까지 승용차를 운전하여 갈 수 있는 시간이 단축되었다. 대전-통영 고속도로를 이용하여 진주까지 가서 진주 나들목으로 나가고 삼천포시까지 간 다음 새로 건설된 삼천포-창선도-남해도를 연결하는 교량으로 건너가면 되기 때문이다. 바람은 차지만 승용차로 달리는 것에는 문제가 되지 않았다. 남해도 남부에 솟아있는 금산의 정상 가까이 위치한 보리암 밑 주차장에 승용차를 주차하고 급한 경사로를 터덜터덜 걸어 보리암으로 올라갔다.

666m의 수치로 보아서는 높지 않은 듯하지만 바다로 둘러싸인 금산은 섬의 중심에 솟아있으므로 높은 산으로 생각되었다. 더구나 하나 있는 암자가 산의 정상 부근에 있고 산의 경사도가 급하기 때문일

것이다.

비포장도로를 걸어서 정상 가까이까지 오른 곳은 하나의 전망대이다. 그곳에서 남해도 남쪽 상주해수욕장(尙州海水浴場)이 시원하게 내려다보였다. 금산과 보리암, 그리고 남해도에 관련된 시가 발표된 것이 있으면 전망대 부근 이곳저곳에 판넬에 예쁘게 타자하여 부착하고 비에 젖지 않도록 코팅하여 세워 놓은 것이 많았다. 그 중 하나가 이성복 시인의 작품이다. 그 시를 여기에 옮겨 본다.

남해 금산

이성복

한 여인 돌 속에 묻혀 있었네.
그 여인 사랑에 나도 돌 속으로 들어갔네.
어느 여름 비 많이 오고
그 여인 울면서 돌 속에서 떠나갔네
떠나가는 그 여인 해와 달이 끌어 주었네.
남해 금산 푸른 하늘가에 나 혼자 있네.
남해 금산 푸른 바닷물 속에 나 혼자 잠기네.

사랑하는 여인이 어느 바위 속에 숨어 있어 그 바위 속으로 찾아들어 갔더니 그 여인은 그 바위 속에서 떠나갔고, 여인은 해와 달이 인도하여 주었는데 홀로 남은 나는 바닷물 속에 잠길 수밖에 없다는 하소연을 나타낸 듯하다.

남해도는 우리나라 섬 중에서 다섯 번째로 큰 섬이다. 제주도, 거제도, 진도, 강화도, 그 다음이다. 이 남해도에서 두 번째로 높은 산 보광산(普光山)의 정상 가까이 위치하면서 포근한 곳에 보리암이 안겨 있는데 보리암 옆의 커다란 바위 밑에서 이성계(李成桂, 1335~1408)가 새 나라를 개국하고 시조왕이 되게 하여 달라고 산신에게 100일 동안 기도하였다고 한다. 그곳을 태조기단(太祖基壇)이라 부른다.

필자는 태조기단을 보려고 봄이 오고 있는 남해 금산(이성계가 조선의 시조왕이 된 다음 보광산을 이렇게 개명했다)의 정상 가까이 위치한 보리암에 온 것이다. 인간 이성계야 타계한지 600여 년이 되지만 그가 기도처로 사용했던 태조기단은 그대로 있는 것이다. 고갯마루에서 바위들 사이에 만들어진 계단길을 내려가면 보리암 대웅전이고 대웅전 앞 작은 마당 한편에서 산죽 숲 사이로 조성된 계단길을 내려갔다 올라갔다를 두 번 한 곳이 태조기단이다.

필자는 태조기단을 만나러 왔으나 우선 대웅전에 들어가 부처님 앞에 3배하고 헌금 했다. 보리암은 663(신라 제30대 문무왕3)년 원효대사(元曉大師)가 창건할 때 세존도 앞의 선박에 실려있던 부처님을 모셔와서 대웅전에 모셨다는 설화가 있다. 부처님에게 삼배한 다음 두 아들의 건강과 취업을 빌었다.

보통의 관광지에는 '○○의 8경'이라 하듯 보통 8경 정도 있는데 남해도 금산에는 38경이 있다 한다. 그 38경은 모두 이 금산의 정상 부근의 기암괴석이었다.

이제 태조기단으로 건너가니 바위 사이 바위언덕 위에 방 2개 정도의 개와집이 있고, 기와집 추녀 밑에 '璿恩殿(선은전)'이라는 현판이 걸려 있었다. '태조기단'의 터에 '선은전'이라는 건물이 세워진 것이다. 이 선은전 안에 2 m 높이의 두 개 비석이 있었다.

오른쪽 비석에는「大韓中興頌德之聖碑(대한중흥송덕지성비)」, 왼쪽 비석에는「南海錦山靈應紀蹟碑(남해금산영응기적비)」라 글자가 음각되어 있었다. 남해 금산에서 이성계가 100일 기도를 드린 다음 신령의 계시를 받았다고 하는데 그것을 기념하는 비석이라는 것이다.

'선은전' 앞에 '선은전 안내표지설명문판'이 세워져 있었다.

「경남문화재 자료 제277호,/ 경남 남해군 상주면 상주리 소재,/ 조선 태조 이성계가 이곳에서 백일기도를 하던 중 산신(山神)의 영험에 의하여 보위(寶位)에 오를 수 있었다는 전설이 깃든 유적을 기념하여 1907(관무7)년 5월 11일 세운 비석이다./ 태조는 나라를 세우기 위해 전국의 명산을 찾아 기도를 올렸으나 뜻을 이루지 못하다가 이곳에서 산신의 호응을 받아 등극할 수 있었고, 그 보은으로 보광산(普光山)을 금산(錦山)으로 이름을 바꾸었다고 한다./ 의정부찬정(議政府贊政) 윤정구(尹定求)가 글을 짓고 써서 세웠다.」

산신의 도움을 받아 보위에 올랐다고 한다. 일설에는 환인, 환웅, 단군의 3대에게 매달려서 허락받았다는 설화도 있다. 1392년(약600년 전)의 일을 어찌 알 수 있을까?

돌계단을 밟으며 내려온 골짜기 옆에 코팅된 시 한 수가 있었다. 남해에 살고 있는 시인 박영훈의 작품 '상사바위' 였다.

상사바위

월산 박영훈

아무리 생각해 보아도
나를 생각해 낼 길이 없구나.
아무리 생각해 보아도
네가 부동자세로 서있는 이유를 알 길이 없구나
아무리 명가의 걸작노래 불러도
너를 웃길 수가 없구나.
춘하추동 표정없는 사계절
억겁(億劫)을 지내오는 보광산 상사바위여!
너는 누구와 더불어 말하고
언제쯤 무슨 판결을 내릴꺼냐?
천둥이 치나마나 상관없이
소녀의 귀신처럼 고개 숙여
밤새도록 눈비 맞는 보광산 상사바위여!

이제 다시 그 계단들을 밟으면서 대웅전 앞으로 나오니 아내는 대웅전 서쪽 바위산 아래 야외에 건립된 해수관음상 앞에서 108배를 하면서 소원을 빌고 기다리고 있었다. 〈2010년 2월15일〉

청산도의 유 봉

이청준(李淸俊, 1939~2008)의 원작 소설 '서편제(西便制)'를 1993년 임권택(林權澤, 1936~)감독이 영화로 제작하여 서울 종로 3가 단성사에서 개봉하여 196일 동안 100만 관객이 동원되었다. 이 영화 '서편제'는 1993년 14회 청룡영화상을 수상했고, 이때 최우수작품상, 남우주연상, 남우조연상, 신인여우상, 촬영상 등을 받은 것이다. 이 작품의 원본은 1976년 4월 '뿌리깊은 나무' 2호에 발표한 단편소설로서 기구한 운명을 타고난 소리꾼 남매의 가슴 아픈 한(恨)과 여기에서 피어나는 소리의 예술을 그린 작품이다. 이 소설의 줄거리는 다음과 같다.

「전라도 어느 마을에 양녀 '송화'를 데리고 유랑하는 떠돌이 소리꾼 '유봉'이 들어온다./ '유봉'은 이곳에서 과부 금산댁을 만나 사랑에 빠진다./ 그리고 '유봉'과의 사랑으로 금산댁은 아이를 잉태하고, 금산댁은 그 아이를 낳다가 죽는다./ 그러자 '유봉'은 금산댁의 전남편과의 사이에 태어나 자라고 있는 아이인 '동호'까지 데리고 유랑하면서 '송화'에게는 소리를, '동호'에게는 북을 가르친다./ '송화'는 '유봉'에게 순종하면서 소리를 배우지만 '동호'는 의붓아비 '유봉'이 자신의 어머니의 죽음과 관련이 있다고 생각하고, 두 사람 곁에서 멀리 떠난다./ '유봉'은 '송화'마저 자신의 곁을 떠날까 염려되고 소리를 하려면 가슴 속에 한(恨)을 품어야 한다는 생각을 하고 '송화'에게 먹으면 눈이 보이지 않게 된다는 약을 먹여 '송화'를 장님으로 만든다./ 세월은 흐르고 '유봉'은 병으로 사망한다./ 장님 '송화'는 보성 소릿재 주막에서 '천기'에게 몸을 의탁한다./ '동호'는 소년 시절 친누님처럼 따랐던 의붓누님 '송화'를 찾아 헤맨다./ 수소문 끝에 '송화'의 거처를 알아낸 '동호'가 보성 소릿재로 '송화'를 찾아온다./ 이들은 자신들이 지닌 한을 밤 새워 소리로서 풀어낸다./ 날이 밝자 '동호'는 자신의 정체를 밝히지 않은 채 길을 떠났고, '송화' 역시 그가 '동호'라는 것을 알았으면서도 내색하지 않고 정처 없는 유랑길을 떠난다.」

이 소설은 '유봉'이 두 의붓자식들을 이끌고 이들에게 소리와 북 장단을 가르치다가 '동호'가 의붓아비가 자신의 어머니의 죽음을 가져오게 하였다고 생각하여 의붓아비와 '송화'의 곁을 떠나는 데서 이야기가 시작되는 듯 보인다. 대가집 잔치도 매일 있는 것이 아니고, 잔치에 북장단에 맞추어 '춘향가'와 '심청가'를 부른다고 생활에 크게 보탬되는 대가를 받지도 못했을 테니 그 생활의 참상을 지금을 사는 우리에게는 짐작할 만하다. 삶이 비참했던 6 · 25전쟁 직후의 이야기이다.

필자는 슬로우시티라 알려진 청산도(靑山島, 33.27 ㎢)를 만나기 위하여 2018년 10월 29일 이른 아침 청주의 아파트를 나섰다. 광주(光州)에 도착한 시간은 9시. 이곳에서 직행버스로 완도에 도착하니 완도여객선터미널에서 20㎞ 남쪽 해상에 위치한 청산도행 차도선은 14시 30분에 있다고 했다. 차도선의 이름은 퀸청산호(Queen Cheongsan호)였다. 승선하고 선실 밖에서 깊어 가는 가을의 한려수도의 여러 섬들을 보고 있는 50분은 바로 지나가고, 청산도 도청항(道淸港)에 도착하였다. 섬마을도 아스팔트길이 서울 못지않게 닦여 있다. 동쪽으로 올려다보이는 고갯길이 '서편제' 촬영지라는 표지판이 예쁘게 설치되어 있었다. 아스팔트로 닦여진 이 길이 청산도 슬로우 1번길이었다. 그 길을 걸어 올라갔다. 고갯길 정상에 올라가니 삼거리인데 품위있는 둥군 회색 바위에 '당리'라고 음각된 글씨가 보였다. 이 삼거리에서 왼쪽 길은 당리 마을을 지나 섬의 동쪽 마을로 연결되는 도로이고, 오른쪽 1차선 황토색 길로 200m 올라간 곳에 '서편제'의 중요 장면 촬영지였다고 기록되어 있다. 오른쪽 길로 천천히 걸어 올라갔다. 잔디밭 중심에 농악놀이마당을 펼치는 밀납인형들 넷이 신나게 놀이를 펼치고 있고, 그 앞에 '서편제촬영지'라는 설명표지판이 세워져 있었다. 다음은 그 표지판의 설명문이다.

「청산도 서편제촬영지(Filming Site of Seopyonje in Cheongsando Island)/ 이곳은 한국영화사상 120만 명의 관객(서울 종로 단성사 관람객 기준)을 동원한 임권택 감독의 작품 '서편제' 촬영지로 극 중 여주인공 '송화(오정

혜)'가 남도인의 정서가 담긴 '진도아리랑'을 애절한 목소리로 노래한 민족 고유의 향토색 짙은 장소입니다./ 영화 '서편제'는 영화진흥공사에서 주최하는 제31회 대종영화제에서 최우수 작품상, 감독상, 신인여배우주연상 등 6개 부문을 수상하고, 중국에서 개최한 제1회 상해영화제 본선 부문에 진출하는 등 국제적으로도 좋은 평가를 받았습니다./-〈이하 생략〉-」

임권택 감독의 작품 '서편제'는 1993년 제14회 청룡영화제 뿐만 아니고, 제31회 대종영화제, 그리고 제1회 상해영화제에서 극찬을 받았다고 기록되어 있다. 한국 최초 개봉 6개월만에 100만 관객 돌파의 영화라고 하는 것이다.

당리 마을 가운데 '서편제' 촬영 주막집(보성 소릿재 주막집).

원작자 이청준의 소설에서는 소설의 무대가 전남 보성의 소릿재인데 이 영화는 그보다 분위기가 더 좋다고 생각되고, 1960년대의 보성 소릿재와 분위기가 비슷하다고 생각하여 청산도 당리의 언덕길에서 촬영된 것이라 한다. 그 큰 설명표지판 옆에 그 표지판과 같은 크기의 표지판에 영화 '서편제'에 나오는 세 장면의 사진이 부착되고 설명문이 기록되어 있다. 첫 사진은 보성의 소릿재 주막에서 '유봉(김명곤)'이 어린 소녀 '송화'와 어린 소년 '동호'를 앞에 앉혀 놓고 '춘향가', '진도아리랑' 등 판소리를 가르치는 장면이고, 둘째 사진은 '유봉(김명곤)'이 성인이 된 '송화'를 앉혀 놓고 "이년아 가슴을 칼로 저미는 한(恨)이 사무쳐야 소리가 나오는 뱁이여…." 하고 호통치는 모습이다. 그리고 셋째 사진은 황토색 짙게 남아있는 길에서 '유봉', 송화', 그리고 '동호' 가 걸어가는 모습이다.

필자도 영화 '서편제'를 1995년경 TV로 시청한 바 있다. 이 영화의 가장 핵심되는 장면은 '동호'가 떠나고 '유봉'이 먹으면 장님이 된다는 독약을 '송화'가 먹게하여 그녀의 눈이 보이지 않게 만드는 장면일 것이다. 영화에서는 '한'을 가슴에 품어야 진정한 판소리가 나온다 하여 그렇게 했다 했는데 다른 참고물에는 '송화'가 '동호'처럼 자신의 곁을 떠날까 두려워 그랬을 것이라 서술하고 있으니 진실은 모르는 것이다. '유봉'은 너무 가진 것이 없어 '송화'의 기력을 살릴 방법이 없자 이웃집 영감이 기르는 씨암탉을 몰래 잡아서 푹 끓여 '송화'를 먹이는 마음도 영화 내용 중 안타까움의 극치를 말해 주었다. 남의 씨암탉을 도둑질하여 잡아먹은 것이 밝혀지지 않을 수는 없었다. 씨암탉의 주인 영감이 작대기로 '유봉을 무자비하게 때려서 '유봉'은 좁은 마당에서 이리 구르고 저리 구르면서 몹시 매를 맞았다. 안타까움의 극치의 연속이었다.

'유봉'은 그러지 않았어도 건강이 좋지 않았는데 그 매맞은 여파로 건강이 악화되어 사망하였다. 죽음에 앞서 '유봉'은 '송화'에게 묻는다. " 너의 눈을 멀게 한 것이 나였음을 알고 있었더냐? 그렇다면 이미 너는 나를 용서한 것이더냐?" 그랬을 때 '송화'는 말없이 고개를 끄덕였고, 죽어가는 사내가 내 뱉은 말은 '한'의 극복을 확인한 것이었다.

의붓누나를 찾아다니던 '동호'가 그녀를 만나 '진도아리랑'을 청하고 '송화'가 그에 응하여 판소리를 부르면서 아버지와 똑같은 북장단에 그가 '동호'임을 알지만 내색하지 않는다. 가슴 속에 누구도 알지 못하는 가슴을 오려내는 '한'을 가지고 살려는 결심이었을 것이다.

이 작품은 고립되어 가는 한 예술가의 광기가 아름다운 풍광에 녹아들어간 슬프고도 잔혹스러운 작품이다. 황토색 언덕길 옆에 세워진 설명표지판의 글을 읽고 당리 마을로 내려가 보성 소릿재 금산댁의 주막집으로 촬영되었던 두툼한 돌담으로 둘러쳐진 초가삼간집으로 들어갔다. '유봉'이 '송화'와 '동호'에게 판소리를 연습시키는 모습이 밀납인형으,로 만들어져 안방 문 앞에 있었다.

필자는 청산도 '서편제' 촬영장을 찾은 목적을 달성했으면서도 영화 '서편제'가 안타까움의 극치를 나타내어 필자에게 주는 것이 또한 안타까움이어서 가슴이 답답하기만 했다. 〈2018년 11월 5일 월요일〉

청산도의 전무송

10월의 끝자락이어서 청산도(靑山島, 33.27 ㎢) 당리 마을 황토길가와 돌담으로 두른 밭 안에 여러 색깔의 코스모스 꽃들이 바닷바람에 흐느적거린다. '서편제촬영지' 설명표지판에서 남서쪽으로 유럽식 2층 건물이 건너다 보였다. 그 건물 주변이 2006년 03월 06일부터 05월 16일까지 KBS2에서 '봄의 왈츠'라는 드라마 촬영 세트장이라 하여 가 보기로 하고 그곳으로 걸어갔다. '봄의 왈츠'는 윤스칼라가 제작했고, 월요일과 화요일 21시 55분부터 22시 30분까지 방영된 20부작 드라마였다. 서도영, 한효주, 이소영, 다니엘헤니 등의 탈렌트들이 출연하였다 한다.

몇 걸음 걷다가 오른쪽을 바라보니 기반석 위에 흉상이 있으므로 누구의 흉상인지 그 앞으로 걸어가 흉상 밑 기반석에 음각된 이름을 읽었다. 이름이 김종식(金鍾植)이었다. 이 흉상의 왼쪽과 오른쪽에 약 2m(가로)×1m(세로)의 오석이 놓여 있고 이 오석 위에 김종식의 약력과 공적사항이 기록되어 있었다.

그 기록 사항을 요약하여 기록하면 다음과 같다.

「김종식은 1950년 전남 완도군 소안면(도)에서 태어났고, 2002년 부터 12년 동안 2, 3, 4대 민선 완도 군수를 역임하였고, 현재는 민선 목포시장이라 했다./ 성균관대 행정학과 출신이고, 1980년 제24회 행정고시에 합격한 후 공직생활을 계속한 사람이다./ 여러 가지 공적사항이 기록되어 있으나 그 중 하나는 2006년 봄 '봄의 왈츠' 세트장을 청산도에 건축토록 교섭을 하였고, 결과적으로 드라마 '봄의 왈츠'가 청산도에서 촬영되어서 청산도의 감추어진 아름다움을 세상에 알렸다는 것이다./ 또한 청산도가 아시아 최초의 슬로우시티로 지정되게 하였고, 슬로우 걷기축제, 구들장논의 국내 농업유산 1호 지정 등 다양한 콘텐츠 발굴을 통하여 청산도를 한국을 대표하는 관광섬으로 만들었다는 것이다.」

이제 필자는 천천히 걸어서 건너편 언덕에 건축된 유럽풍의 건물 2006년 봄 건축된 '봄의 왈츠 세트장'으로 갔다. 세트장에서 북쪽 '서편제'쪽을 향한 돌담장 위에 5명의 미남미녀가 활짝 웃는 사진이 실물크기로 확대되어 세워져 있었다. 드라마 '봄의 왈츠'의 주연 · 조연 배우들이었다. 그리고 그 옆에 '봄의 왈츠 촬영지' 설명표지판이 작은 규모로 부착되어 있었다.

「봄의 왈츠 촬영지/ 주소: 전남 완도군 청산면 청산로 136/ 2006년

청산도 당리 마을 언덕에 만들어진 김종식(1950~) 전직 완도군수의 반신 동상

봄 KBS2 드라마 '봄의 왈츠'가 촬영된 장소이다./ 젊은 남녀의 사랑을 그린 멜로드라마 '봄의 왈츠'는 '겨울연가', '여름의 향기', '가을의 동화'에 이은 계절 시리즈의 마지막 작품이다./ 청산도가 배경이 된 이 드라마는 노란색 유채꽃과 청보리밭, 그리고 돌담길이 어우러진 장면들이 주가 되었다./ 청산도 당리 마을에는 '봄의 왈츠' 촬영지로 바닷가 언덕 위의 하얀집이라는 콘셉트로 지어진 유럽풍의 2층 가옥 오픈 세트장이 있다./ 오픈 세트장 안은 관람이 가능하며 거실, 주방, 침실의 모습이 금방이라도 드라마 속의 모습이 될 듯 잘 관리되어 있다./-〈이하 생략〉-」

설명표지판의 글을 읽고, 유럽풍 하얀 2층 집 문으로 들어갔다. 신발을 벗고 문으로 들어가 거실에 올라서면서 응접용 탁자 양 옆 의자에 둘러 앉아있는 사람들을 보았다. 늙수그레한 얼굴의 사나이가 한복을 입고 앉아있고, 좌우 의자에는 역시 한복을 입은 젊은 여인들 4명

청산도 당리 마을 언덕에 2006년 봄 건축된 '봄의 왈츠' 세트장.

이 앉아있었다. 필자가 거실 가운데로 들어가 그 늙수그레한 남자에게

"안녕하세요? 존함이 어찌되시는지 물어봐도 되는지요?"

했더니

"전무송입니다. 어디서 오셨습니까?"

하고 필자에게 물었다. 그도 필자와의 대화를 싫어하지 않는 것 같았다. 필자가

"역시 전무송씨네요. 나 영화에서만 전무송씨를 보았고, 실제 만나는 것은 처음입니다. 반갑습니다. 나 전무송씨 좋아했습니다. 전무송씨 "아제아제바라아제"라는 영화에서 스님으로 출연하셨잖아요? 나 청주에서 왔습니다."

라고 말하면서 그에게 악수를 청하여 정답게 악수를 하였다. 전무송씨가 말한다.

"그러세요? 나도 며칠 전 청주에 갔었습니다. 청주의 천주교회에서 영화 촬영이 있었거든요. 여기는 혼자 오셨어요?"

하는 것이었다. 영화에서 보았던 얼굴과 그 얼굴에 떠오르는 미소가 역시 영화에서 본 모습과 같았다.

“예 혼자 왔습니다. 집사람이 배멀미를 심하게 하여 배를 타지 못하거든요. 전무송씨 실례인지 모르겠습니다만 연세가 어찌되시는지 물어봐도 되는지 모르겠습니다.”

이렇게 필자가 그의 나이를 물으니

“괜찮습니다. 나 일흔여덟(78)입니다.”

하는 것이다.

“나는 일흔아홉살이니 내가 나이는 한 살이 많습니다. 아뭏든 이렇게 전무송씨 만나 정말 기분이 좋습니다. 노년이시지만 아직 미남이십니다.”

라고 말했더니 그는 껄껄 웃었다.

“오늘도 영화 촬영하시러 오신 것이군요?”

하고 말했더니

“그렇습니다. 그것은 나의 직업이니까요.”

한다.

“그러면 나는 이만 가겠습니다. 이렇게 전무송씨와 만나 이야기 할 때도 있군요. 전무송씨 손도 잡아보고요. 모든 촬영 잘 하시고 가세요.”

하고 밖으로 나왔다. 길게 이야기 하는 것은 이야기 할 주제도 마땅치 않을 뿐더러 전무송 일행에게 실례가 될 수도 있다고 생각되었다.

모든 것을 수용하는 대자연과 변함없는 자연의 아름다움, 그 속에서 펼쳐지는 두 남녀의 순애보적 사랑을 그린 것이 드라마 '봄의 왈츠'일 것이다. 이 드라마가 다시 한 번 우리 멍청한 가슴 속 어딘가에 묻어두었던 순수한 사랑을 일깨워 주었을 텐데, 이날 '봄의 왈츠' 세트장에서 노년의 길에 들어선 나와 동년배의 영화배우 '전무송'과의 우연스런 만남을 전무송은 곧 잊어버릴 테지만 필자는 필자 인생의 기억으로 오랫동안 간직하고 있을 것만 같았다.

1989년 임권택 감독의 영화 '아제아제바라아제'에서 전무송은 정좌하고 앉아 '반야심경(般若心經)'을 우렁차게 암송하였었다. 「-〈생략〉-/ 색불이공 공불이색 색즉시공 공즉시색(色不異空 空不異色 色卽是空 空卽是色)/ -〈이하생략〉-」을 우렁차게 암송하던 장면이 지금도 보이는 듯하다.

그런데 그가 이 청산도의 당리 마을 언덕의 어릴 적 친구였던 남녀가 성인이 되어 만나 사랑을 하게 된다는 드라마 '봄의 왈츠'의 촬영지에 와서 또 다른 영화를 촬영하는 것이다. 인생은 사람에 따라 선택이 다르게 생을 유지하면서 이들 영화나 드라마 같이 시간과 장소에 따라 맡은 역을 연기 하면서 짧은 하루살이 생을 사는 것이다. 〈2018년 11월 02일 금요일〉

신안군 자라도의 이호준

전라남도 신안군 자라도(全羅南道 新安郡 者羅島, 넓이: 4.92 ㎢, 목포항 서남쪽 22.2 ㎞)에 조선말 민족의 반역자 중 한 사람인 이완용(李完用, 1858~1926)의 양아버지(養父) 이호준(李鎬俊, 1821~1901)의 영세불망비(永世不忘碑)가 건립되어 있다 하여 가 보려고 나의 아파트 문을 나섰다. 2021년 추석이 가까워 오는 09월 02일 아침이었다.

청주 오송 KTX역에서 09시 KTX에 승차하고 목포역에 11시 도착하였다. 역 앞에서 12시 경 시내버스에 승차하고 12시 30분 경 압해대교(押海大橋, 길이: 3,563 m, 2차선, 2008. 05. 22 개통) 입구에 도착하고, 그 교량을 건넜다. 압해도(押海島, 넓이: 48,840 ㎢) 중심도로를 통과하여 최근 건립된 천사대교(千四大橋, 길이: 10.8 ㎞, 2019. 04. 04 개통, 3차선) 입구에 도착하고, 그 거대한 교량을 아슬함을 느끼며 건너 암태도(巖泰島, 넓이: 36,270 ㎢)에 도착하였다. 암태도 중심도로를 남쪽으로 달려갈 때 오른쪽으로 점잖게 자리잡고 있는 20세기 초 건립된 농민항쟁기념비(農民

抗爭紀念碑)가 농민들의 고통을 나타내고 있었다. 암태도 남쪽 암태도와 필금도(八禽島, 넓이: 18.01 ㎢)와의 사이에 중앙대교(中央大橋, 길이: 600 m, 폭: 11 m, 2005년 개통)가 우람하게 자리잡고 있었다. 이 중앙대교를 건너간 팔금도 내 도로(805번 국도)를 지나 도착한 바다에는 신안일교(新安一橋, 길이: 510 m, 1990년 02. 27 개통)가 통과를 기다리고 있었다. 신안일교를 건너간 곳이 신안군에서는 비교적 큰 섬인 안좌도(安佐島, 넓이: 46.29 ㎢)였다. 이 섬의 동남으로 805호 지방도가 연결되어 있었다. 시내버스는 안좌중 · 고교 옆과 마항산(656 m) 남쪽을 달렸다. 그리고 3년 전 개통된 자라대교(者羅大橋, 길이: 670 m, 2018. 04. 20 개통)를 건너 '자라도'에 도착하였다. 시내버스에서 하차하여 '자라도 선착장 옆에 건립된 ' 관찰사 이호준 영세불망비'를 바로 발견할 수 있었다.

지세가 자라 모양이어서 섬의 이름이 '자라도'로 되었다는 '자라도'는 원래 3 개의 섬이었단다. 증산도(넓이: 1.0 ㎢), 휴암도(넓이: 1.64 ㎢), 그리고 자라도(넓이: 1.56 ㎢)의 세 섬이었는데 1949년 전라남도의 간척사업으로 자라도와 증산도 사리에 양쪽으로 둑을 쌓아 계림염전(鷄林鹽田, 넓이: 0.5 ㎢), 증산도와 휴암도 사이는 호남염전(湖南鹽田, 넓이: 0.6 ㎢)을 조성하여 세 섬이 한 섬으로 된 것이다.

엷은 황색을 띤 회색 비석(가로: 30 cm, 두께: 30 cm, 높이: 140 cm)의 위에는 비석의 몸체와 같은 재질의 돌로 만들어진 지붕석(가로: 40 cm, 세로: 40 cm, 두께: 15 cm)이 얹혀 있었다. 150년이라는 세월 동안 비바람에 시달려서 비석 앞면에 음각된 「觀察使李公鎬俊永世不忘碑」(관찰사이공호준영세불망비)라 음각된 글씨는 겨우 알아 볼 수 있었다.

신안군 안좌면 자라도 선착장에 1870년 건립된 관찰사 이호준의 불망비(우)와 2012년 건립된 오석재질 관찰사 이호준 생애 설명비.

바로 그 '이호준 영새불망비' 옆에는 2012년 자라도 주민들이 '관찰사 이호준 비석 해설문'이라는 제목으로 한글로 음각한 오석 재질 비석(가로: 130 cm, 두께: 15cm, 높이: 60 cm)이 세워져 있었다. 찾아오는 관광객들에게 관찰사 이호준을 알려주기 위한 것이다. 이 글은 이호준의 생애를 기록한 글이었다.

「관찰사 이호준 비석 해설문/ 1821(순조 21)년 '이섭'의 아들로 출생하여 이식(李埴)에게 입양되었다./ 1864(고종 2)년 증광별시 문과에 병(丙)과로 급제하여 홍문관수찬이 되었다./ 승정원 동부승지로 특제(特除: 임금의 특명으로 벼슬)/ 1865년 홍문관부제학/ 이조참의/ 1870(고종 7)년 전라도 관찰사 재임 중 외침에 대비한 섬의 수보와 군사훈련에 힘썼다./ 1874(고종 11)년 형조판서./ 1875년 시강원우빈객으로 세자의 교육을 맡았다.// 1879년 한성부판윤./ 예조판서/ 이조판서 역임./ 1880년 병조판서/ 판의금부사/ 1886년 예조판서/ 1886년 경상도 관찰사/ 1888년 공조판서/ 1889년 찬의금부사/ 1893년 판중추부사/ 1901(고종 38)년 영면(永眠)// 2012년 12월 10일/ 전라남도 신안군 안좌면」

1901년 타계한 이호준은 1964년(고종 즉위)년부터 타계할 때까지 조정의 고위직을 두루 섭렵하였음이 위 오석 재질 비석의 이호준의 생애 기록에도 나타나 있다. 전라도와 경상도 관찰사를 역임하였음도 아 글에 나타나 있는 것이다.

이호준의 '영세불망비'는 신안군 안좌면 자라도에만 건립된 것은 아니고, 하의면 옥도, 신의면 상태서리, 그리고 부산광역시 영도구 동삼1동에도 건립되었다 한다. 이렇게 관찰사를 역임한 많은 곳에 기념비가 건립된 것은 훌륭한 행정력을 발휘하여 백성들에게 도움을 주었기 때문이었다.

같은 논과 밭에 대한 세금은 1년에 한 번만 부과되어야 하는데 이호준이 관찰사로 부임하기 전에는 1년에 두 번 세금을 제출했었다 한다. 불평도 할 수 없는 농어민들의 고통은 대단히 컸다. 이것을 이호준이 수정하여 1년에 한 번만 부과되도록 고쳤다는 것이 이호준이 농어민들의 칭송을 받고 '영세불망비'를 건립하게 만든 것이라는 것이다. 건립취지문에는 이호준 관찰사가 '외침에 대비한 섬의 수보와 군사훈련에 힘썼다'고 했으니 그러한 능력도 발휘했을 것이다.

이호준에게는 이호준과 기생첩 사이에서 출생한 아들 이윤용(李允用,

1854~1939)이란 아들이 있었으나 가계를 이을 아들로 생각되지 않았으므로 이완용이 10살 때인 1867년 본처의 아들로 입양하였다고 한다. 이호준도 이식(李埴)을 양아버지로 입양된 사람이었다.

이완용(李完用, 1858~1926)은 1867년 10세의 소년으로 입양되었다. 생부는 이석준(李奭俊, ?~?)으로 경기도 광주 사람이다. 어린 시절 신동으로 이름이 주위에 알려졌기 때문이었다고 한다. 이완용은 입양된 다음 스승으로 정익호를 모시고 수학했고, 명필 이용희에게 서예를 익혔다고 한다. 조선 최초의 근대적 관료교육기관인 육영공원(育英公院)에 입학하여 영어와 신문물을 학습하였다.

1896년 어관파천(俄館播遷)을 주도하고, 박정양 내각의 외부대신 겸 학부대신으로 중용되었다. 그리고 이완용은 서재필과 윤치호 등이 주도한는 독립협회를 지원하면서 초대독립협회위원장으로 추대되었다. 1901년 2월 양부 이호준이 타계할 때까지는 친일은 생각지도 않던 재주꾼 이완용은 1905년 러일전쟁이 일본의 승리로 끝날 때부터 후안무치(厚顔無恥)한 매국노(賣國奴)로 변한 것이다.

자세한 내용은 기록하지 않으려 한다. 일본 통감부에서는 "강에 그물도 치지 않았는데 물고기가 뛰어 들었다."라고 비웃었다고 한다. 1910년 8월 22일 내각총리대신 이완용은 어전 대신회의를 열어 한일병합에 관한 안건을 상정하고 합병안을 통과시킨 것이다. 그는 일본정부로부터 백작작위(伯爵爵位)를 받고 은사금(恩賜金) 15만 원(현금 600억 원 상당)도 받았다. 인터넷 의견난에는 "이호준 영세불망비' 옆면애 「매국노 이완용의 양아버지 이호준」아라 음각된 글씨를 넣어야 한다 라고 기록하고 있다. 필자는 이 의견을 읽고 ”그것은 아니다.“라고 생각하였다. 아들이 살인자면 아버지가 처벌 받아야 하겠느냐(?)는 것이다.

이호준은 여러 판서직을 두루 섭렵하고 관찰사직을 수행했으면서도 임금(고종)과 백성들로부터 책망과 비난을 받지 않은 훌륭한 고위직 관리였는데 사망한 다음 살인죄를 저지른 아들의 죄를 책임질 수는 없는 것이다. 아들이 후안무치한 매국노라고 할지라도 저 세상으로 벌써 몇 년 전에 떠난 아비가 같이 맥국노로 될 수는 없는 것이다.

〈2021. 09. 05〉

제4장
제주특별자치도 섬마을집의 다락방

이 제4장에는 우리나라에서는 가장 큰 섬 제주도를 필자가 직접 찾아가 이곳저곳 묻혀있는 우리나라 국민이면 반드시 알아야 할 제주 섬마을 다락방 이야기를 찾아내어 기록하려 하였습니다. 무엇보다 지금 4 · 3평화공원을 조성하여 1948년부터 1953년까지 억울하게 세상을 마친 삼만여 명의 제주도민을 위로하고 있는 이야기는 정말 눈물겨웠습니다. 그 제주4 · 3평화공원을 찾아간 이야기를 주 소재로 하고, 곁들여 화가 이중섭, 그리고 기원 전 3세기에 찾아왔다는 중국인 서 불(徐 巿)의 이야기를 필자 나름 정성을 기울여 기록하였습니다.

제주4 · 3평화공원의 김달삼

'제주4 · 3사건'은 1948년 4월 3일부터 1954년 9월 21까지 제주도에서 일어난 처참한 사건이지만 2003년 '제주4 · 3사건 진상조사 보고서'가 발간되고 2014년 4월 3일을 '국가지정 추념일'로 박근혜 대통령이 지정함으로써 세상에 알려지게 되었다.

거의 3만 명(제주도민의 거의 10%)의 제주도민이 희생된 제주 지역 공산당원인 남조선로동당(남로당)(이후 '무장대'로 표기함)이 중심이 된 제주 주민들이 무장대 토벌대(제주지역 경찰과 육군 제9연대 장병들)와의 충돌로 사살되었다고 하니 애처로운 사건이다. 필자는 이러한 애처로운 역사를 기억하여 후세에는 이러한 사건이 없도록 '제주4 · 3평화공원'이 조성되었다 하여 찾아보기로 하였다.

필자는 제주국제공항 1층 앞에서 아침 10시 경 344번 시내버스에 승차하였다. 시내버스는 제주시내 중심부를 통과하여 동남쪽으로 달렸다. 시내버스는 옛날 제주도청이 위치하여 있었고 '제주4 · 3반란 사건'의 발원지라 할 수 있는 관덕정(觀德亭) 앞을 지나 집들이 드물게 보이는 제주시외를 동남쪽으로 달렸다. 화산석들을 예쁘게 깎아서 담장을 쌓은 돌담들과 그 옆에 자라고 있는 아열대 식물들의 싱싱한 나무들을 만나는 것은 필자가 사는 고장 청주의 자연과 다르니 마음이 상쾌했다.

'제주4 · 3평화공원' 정문 앞에서 필자는 하차하였다. 그리고 필자는 '제주4 · 3평화공원' 정문으로 들어갔다. 그곳의 안내 데스크에 젊은 남자 한 명과 여자 두 명이 관광객들을 안내하고 있었다. 그들 앞에 가니 남자 안내원이 '제주4 · 3이머우꽈?(기억투쟁 70년 제주4 · 3)'라 표지에 쓰여 있는 소책자를 주면서 기념관을 소개한 책자라 하였다.

'제주4 · 3평화공원'은 396,743 ㎡(12만 평)의 대지에 조성되어 있다고 한다. 크게 세 개의 영역으로 구성되어 있다. 위령 추념 공간, 역사 재현 공간, 그리고 4 · 3문화관이 그 세 영역이다. 이 공간들은 제주4 · 3사태 발발 후 50여 년간 해원되지 못한 희생자들의 넋을 위로하고 명예회복 및 평화와 인권교류의 장으로 사용되는 것이다.

12만 평의 공간은 대단히 넓다고 생각되었다. 이 세 공간 중 이 글에서는 사료관 즉 제주4 · 3평화공원 기념관을 돌아본 이야기를 기록하기로 하였다. 많은 사람들이 제주4 · 3사건에 대하여 모르기 때문에 이 사건을 요약하여 기록하려는 것이다. 사료관은 2005년 착공하여 2007년 완공하였다고 한다. 연면적 11,455 ㎡이며, 지하 2층, 지상 3층의 둥근 건물에 전시물이 전시되어 있었다. 기념관의 거실 안내원들이 근무하는 잡수대 옆에서 전시실 입구 통로가 시작되었다.

입구에서 전시실로 들어가는 복도는 검은 돌로 규모 있게 쌓아놓은 굴이었다. 제주4 · 3사건이 일어난 원인으로부터 경과와 결론을 사진으로 벽면에 부착하여 놓고 설명문을 각각의 사진 옆에 기록하여 놓은 것이다. 이 기념관과 평화공원은 2008년 3월 28일 개관되었다고 한다. 이 기념관을 둘러보며 기록한 내용을 요약하여 기록하여 본다.

「1945년 8월 6일과 9일 일본의 히로시마와 나카사키에 원자폭탄이 투하되어 일본이 연합국에 항복하였다./ 1945년 8월 15일 우리나라도 35년 동안의 일제에 의한 압제에서 해방되었다./ 제주도에도 미군이 진주하였고 1945년 9월 28일 미군 대령 그린(Green)과 일본 58사

제주4 · 3평화공원 각명비 한 부분

단장 토야마 중장도 만나 항복조인식을 거행하였다./ 그래서 제주도에서도 미군정이 실시된 것이다./ 그런데 제주도에는 1945년 9월 22일 공산당인 남로당에서 조직한 인민위원회가 결성되어 공식적인 조직으로 활동하였다./ 1945년 11월 9일에는 미군 제59 군정중대가 제주에 입성하였다./ 군정관은 스토우트(Thurman A. Stout) 소령이었다./ 제주도는 1946년 8월 1일 전라남도 제주군(濟州郡)에서 제주도(濟州道)로 승격되었다./ 1947년 3월 1일 제주시민들은 제28주년 3 · 1절 기념식을 제주북국민학교에서 수행하고, 14시 시가행진에 나섰는데, 시위행렬이 관덕정 앞을 지나는 순간 기마경찰이 승마한 한 말에 9세 소년이 밟히는 사건이 일어났다./ 길가의 군중들이 기마경찰대에 돌을 던졌다./ 그러자 제주경찰서 망루에 있던 경찰이 군중에게 소총을 난사하는 사건이 벌어졌다./ 이 소총 발사로 6명이 사살되고 6명이 부상당하였다./ 미 육군 대령 카스틸(Casteel)이 인솔하는 조사단이 파견되어 와서 조사한 결과 군중과 경찰 모두에게 잘못이 있었으나 "남로당 제주도당이 선동하여 사태를 악화시켰다."라고 보고서를 작성하였다./ 당시 제주도 인구 30만명 중 70%가 좌익에 동조하고 있다고 했다./ 그러자 3월 10일 민관 합동으로 제주도는 총파업에 돌입하였다./ 1947년 4월 15일 경 검속자가 500명에 이르렀다./ 1948년 4월 3일에는 제주 김달삼(金達三, 1923.08.03.~1950.03.02., 본명: 이승진(李承晋))이 인솔하는 무장대 350명이 제주도 내 24개 경찰지서 중 12개소를 공격하여 불태워 버렸다./ 그들이 적이라 생각했던 서북청년회 회원들이 머무는 집들을 공격하여 파괴했다./ 이때부터 '김달삼'의 무장대와 토벌대 간에 무력충돌이 계속되었으므로 이 사건을 '제주4 · 3사건'이라 한다./ 미 군정대는 강경진압에 돌입하였다./ 1948년 5월 5일 미 제59 군정중대장 맨스필드, 9연대장 김익렬 중령, 경무국장 조병옥, 미 군정단장 딘(Dean) 등 9명이 무장대 진압을 위한 비밀회의를 했고, 조병옥 경무국장은 강경진압을 주장했고, 9연대장 김익렬은 온건한 진압을 주장했다./ 1948년 4월 28일 한라산 기슭 한 민가에서 무장대 제1대 사령관 '김달삼'과 토벌대 9연대장 '김익렬 중령'의 평화회담을 가진 것은 야사로 전해지고 있다./ 김익렬 중령이 1948년 8월 말 박진경 중령과 9연대장직을 임무교대한 다음 박진경 중령이 무장대를 공격하여 6주 동안 4,000명을 체포 구금시켰다고 한다./ 1948년 7월 20일 이승만은 간접선거로 대통령에 피선되고 8월 15일 한국 단독정부 수립을 선포하였다./ 1948년 8월 20일 경 무장대 사령관 김달삼은 사령관직을 이덕구(李德九)에게 인계한 다음, 해주에서 열리는 인민위원회 해주대회에 참석하였다./ 한편, 1948년 11월 17일 토벌대 9연대장으로 송요찬 소령이 부임하여 와서 계엄령을 선포하고 무장대 초토화 작전을 수행하였다./ 1954년 9월 21일 한라산 중산간 마을 금족지역(禁足地域)이 해제되면서 7년 7개월의 제주4 · 3사태는 종결되었다.」

이 기념관 전시실의 마지막 부분에 다랑쉬굴이 재현되어 있었다. 1948년 12월 18일 토벌대 제9연대 제2대대가 제주도 산간마을 다랑쉬마을 초토화 작전에 들어갔을 때 마을에 깊이를 알 수 없는 굴이 있었다고 한다. 굴 안으로 사람들이 피신하여 있는 것을 알고 큰 소리

제주4·3희생자 각명비

4·3희생자로 결정된 1만 4천여명의 성명·성별·당시연령·사망일시·장소가 기록된 각명비는 주변으로 간결하게 표현된 방사탑 4주와 위령탑, 귀천상이 희생당한 분들의 넋을 위로하고 있습니다.

제주4 · 3평화공원 각명비 사망자 마을별 배치도

로 나오라고 해도 나오지 않자 수류탄을 몇 개 안전핀을 뽑고 던져 넣었다고 한다.

나가도 죽고 나가지 않아도 죽으니 나오지 않았던 것이다. 연기와 흙먼지가 가라앉은 다음 2대대 병사들이 들어가 보았더니 수십 명의 주민들이 굴속에서 죽었다고 했다.

여기에서 필자는 여러 자료에서 읽은 제주4 · 3사태의 진상과 1948년 4월 8일 무장대를 지휘하였던 김달삼(金達三, 1923~1950, 본명: 이승진(李承鎭))의 생애를 기록하려 한다.

제주4 · 3사태는 누가 무엇이라 해도 남로당 제주지부 인민위원회에 의해 저질러진 폭동이었다. '김달삼'이 좌익 적색분자였기 때문이다. 1946년 9월부터 미군정이 38선 이남에서 실시되고, 남한만의 단독선거를 1948년 5월 10일 실시하려 할 때 그 방해공작으로 폭동을 일으킨 것이다.

'김달삼'은 제주도 대정읍 영락리에서 1923년 출생하였다. 1943년 4월 교토(京都) 성봉중학교를 졸업하고, 1945년 도쿄(東京) 중앙대학 전문부 법학과를 졸업하였다. 그는 1945년 후쿠야마(福山) 육군 예비 사관학교를 수료한 다음 일본 육군 소위로 임명된 젊은이었다. 해방 후 귀향하여 대정공립초등중학교 사회과 교사로 근무하였었다. 그때 장인 강문석(조선공산당원)에게 포섭되어 남로당에 입당했다고 한다.

김달삼은 1946년 10월 1일에 일어난 대구항쟁 때에도 가담하였고, 1947년 8월에는 남로당 제주도당 조직부장이 되었다. 그리고 1948년 제주4 · 3사태 당시에는 무장대 사령관으로 350여 명 무장대를 지휘하였던 것이다. 제주4 · 3사태를 앞두고 장인 강문석이 사용하던 이름 '김달삼'을 자신의 이름으로 사용한 완전 좌파 공산당원이었다.

1948년 8월 20일 경에는 같은 무장대 활동을 하던 '이덕구(李德九)'에게 무장대 사령관직을 물려주고 8월 21일부터 26일까지 황해도 해주에서 개최되는 남로당 인민대표자회의에 참석하기 위해 제주도를 떠났다. 김달삼은 1947년 3월 1일의 기마경찰이 어린이를 치었을 때 일처리를 잘했다 하여 남로당 제주도당책에 임명되었다고 한다. 기마경찰의 실수를 민중봉기로 확대하는데 큰 공을 세웠다는 것이다.

일본 오사카시(大阪市) 이쿠노쿠구에는 주민의 수 13만 3천 명 중 재일동포의 수가 3만명이라 하고, 이 중 70%(2만 1천명) 가량이 제주도가 고향인 사람들이라 한다. 아마 송요찬(宋堯讚, 1918~1980) 소령이 제주도 토벌대장으로 부임하여 계엄령을 선포하고 제주도 중산간 마을 초토화 작전을 수행할 때 일본으로 건너간 제주도 사람들일 것이라 한다.

제주도 제주4 · 3사태는 재일교포 소설가 김석범(金錫範, 1925~ , 본명: 신양근(愼陽根))의 소설「까마귀의 죽음」이 1957년 출간되면서 세상에 알려졌다고 하는 사실을 많은 사람들은 모른다. 제주4 · 3사태는 1963년 역사학자 김봉현과 김민주가 공저로 출간한 '제주4 · 3무장 투쟁사'라고 하는 역사서에 의하여 세상에 알려지기도 하였으나 정말 세상에 알려진 것은 김석범의 소설「까마귀의 죽음」이 번역가 김석희가 한글로 번역한 다음 읽혀지면서 부터였다.

강원도 정선군에는 우리나라에서 가장 이름이 긴 골짜기가 있다고 한다. '김달삼 모가지 잘린 골'이 그 이름이다. 정선군 여량면 봉정리에 있는 골짜기이다.

김달삼이 28세의 젊은 나이로 정선의 한 산골짜기에서 죽은 것이다. '김달삼'은 1948년 8월 인민위원회 해주대회에 참석하여 제주4 · 3사태에 대해 결과보고를 하여 북한에서 '영웅' 칭호를 얻었고 35명의 주석단 일원으로 선출되었고, 9월 2일부터 10일까지 개최된 북조선 최고인민회의에서 49명의 조선민주주의 인민공화국 헌법위원회 위원으로 선출되었다. 그 후 평남 강동정치학원을 수료하고, 38선을 넘어 강원도 정선군 일대에서 인민유격대 제3병단을 인솔하다가 1950년 3월

2일 국군 8사단과의 교전 중 사망하였다.

북괴는 평양 인근 형제산 구역 신미리 애국열사묘역에 가묘를 만들어 놓았다고 한다. 2000년 3월 제주지사 우근민은 북한 형제산 애국열사묘역의 '김달삼'의 가묘를 찾아 갔었다고 한다. 그의 묘비에 「남조선 혁명가 김달삼」이라 기록되어 있다고 했다.

제주4 · 3특별법에 의한 조사결과 제주4 · 3사태에 의해 사망한 제주주민은 14,000여 명(진압군에 의한 사망: 10,945 명, 무장대에 의한 사망: 1764명)이었다고 한다. 그리고 진압작전 중 사망한 국군 제9연대 장병은 180여 명이고, 경찰관은 140여 명이라 한다. 실제 사망한 주민의 수는 3만여 명인데 1만4천명은 조사에 응한 숫자라는 것이다.

치안이 확보되지 않은 섬에서 김일성이나 박헌영의 지령을 받은 '김달삼'은 좌익의 공산당 이론으로서는 자유민주주의와 자본주의가 지배하는 세상을 따라올 수 없다는 것을 모르고 날뛴 것이다.

현세에도 공산주의로 여러 나라를 침범하여 장악한 쏘련이 붕괴되었고, 공산주의로 무장한 중국정부도 일부 자본주의를 받아드리고 있는 것이다.

대한민국의 대통령 문재인은 현재 세계에서 가장 악질 지도자라 하는 김정은의 책망이 두려워 이 아름다운 국토의 군인들을 홀대하고, 그에게 충성을 하지 못하여 안달이니 안타깝다. 휴전선 철조망을 상당부분 제거하고, 지뢰도 제거했으며, 초소를 10개나 파괴했다. 북한산 석탄을 1만톤 밀수하여 김정은이를 도와주었다. 한심한 일이다. 휴전선 근방에 정찰기도 뜨지 못하게 하여 놓았다. 〈2019. 05.24〉

김달삼

본명은 이승진 그러나
김달삼으로 살았고 세상에 기록되고 있다.
1923년 출생하고 1950년 저 세상으로 갔단다.
사상이 무엇인데
그 사상 때문에 살고 죽는가
그것은 김달삼에게 국한된 것만은 아닐 것

제주4 · 3평화공원의 각명비

필자는 둥근 4층 건물로 웅장하게 건립된 제주4 · 3평화공원의 기념관을 관람하고 기념관 입구를 통하여 밖으로 나왔다.

이제 그곳에서 동북쪽으로 올려다 보이는 위령탑에 가 보려고 그곳을 향하여 걸었다. '제주4 · 3평화공원의 중심부에 두 육면체 기둥이 솟아있는 곳이 위령탑이라 했다. 기념관에서 위령탑까지는 약 500 m 거리였다.

중심부가 둥글고 낮게 파놓은 곳에 상징물이 세워져 있었다. 돌로 깎은 약 5m의 막대기가 직경 3 m의 둥근 쇠(鐵)고리에 기대져 있는 것이 상징물이고 위령탑이라 했다. 그러니까 앞에 기록한 기념관에서 올려다보이는 육면체 두 돌기둥은 위령탑이 아니고 방사탑이라 했다. 그 가운데가 둥글게 파여지게 만든 주위는 직경 40m의 둥근 언덕으로 되어 있는데 그 둥근 언덕에 가로 2 m, 세로 1.5~1.8 m, 두께 20 cm의 오석재질의 비석 100여 개가 세워져 있는데, 각 비석마다 '제주4 · 3

제주4 · 3평화공원 각명비 남쪽면임. 각명비들 넘어 파란색 둥근 건물이 「제주4 · 3평화공원역사박물관」.

사건 1만 4천여 명 희생자들의 이름과 희생당시의 나이, 그리고 희생된 날자가 새겨져 있었다. 이 비석들을 각명비(刻銘碑)라 하는 것이다.

그 각명비들이 세워진 동쪽 언덕의 입구는 각명비 사이의 틈이었는데 옆에 각명비 설명문과 배치도가 기록되어 있는 설명문판이 세워져 있었다. 설명문판에 기록되어 있는 설명문은 다음과 같다.

「제주4 · 3평화공원 희생자 각명비/ 제주4 · 3사건 희생자로 결정된 1만 4천여 명의 성명, 성별, 사망 당시 나이, 사망일시, 그리고 사망 장소 등이 기록된 각명비이다./ 각명비에 기록된 희생자들의 영령들을 주변에 간결하게 표현된 방사탑(放飼塔) 4주와 위령탑, 귀천상이 위로하고 있다.」

제주4 · 3사건의 희생자들은 25,000~30,000명이라 하고, 이 희생자들은 억울하게 희생당했다고 대부분 생각되므로 이들의 넋을 위로하기 위하여 각명비, 방사탑 4주, 그리고 귀천상이 건립되었다는 것이다.

각명비로 사용한 오석재질의 암석들의 양이 대단히 많았다. 저리 많은 오석이 어디서 채취되었는지 세상은 저렇게 많은 오석재질의 바위가 채취될 곳이 있구나 했다. 이 비석(각명비)에 새겨진 희생자의 인적사항이 기록된 내용이 어떠한 순서로 기록되었는지도 설명되어 있었다.

「각명비/ 제주읍, 서귀면, 중문면, 한림면, 한경면, 애월면, 구좌면, 조천면 대정면, 남원면, 성산면, 임덕면, 표선면 순서로 기록되고, 각 면에서는 마을(리) 별로 희생자 인적사항이 기록되어 있었다./ 그 외 2011, 2014, 2017년 추가 보고된 희생자가 기록되고, 후유장애자, 수형자의 명단이 기록되어 있었다.」

동(東)에서 서(西)로 제주섬을 한 바퀴 돌아 마을별로 배치되어 있었다. 인적사항은 성명, 성별, 사망 연월일, 사망 장소, 사망시 연령이 기록된 것이다. 이렇게 희생자들의 인적사항이 기록된 비석을 세워 놓았으니 희생자들의 넋이 위로받았을까? 희생자들의 가족들도 위로받았을까? 필자는 이 글을 준비하면서 '그렇지 않을 것이다.'라고 생각되었다. 어떻게 해도 이들을 위로할 수 없는 것이다.

이종형 시인의 시 '각명비'가 그 슬픔을 대변하여 주고 있다.

각명비

이종형

손으로 더듬어야 읽혀지는 점자책처럼
겨울을 지나 봄이 오는 동안, 숲에서는
아무 일도 없었다고 한다.

꽃과 나무들이 대신
소리를 질렀고,
입 닫은 자들만이 그 소리를 들었다.

통곡은 비와 바람의 몫,
죽음은 쫓는자와 쫓기는 자 사이에서
오래도록 수습되지 못했다.

섬이 초가지붕보다 낮게 엎드려
숨죽인 시절
공포는 엄동의 한기처럼, 때로
팔월의 폭염처럼
얼다 녹다 짓물르다
더러 잊혀지고
더러 외면되며 기억되었는데

4 · 3평화공원

각명비 위에 내려앉은
산까마귀 한 마리가
검은 부리로 콕콕
그 겨울의 이름들을
다시 새기고 있다.

조사한 바에 의하면 2007년 제주4 · 3사건 특별법이 제정되어 희생자 신고가 접수될 때 이를 기피하는 사람들이 많았다는 것이다. 특히 공무원이나 사회적으로 성공한 사람일수록 그들 가족이 희생되었을 때 그 신고를 기피하였다는 것이다. 그 이유도 있는 것이다.

이 둥근 언덕 가장 남쪽에 두 주의 방사탑 앞에 위령탑의 설명문이 새겨진 오석이 비스듬히 놓여 있었다.

「위령탑/ 위령탑은 제주 특유의 역동성과 경건함을 가진 제주도 분화구 형태의 지형의 중심부에 조성되어 있다./ 중앙조형물은 희생자 넋의 상징인 인간의 형태를 나타내고, 금속원형고리는 영원한 평화를 기원하고 있다./ 그 앞의 화해와 상생의 2인상은 서로 끌어안은 모양으로 국토가 양분된 대립의 극복과 민족의 통일을 염원하고 있다./ -〈중략〉-/ 후면의 두 방사탑은 현대화된 조형물로 앞에 제주석의 돌무덤을 두어 제주 특유의 토속 환경과 연결하여 경건함의 의미를 두었으며 전면의 커다란 방사탑은 평화를 염원하는 랜드마크의 역할을 겸하도록 조성되었다.」

위령탑이 제주도의 분화구 형태의 모습 중앙에 놓이도록 하였다는 것이다. 필자는 예술에 대한 감각이 예민하지 못하므로 예술품이 가진 의미를 잘 모른다. 그래서 위령탑에 사용한 직경 3 m의 금속고리가 평화를 기원함도 모른다. 그 금속고리에 기대어 세운 돌기둥이 희생자 넋의 상징임도 모르는 것이다. 그러나 이 상징물 기념탑 앞에 세워진 두 사람이 껴안은 모양의 돌은 대립의 극복과 민족의 통일을 염원하고 있음을 어렴풋이 알 수 있을 듯했다.

이 위령탑 북쪽 언덕에 귀천(歸天)이라고 바위에 새겨 있는 오석재질 바위에 다섯 종류의 수의가 새겨져 있는데 이것들을 귀천상이라 했다. 귀천상 앞에 설명문이 새겨진 오석이 비스듬히 언덕의 흙에 박혀 있었다. "제대로 장례조차 치르지 못한 영혼들이 이제라도 편안히 저승길로 가시라는 의미의 해원(解寃)을 모티브로 삼은 작품"이라 했다.

장례도 치르지 못하고 죽은 희생자들의 수의(壽衣)로 영령들이 편안히 저 세상으로 가시라는 의미를 가지고 있다는데 그 모습을 바라보는 필자의 마음을 슬프게 하는 무엇이 있었다.

천상병(千祥炳, 1930~1993, 일본 출생, 1967년 동백림 간첩사건 연루 구속 고문당함) 시인은 '귀천'이라는 노래를 작사하였다. 그 가사는 다음과 같다.

귀천

천상병

나 하늘로 돌아가리라

나 하늘로 돌아가리라

새벽 빛 와 닿으면
스러지는 이슬 더불어
손에 손을 맞잡고
나 하늘로 돌아가리라

나 하늘로 돌아가리라
나 하늘로 돌아가리라
노을 빛 함께 열려
기슭에서 뛰어 놀다가
구름이 손짓하면
나 하늘로 돌아가리라

나 하늘로 돌아가리라
나 하늘로 돌아가리라
아름다운 이 세상
세상 소풍 끝내는 날
아름다웠더라고
가서 조용히 말 하리라.

인간은 이 세상에 잠시 왔다 가는 것이다. 그러나 공산주의가 무엇인지도 모르는 많은 사람들이 공산주의자로 오인되어 몇 사람의 인민위원회 지도자라는 인간들의 의견에 동조했다고 그들의 작은 생활터전이 불태워지고 사살된 것이다.

어떻게 왔는지도 모르게 이 세상에 찾아온 귀중한 생명이 '국방경비대와 경찰들과 같은 토벌대의 '초토화 작전'으로 일순간에 사라진 것이다. 억울하지 않은가? 무엇인가 세상이 잘못된 것이다. 〈2019. 06. 10〉

제주4 · 3평화공원의 김석범

대한민국은 1945년 8월 15일 일제로부터 해방되면서 가장 먼저 건국준비위원회(建國準備委員會, 건준)을 주도한 인사는 여운형(呂運亨, 1886~1947, 양평군 출생, 개신교 신자)이었다. 그 해 8월 31일까지 전국적으로 145개나 되는 건준 지부가 결성되었다고 한다. 이 건준은 곧 인민위원회(人民委員會)로 개칭되었다고 한다.

이 글에서는 제주4 · 3사건이 일어난 이유와 과정, 그리고 이 사건이 일어난 다음 70년이나 지나 제주4 · 3평화공원이 조성된 이유들을 기념관 전시자료로부터 발췌하여 기록하려 한다.

제주도 건준지부는 1945년 9월 22일 제주인민위원회로 개칭되었다. 초기에는 미군 제59 군정중대와 좋은 관계를 유지하여 갔다. 그래서 이 인민위원회는 도민들이 직접 구성한 도(道) 전체 조직으로 발전했다. 이 위원회는 강했으면서도 온건한 활동을 하였다고 한다. 1947년 2월 23일에는 이 인민위원회와 대중정치단체들을 총 망라하여 제주도 민주주의 민족전선(민전)이 결성되었다.

온건 좌파의 여운형과 온건 우파의 김규식은 좌우합작운동을 벌리고, 이 운동은 좌익과 우익 모두에게 거부되면서 실패했고, 여운형은 1847년 7월 서울에서 암살되었다.

한편, 박헌영(朴憲永, 1,900~1955, 충남 예산 출생)의 주도로 1946년 11월 결성된 남로당은 해방정국에서 가장 강한 대중정당이었다.

1947년 전라남도 제주군에서 제주도(濟州道)로 제주도의 편제가 상향되면서 군경 조직도 신설되고 증편되었다. 국방경비대 제9연대는 1946년 11월 16일 제주도 모슬포에서 창설되었고, 경찰서도 경찰청으로 승격되었다고 한다.

한편, 태평양 미군 총사령관 맥아더(Douglas MacArthur, 1880~1964)는 1946년 12월 포고령을 발령하였다. 포고령 제1호는 '전승군은 38도선 이남의 지역을 점령한다'였으며, 제2호는 '공중 치안 질서를 교란한 자, 정당한 행정을 방해하는 자, 그리고 고의로 적대행위를 하는 자는 군법회의에 의하여 형량을 결정한다'고 발령되었다.

1947년 3월 1일 제28주년 3.1절 기념식은 제주도청 가까운 곳에 위치한 제주북초등학교(현 제주북초등학교) 운동장에서 민전이 주도하였고, 행사 후 시가행진 초기 9세 어린이가 승마경찰의 말에게 밟히자 시민들이 경찰들에게 돌을 던지고 경찰들이 군중에게 총을 발사하여 6명이 사망하는 사고가 일어난 것이었다.

당시 조병옥(趙炳玉, 1894~1960, 충남 천안 출생) 경무국장이 응원경찰 421명과 함께 1947년 3월 14일 제주도에 건너와서 강력 검거명령을 내렸다. 그래서 3월 16일까지 2일 동안 200명을 연행하였다. 수사요원들은 연행자들을 심하게 고문하였다.

그리고 극우 청년 단체 '서북청년회(서청)'가 제주도에 파견되어 왔다.

남로당 무장대는 1948년 4월까지 350명 정도가 활동하였고, 4 · 3 항쟁 기간(1948년 4월 3일~1954년 9월 21일) 동안 500명을 넘지 않았다고 한다. 남로당 무장대가 소지한 무기도 대단히 부실하였다고 한다. 이러한 부실한 무기로 1948년 4월 경찰 지서 12곳을 파괴하였다고 한다.

1948년 4월 국방경비대 제9 연대장으로 부임하여 온 사람이 김익렬(金益烈, 1921~1988, 경남 하동 출생, 1943년 일본 예비사관학교 졸업) 중령이었다고 한다. 김익렬은 무장대를 토벌하는 것보다 평화적으로 협상하여 충돌을 없게 해야 한다는 마음을 가진 지휘관이어서 4월 28일 무장대 초대 지휘관 '김달삼'을 직접 만나 협상을 하여 다음과 같은 협상결과를 얻었다고 한다. 즉, 72시간 내 전투를 완전히 중지한다. 그리고 무장해제와 하산이 원만히 이루어지면 주모자들의 신병을 보장한다.

그런데 3일 후 이 협상안이 무산되는 '오라리 방화사건'이 일어났다. 5월 1일 제주읍 오라리에 괴청년들이 몰려와 민가에 불을 지른 사건이었는데 김익렬이 '우익청년단의 소행'이라고 범인까지 잡아와서 주장했으나 미군방첩대가 무장대의 소행이라 몰아부친 것이다. 결국 미군정청은 김익렬을 제9연대 연대장에서 해임시키고, 후임에 박진경 중령을 9연대장에 임명하였다. 박진경은 강경진압을 주장하는 육군 장교였다.

미군 사령관에는 강경진압을 주장하는 브라운(Brown) 대령이 부임하여 와서 박진경과 합세하여 무장대를 몰아붙였다고 한다.

대한민국은 5.10선거가 끝나고 1948년 7월 17일 국회가 헌법을 제정하고 공표하였다. 7월 20일에는 이승만이 간접선거로 대통령에 선출되었다. 8월 15일에는 대한민국 정부수립을 선포하였다.

박진경의 강경진압으로 6주간에 4,000명의 남로당 무장대로 의심되는 주민들이 체포되고 구금되어 고문을 받았다고 한다. 박진경은 대령으로 특진되어 진급축하연을 성대히 가졌다. 그러나 진급 축하식을 가진 6월 18일 새벽 박진경은 취침 중 토벌대 대원으로 들어와 있던 남로당 무장대 간첩 중위 문상길과 하사 손선호에게 암살되었다. 물론 범인 문상길과 손선호는 총살되었다. 박진경은 부하 대원에게 암살된 것이다.

1949년 3월 말 유재흥(劉載興, 1921~2011, 충남 공주 출생) 대령이 국방경비대 제9연대 연대장으로 부임하여 왔다. 부임하여 와서 한라산 중산간 지역으로 숨어들어간 주민들에게 "산에서 내려오면 과거행적을 묻지 않고 살려주겠습니다. 9연대장 유재흥 대령."이라는 전단지를 배포하여 선무공작을 했다. 그러자 그것을 받아 읽은 1만여 명의 노약자들, 부녀자들, 그리고 어린이들이 하산하였다.

그러나 그 선무공작을 했던 유재흥은 그 해 6월 전직되어 서울로 돌아가고 후임자로 함병선 대령이 부임하여 와서 하산한 주민들을 군법회의에 회부시켰다고 한다. 이 군법회의는 막무가내식이었다. 1,660명 정도가 현 제주비행장 활주로에 끌려나와 총살되었고, 나머지는 육지의 형무소(현 교도소)에 옮겨져서 감금되었다.

토벌대인 국방경비대 제9연대와 경찰대는 1949년 11월 17일 계엄령을 선포하고 1950년 3월 중순까지 약 4개월 동안 초토화 작전을 펼쳐서 제주도 중산간 마을을 모두 불지르고 주민 모두를 학살하였다고 한다. 이때의 9연대장은 송요찬(宋堯讚, 1918~1980, 충남 청양 출생) 중령이었다.

1948년 11월의 송요찬 중령은 '정부의 최고지령'에 따라 초토화작전을 펼친 것이다. 이승만은 송요찬에게 "가혹하게 탄압하라!"는 명령을 내렸고, 제주도에 모슬포경찰서와 성산포경찰서를 신설하고 서청단원들을 경찰에 편입시켰다고 한다. 초토화 작전으로 가옥 2만여 채가 파괴되어 제주 중산간 마을 95%가 사라졌다고 한다.

미 고문단장 로버트(Roberts)는 1948년 12월 18일 이승만 대통령과 채병덕 육군참모총장에게 편지를 보내 "송요찬 연대장이 대단한 지휘력을 발휘했습니다. 이 사실을 온 국민에게 알리시요!"라고 했다. 채병덕(蔡秉德, 1916~1950, 육군 준장 예편, 평양 출생)은 "송요찬에게 훈장을 수여할 것입니다."라고 답을 전했다고 한다.

필자는 이제 김달삼이 1948년 8월 남로당 해주(海州)대회에 참석하면서 무장대 지휘관으로 임명된 이덕구(李德九, 1919~1949)의 생애를 소개하려 한다. 김익렬과 박진경의 후임으로 잠시 9연대장직을 맡았던 장창국의 회고담에 따르면 이덕구는 제주도에서는 부유층 집안의 아들이었다. 그의 얼굴은 곱상했고 부드러운 성품의 소유자였다고 한다. 이덕구도 김달삼(본명: 이승진), 김익렬과 마찬가지로 일본 후쿠야마(福

재일동포 소설가 김석범(1925~)(제1회 제주4 · 3평화상 수상자임)

山) 예비사관학교를 수료하고 소위에 임관된 일본군 장교 출신이었다. '이덕구'는 궤멸단계의 무장대를 인솔하여 항전의 명맥을 유지하여 나갔다. 그러다가 1949년 6월 7일 고향집에 계신 자신의 어머니를 만나려고 해안으로 내려오다가 길옆의 고구마밭에서 고구마를 캐어 생고구마를 먹었다고 한다. 이것을 본 마을 주민이 경찰에게 신고했고, 신고 받은 경찰들은 그 밭으로 달려와서 '이덕구'를 사살하였다. 이덕구의 아내 양후상과 5살 아들 진우, 그리고 2살 딸도 사살되었다.

진우가 울면서 "아저씨 살려주세요!"하고 애원하니 경찰은 "아빠가 있는 산으로 달아나라!"하였다. 진우가 산 쪽으로 달아나자 경찰이 총을 발사하여 죽였다. 경찰은 악마로 변해 있었다. '이덕구'의 시체를 제주도청 앞 관덕정 광장에 세워 놓고, 그 시체를 지나가는 시민들에게 죽창으로 찌르게 하였다고 한다. 이덕구의 사살 후 제주도의 무장대 토벌작전은 일단락되었다. 100여 명 남은 무장대원들은 김성규, 정권수 등의 지휘로 명맥만 유지되어 갔다고 한다.

6 · 25전쟁이 일어나자 활동을 재개하여 방송국, 발전소 등을 공격하여 세력이 잠시 증가되는 듯도 하였다. 그러나 1953년 7월 27일 6 · 25전쟁이 휴전되자 무장대 세력은 약화되었다. 1953년 9월 21일 제주도 중산간 마을 지역이 금족지역(禁足地域)에서 해제되면서 7년 7개월의 피로 얼룩진 제주4 · 3사태도 막을 내렸다.

제주4 · 3사태가 일어난 때로부터 50년도 더 지나 조천읍 남쪽지역 12만 평의 대지위에 '제주4 · 3평화공원'이 조성되는 계기를 제공한 것은 재일교포 소설가 김석범(金石範, 1925~ , 본명: 신양근)의 소설 '까마귀의 죽음(鴉の死)'과 '화산도(火山島)'가 발간되어 김석희 번역가에 의해 한글로 번역되어 1988년 발간되면서부터였다고 한다.

제주4 · 3사건이 침묵을 강요당하던 1957년 김석범(본명: 신양근)이 '까마귀의 죽음'이라는 제목의 소설을 일본의 한 대중잡지에 연재하였고, 1976년부터 약 20년 간 '화산도'가 그 잡지에 연재되면서 1997년 완간된 다음 번역되어 세상에 알려진 것이었다. 사건이 일어난 다음 근 50년이 지나서 알려진 것이다.

김석범은 필명이다. 김석범은 일본 오사카(大阪)에서 1925년 태어났다. 부모가 제주도 사람으로 오사카 이쿠노쿠(生野區)의 이카이노(猪飼野)로 1925년 이주했으며, 이주하여 3개월 후 어머니가 김석범을 출산하였다고 한다. 이카이노는 제주도민의 일본 거주지였다.

번역가 김석희는 김석범의 소설 '까마귀의 죽음'과 '화산도'를 번역하면서 김석범이 묘사한 제주의 풍경과 풍속이 너무 잘 묘사되었음을 보고 놀랐다고 했다.

김석범은 그가 16세 때인 1940년 처음으로 제주도에 발을 디딜 수 있었다. 약 1년 가까이 생활하다가 이카이노로 돌아갔다. 이때 그는 '황국소년'으로부터 '제주도 섬사람'으로 정체성이 갖추어 졌다고 한다. 1945년 6월 잠시 귀국하여 서울에 머물렀는데 2개월 후 조국이 해방을 맞은 것이다.

어렸을 때부터 문학에 뜻을 두었는데 그때 국학대학(1947년 개교, 1967년 수도의대에 인수 합병되었다가 1971년 고려대학교에 합병됨) 국문학과에 입학하였으나 1948년 8월 퇴교하고 일본으로 건너갔다. 그 다음 오사카시(大板市) 간사이대학(關西大學) 경제학과에 입학하고 졸업하였다. 그리고 교토대학(京都大學) 철학과에 입학하여 미학을 전공하였다.

이때 김석범은 남로당에 입당하였었다. 1951년 탈당하고, 1959년 재일조선인총연맹(在日朝鮮人總聯盟, 조총련) 계열의 조선고급학교 문학을 담당하는 교사로 부임하여 교직에 종사하기도 하였다. 그는 1968년 조총련을 탈퇴하였다. 이후 그는 작가의 길로 들어서서 필명을 김석범으로 하였고, 본격적으로 작가활동을 하였다.

'화산도'는 일본 '문예춘추사'에서 출간되었다. 그래서 '아사히신문'(朝日新聞)에서 수여하는 '오사라기지로상'(大佛次郎賞)과 마이니치신문(每日新聞)의 제39회 '마이니치예술상'(每日藝術賞)을 수상하는 등 작가적 명예와 문학적 성취를 동시에 성취하였다.

'까마귀의 죽음'은 1957년 발표되었으나 김석희 작가가 한국어로 번역하여 국내에서 처음 출간된 것은 1988년이었다. 1988년은 제주 4 · 3사건이 발발된 후 40주년 되는 해였고, 1987년 6월 항쟁 바로 뒤의 민주화고양기여서 제주4 · 3사건 진상 규명 열기가 달아오르기 시작하였다.

그러한 시기에 김석희의 번역소설 '까마귀의 죽음'(소나무출판사)이 독자들에게 읽혀지기 시작한 것이다. 이 책의 내용에서 20대 젊은이들인 정기준, 장용석, 그리고 이상근은 자신의 처지에서 섬의 운명과 관련하여 투쟁하고 고뇌하고 좌절하고, 또 갈등하였다. 소설 '까마귀의 죽음'의 줄거리는 다음과 같다.

「정기준은 23세 청년이었다./ 미군정청 법무부에 소속된 통역관으로서 주로 미 군복 차림으로 다녔다./ 그러나 그는 남로당 무장대의 비밀당원이었다./ 미군정청을 통해 확인되는 정보들을 입산한 친구 장용석에게 전해주는 일을 하였다./ 사랑하는 여인(장용석의 여동생 양순) 마저도 그가 무장대 스파이당원임을 몰랐다./ 정기준은 수용소에서 장용석의 부모를 만나고도 외면할 수밖에 없었다./ 장용석의 아버지에게 정기준은 "썩은놈!"이란 욕설을 듣기도 하였다./ 정기준은 수감중이던 양순이가 부모와 함께 처형되는 장면도 멀리서 지켜 볼 뿐이었다./ 구덩이에 묻힌 시신도 수습하지 못했다./ 정기준은 자기가 양순을 죽인 것 같은 착각에 사로 잡힌 채 술을 마시기도 했다./ 그 이튿날 경찰서에서 열린 회의에 참석하여 미증유의 제주도 빨치산 섬멸

작전이 전개될 것을 알게 된다./ 땀에 흠뻑 젖어 회의장을 나온 정기준은 비가 세차게 쏟아지는 거리에 선 죽은지 얼마 안된 소녀의 시체와 시끄럽게 울어대는 까마귀를 만난다./ 까마귀는 분명 소녀에게 날라오려고 했다./ 정기준은 자기도 모르게 발을 멈추고 까마귀를 쳐다보았다./ 그리고 까마귀는 마른 나뭇가지에 앉아 나뭇가지를 콕콕 쪼아대다가 다시 "깎깎" 울었다./ 정기준은 권총을 꺼내 까마귀를 쏘았다./ 그리고 그때 나타나 총솜씨를 칭찬하는 경비부장을 쏘고 싶다는 충동이 일자 다시 방아쇠를 당긴다./ 탄환은 경비부장이 아닌 소녀의 시체에 박혔다.」

정기준은 소녀의 시체에서 양순을 떠올렸다. 이것은 곧 까마귀를 미국과 이승만 정부의 하수인인 군인과 경찰로 인식했다는 것을 의미한다. 쏘아 죽이고 싶은 경비부장은 서청단원이었다.

이 소설에서 흥미로운 사실은 장용석은 실존인물의 이름이라는 것이다. 김석범이 1943년 제주도에 왔을 때 조국의 운명을 함께 논의했던 인물이 장용석(張龍錫)이었다.

'까마귀의 죽음'(일본 월간 잡지 문예수도 게재)이 자신의 작품세계 전체를 지배하는 원점이라 김석범은 강조했다. '까마귀의 죽음'이라는 모태없이 장편 대하소설 '화산도'는 태어나지 않았을 것이라고 평론가 나까무라(中村)는 기록했다.

2015년 4월 김석범은 '제주4 · 3사건'의 진상규명과 평화 인권운동을 펼쳐온 상징적 인물로 평가되어 '제주4 · 3평화상'의 첫 수상자가 되었다. 그의 수상소감의 일부는 다음과 같다.

「저는 한국국적도 북한국적도 갖지 않은 무국적자입니다./ 90평생 서울과 제주에서 4년 정도 살은 디아스포라입니다./-〈중략〉-/ 반공이 국시인 대한민국은 제주도를 '빨갱이섬'으로 몰았습니다./ 1945년 8월 15일 해방 전 민족을 팔아먹은 친일파, 해방 후에는 반공세력으로 친미로 변신한 자들이 제주도 주민의 젖먹이까지 빨갱이로 몰아 부쳤습니다./ 친일파 민족반역자 세력으로 구성된 이승만 정부가 임시정부의 법통을 계승했습니까?/ 여기에서부터 역사적 왜곡과 거짓이 들어났으며 이에 맞선 것이 단선 · 단정부 수립에 대한 전국적인 치열한 반대투쟁이 일어났습니다./ 동일 선상에서 발생한 것이 '제주4 · 3사건이었습니다./-〈이하생략〉-」

디아스포라(diaspora)는 유대인으로부터 유래한 말로서 원래의 고향에서 멀리 떨어져 나와 사는 사람을 의미한다. 이 수상소감을 들은 국회의원, 언론인, 그리고 보수단체들은 '김석범은 대한민국을 민족반역자들이 세운 나라'라고 망발하였으니 그의 '제주4 · 3평화상'을 박탈해야 된다고 강력히 주장한 것이다. 그러나 지역과 국가를 넘어서는 거시적 시야를 모든 사람들은 분명 가져야 할 것이다. 지구적 차원에서 평화와 인권을 생각하고 기여하는 것이 우리가 '제주4 · 3사건'을 기억해야 하는 진정한 이유인 것이다.

김석범은 이미 수십 년 전에 그러한 거시적 시야를 제시한 것이다.

그의 저서 '까마귀의 죽음'과 '화산도'는 앞으로도 영원히 기억될 것이다. 이러한 그의 말이 맞을 수도 있으나 제주에서의 무장대의 행동의 잘못을 너무도 생각하지 않은 것도 문제가 있는 것이다. 김달삼으로부터 무장대가 5 · 10선거를 방해하려고 저지른 악질적 행동들도 김석범은 생각해야 될 것이다. 이런 것들은 현 문재인 정부가 북한산 석탄 1만 톤을 비합법적인 방법으로 수입하여 북괴를 도와주고, 자신이 개입한 선거부정행위를 수사하지 못하도록 추미애 같은 좌파 수하인을 법무장관에 임명하는 조치와 같은 것임도 알아야 할 것이다. 〈2019년 06월 11일〉

제주4 · 3사건 중 피어난 인간성의 꽃

앞의 글 각명비(刻銘碑)와 김석범(金石範, 1925~)의 이야기에서 제주4 · 3사건에서의 비참한 일을 몇 가지 기록하였으나 그보다 더욱 비참한 사건들이 많았었다. 그 많은 사건들 중 몇 가지만 기록하고 그러한 사건이 발생하던 중에서도 따뜻한 인간애를 발휘했던 이야기 몇 가지를 이 글에 기록하려고 한다.

남로당 무장대(이 글에서 무장대로 표기)는 1948년 4월 3일부터 서북청년회(서청)와 대동청년단 등 우익청년단 회원들을 적으로 지목하여 살해하였다. 5.10선거를 전후해서는 선거관련자들을 집중 공격하고 살해하였다. 무장대는 이 과정에서 경찰과 우익 인사뿐만 아니라 그 가족과 친족까지 참혹스럽게 살해하였다. 무장대는 식량을 탈취하려고 마을로 내려갔다가 보초서던 주민들을 살해하고 젊은이들을 납치하여 가기도 하였다. 납치해 간 젊은이는 끌려가서 결국 그들의 협박에 못이겨 무장대가 되었다. 제주4 · 3사태의 초기 이와같은 무장대의 만행을 자행한 사실이 토벌대 창설의 원인을 제공했음을 제주도 도민들은 인정해야 할 것이다.

이러한 무장대의 만행이 토벌대인 제9연대를 창설되게 하였고, 이 9연대와 경찰대가 합세하여 무장대의 토벌을 하다 보니 무리한 토벌작전을 벌린 것이었다.

1948년 무장대 토벌작전은 5.10선거 후 제주지역 미 군정 사령관으로 부임한 브라운(Brown) 대령의 고집스러운 토벌작전의 선포로부터 시작되었다. 거기다가 대한민국 초대 대통령에 당선된 완고한 반공주의자 이승만의 강력한 무장대 토벌지시도 한 몫을 한 것이다. 브라운은 "무장대 봉기의 원인에는 흥미가 없습니다. 나의 사명은 무장대 진압뿐입니다. 2주일이면 무장대는 완전히 섬멸될 것입니다"라고 말했다는 것이다.

국방경비대 제9연대장으로 1948년 11월 부임한 송요찬(宋堯讚, 1918~1980, 충남 청양 출생) 중령으로부터 토벌대가 무리한 토벌작전을 벌렸음은 앞의 글에서 기록하였다.

경찰은 일제 시대 일본 경찰이 조선인에게 사용한 고문기술을 제주주민들에게 그대로 사용했다고 한다. 주민들을 거꾸로 매단 채 곤봉으로 때리고 고환(睾丸)을 대창으로 찔러 죽였고, 전기고문과 물고문을 수시로 자행했다.

서귀포 경찰서장을 역임한 김호겸은 서청 출신 경찰들의 행위에 대해 "서청은 무고한 주민들을 죽인 다음 보고서에 '현장답사 차 마을로 갔는데 도주하고, 정지 명령에도 계속 도주하여 불가피하게 총을 발사

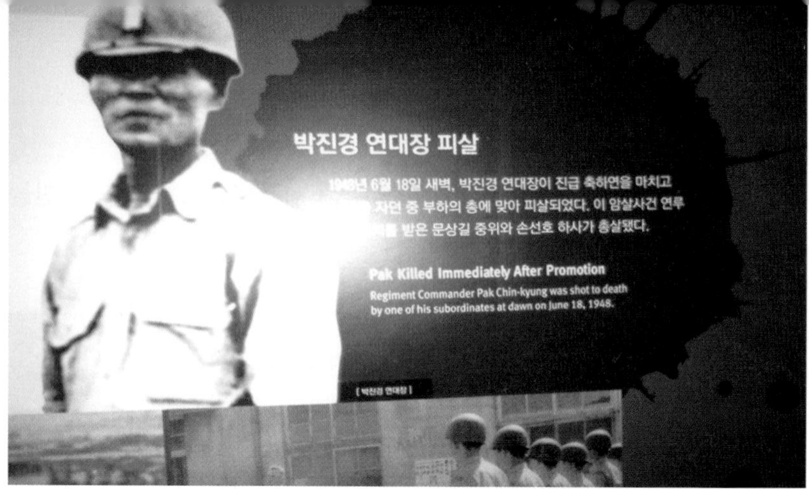

1948년 6월 18일 토벌대 내의 공산당원에 의해 암살된 토벌대 연대장 박진경 대령.

하여 사살하였다'고 증언하였다.

1949년 1월 중순 어느 날 제9연대 소속 군인 2명이 제주읍 북촌리 인근에서 무장대의 기습을 받아 맞아 죽었다. 그리고 그 2일 후 제9연대의 1개 대대병력이 북촌리에 출동하여 마을의 집들을 모두 불지르고, 주민들을 무차별 학살하였다. 2일 동안에 300명 이상의 주민들이 사살되었다. 북촌리가 무남촌이라 불린 것은 이 마을 주민들을 사살시킬 때 그래도 몇 명은 살려주었는데 남자들은 모두 죽였기 때문에 남자가 없는 마을이 되었기 때문이었다. 아마도 무장대와 평화적 협상을 맺어 피를 흘리는 전투를 피하려 했던 9연대장은 김익렬(金益烈, 1921~1988, 경남 하동 출생) 중령이 처음이었을 것이다. 그 이야기는 앞의 글 '각명비'에서 기술하였었다. 토벌대의 무참한 폭력을 막아 주민들을 보호한 서청단원을 포함한 토벌대 지휘관들의 이야기 몇 가지를 기록하면 다음과 같다.

1950년 6 · 25전쟁이 발발한 다음 제주도 내 각 경찰서마다 무장대로 예비검속되어 수백 명씩 사살되었으나 성산포경찰서에서는 예비검

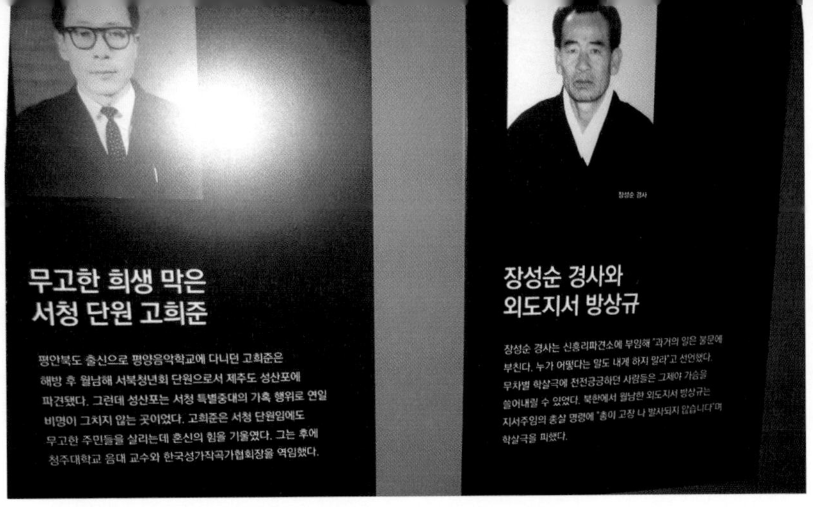

무고한 희생 막은 서청단원 고희준과 외도지서 장성순 경사.

속되어 사살된 무장대원이 단지 6명에 불과하였다고 한다. 독립군 출신의 문형순 성산포경찰서장은 무장대 의심 예비검속자 학살을 독촉하는 인근지역에 파견되어 나온 해병대 정보참모의 명령서를 받고, "부당하므로 이행할 수 없습니다"라는 답장을 보내어 대량학살을 거부했다고 한다. 문형순 경찰서장은 모슬포경찰서장 재직시에도 무고한 총살형을 못하게 하였다고 한다. 그래서 모슬포에는 문형순의 공덕비가 건립되어 있다고 한다.

평안북도 출신으로 평양음악학교에 재학하던 고희준은 서청단원으로 제주도 성산포에 1948년 12월 파견되었다. 그때 성산포에는 서청중대의 가혹행위로 주민들의 비명소리가 서청중대 주둔지에서 끊이지 않고 흘러나왔다. 고희준은 무고한 주민들을 서청단원의 가혹행위로부터 구할 수 있는 방법을 생각하였다. 그래서 고희준은 서청단원에게 가혹행위를 하지 못하도록 애원하고 위협하기도 했다. 그래서 주민들의 무고한 희생을 막을 수 있었다.

고희준은 1953년 6·25전쟁이 휴전되면서 서청단원에서 탈퇴하고

1959년부터는 충북 청주 소재 사립대학인 청주대학교 음악과 교수가 되었고 한국 성가 작곡가 협회 협회장을 역임하였다.

장성순 경사는 서귀포경찰서 신흥리 지서장에 부임하여 "과거의 일은 불문에 부친다. 누가 어떻다는 말도 나에게는 하지 말라!"고 선언하였다. 무차별 학살극에 전전긍긍(戰戰兢兢)하던 주민들은 가슴을 쓸어내리고 생활할 수 있었다.

서청단원이었다가 경찰로 직업을 갖게 된 박상규는 서귀포경찰서 외도지서에 근무하였는데 지서 주임의 무장대 의심 예비검속자 총살명령에 "소총의 고장으로 발사할 수 없습니다"라고 말하여 주민 학살을 피할 수 있었다고 한다.

의사 장시영은 1948년 3월 북제주군 조천면에서 사망한 조천중학교 3학년 학생 김용철의 검시의뢰를 받았다. 장시영 의사는 제주경찰서 조천지서장의 "지병에 의한 사망으로 처리하여 주시요!"라는 부탁을 받았었다. 그런데도 불구하고 "타박에 의한 뇌출혈이 치명적인 죽음의 원인임"이라는 감정서를 제주도청에 제출하였다. 그러자 조천지서 경찰들이 위협을 가해 왔다. 그러자 장시영은 병원을 닫고 그날 저녁 부산으로 도피하였다. 1950년 6 · 25전쟁이 발발하자 해군에 입대하고 해군 군의관으로 직책을 얻어 근무하였다고 한다.

세상에는 이러한 훌륭한 이웃이 적으나마 우리 주위에 생활하고 있는 것이다. 이러한 것이 선량한 주민들이 험악한 세상에서 그래도 살 만하다고 생각하게 하는 것이다.

김순철 순경은 평양출생으로 1945년 우리나라가 일본 제국주의로부터 해방된 다음 월남하고 제주도로 이주하여 온 서청단원이었다. 1948년 4월 제주읍 인근 신촌파출소에 근무하였다. 김순철은 국방경비대 제9연대 대원들이 마을 주민들을 신촌초등학교 운동장에 집합시키고 기관총으로 집단 사살시키려 하자 "이 마을 주민들은 죄 없는 순수한 주민일 뿐입니다. 이 주민들을 쏘기 전에 나를 쏘시요!"하면서 온몸으로 기관총을 막고 움직이지 않았다. 김순철 순경의 얼굴에는 '기미'가 많았다고 한다. 그래서 신촌리 주민들은 그를 '기미둥이 순경'이라 부르며 그를 고마운 순경이라고 좋아하였다. 지금도 신촌리 주민들은 70년이 흘렀는데 '기미둥이 순경'을 잊지 않고 있다 한다.

제주4 · 3사건은 1948년 4월 3일 350여 명의 무장대들이 12개 경찰지서를 파괴함으로써 일어난 폭동이었다. 그러나 이들을 과잉 진압한 것이 제주도 주민들에게 눈물을 흘리고 어마어마한 억울한 피를 흘리게 했다는 것이 안타까운 것이다. 과잉진압이 미군정 담당자와 완고한 반공주의자 대한민국의 초대 대통령 이승만의 지시라 하는 것도 안타까운 일이다.

무장대 350명을 색출하여 사살한다는 것이 선량한 주민 30,000명 정도를 희생시켰다니 세상은 너무 야속스러운 것이다. 제주4 · 3사건은 대한민국 역사의 축소판이고, 인간사회의 축소판이라 생각되는 것이다. 〈2019.06.15〉

서귀포의 이중섭

서귀포 시외버스터미널에서 택시에 승차하고 6·25전쟁 중 이중섭이 살던 집으로 갔다. 2018년 1월 23일이었다. 택시에서 내리고, 그곳에서 큰 길을 건너 낮은 비탈길을 올라간 곳의 오른쪽의 초가집이 6·25전쟁 중 이중섭이 살던 집이었다. 초가집과 집마당이 오른쪽으로 보이고 그 입구에 '이중섭 거주지' 안내 설명표지문판이 있었다.

「이중섭 거주지(李仲燮 居住地, Lee Joongseop's Residential Area)/ 불운한 시대의 천재화가로 일컬어지는 대향 이중섭(大鄕 李仲燮)의 가족이 6·25전쟁 중 피난을 와서 거주하였던 이곳은 이 마을 반장 송태주와 그의 부인 김순복이 방을 내 주어 생활한 것이라 한다./ 이곳에서 이중섭 가족은 1.4평의 작은 방에서 서로의 숨소리를 들으며 반찬 없이 밥을 먹고, 고구마나 깅이(게)를 삶아 끼니를 때우는 생활이었지만 웃으면서 살 수 있었던 가장 행복했던 시간이었다./ 초상화 그리기를 즐

이중섭 거주지 옆에 만들어 놓은 그의 동상

열린 나무문이 이중섭 거주지 입구이다

기지 않았던 화가는 이곳에서 이웃 주민과 집주인을 위해 마당의 장작더미 위에 이웃 주민의 전쟁에 나가 전사한 아들 사진을 올려놓고 초상화를 그려 주었다./ 그는 좁은 공간에서 작품활동을 하며 1년 여를 이곳에서 생활하였다./ 1952년 1월 부산으로 거처를 옮기고 생활고에 찌든 아내와 두 아들을 일본으로 보냈다./ 이중섭은 혼자 거처를 옮겨가며 부두노동을 하여 생활비를 만들고 틈틈이 미술작품을 그렸다.」

이중섭(李仲燮, 1916~1956)은 1950년 12월 초 원산에서 흥남철수작전 때 해군함정에 승선하여 부산으로 왔다가 서귀포로 거처를 옮겼다. 제주 '산지포항'에 하선하여 두 아들을 부부가 안고 업어 3일을 걸어서 서귀포에 도착하였다고 한다. 서귀포에서 이 마을 반장 송태주의 집에 거처를 정한 것이다. 정부에서 배급되는 쌀로 연명하며 바닷가에 가서 게를 잡고 산기슭에 올라가 나물을 뜯어 와 죽을 쑤어 연명하였다. 그러면서도 담배갑 속표지(은지(銀紙))에 틈틈이 은지화를 그렸다. 은지화를 그리는 것을 바라본 이웃들이 이중섭이 화가임을 알고 전사한 아들의 사진을 가지고 와서 인물화를 좀 크게 그려 달라 부탁하여 4장이나 그려 주었다고 한다.

이중섭의 가족(부인과 두 아들)이 거주했던 방은 이 초가집의 맨 동쪽 추녀 밑 조그마한 방이었다. 입구는 두 쪽 나무문이 열려 있는데 열린 문에 '이중섭 거주지'라는 입구의 설명문을 조금 더 짧게 줄인 설명문이 부착되어 있었다.

이 열려진 문 앞에는 담장을 따라 흙을 돋우고 돌로 조그마한 축대를 쌓아 만든 화단에 1 m 높이로 자란 동백꽃나무 한 그루가 빨간 동백꽃을 흐드러지게 피우고 있었다. 1월은 동백꽃나무가 꽃을 피우는 계절인 것이다. 그 동백꽃나무 바로 옆에 오석재질의 표지석이 있고 그 앞면에 또한 '이중섭 거주지'라는 글자가 새겨 있었다.

1.4평의 작은 방은 혼자 사용하기에도 작은데 이 방에서 네 명의 가족이 기거했다고 하니 얼마나 불편했겠는가? 방문 맞은 편 벽에 이중섭의 반신 사진이 걸려 있고 그 사진 위 벽에 이중섭이 지었다는 시(詩) '소의 말'이 멋있게 붓글씨로 기록되어 있었다. 이 시에서 이중섭은 '참된 순결'을 노래했고, '삶은 외롭고 서글프다'고 했다.

이 방에서 네 식구가 배급쌀로 밥을 지어 먹었고, 가끔은 산기슭에 올라가 나물을 캐 오고, 바닷가에 나가 게를 잡아다가 나물죽과 게를 넣어 먹었다고 하니 그 때 아내의 마음이 '참된 숨결'이었고 그 생활이 외롭고 서글펐을 것이다.

이중섭의 서귀포 거주지에서 약 100 m 동쪽에 4층 현대식 건물의 '이중섭 미술관'이 건축되어 있었다. 미술관 1층 입구 매표소에 이중섭의 생애와 전시관을 소개하는 팜플렛을 배부하고, 2층에는 부부의 주고받은 편지들, 그림들, 상으로 받은 팔레트 등 이중섭에 관계된 전시물들이 우아하게 전시되어 있었다.

우선 입구에서 관람객들에게 배부하는 팜플렛에 기록된 그의 생애를 요약하여 옮긴다.

「이중섭은 1916년 평남 평원군에서 부농 이희주(李熙周)의 3남매 중

막내로 태어났다./ 오산고등보통학교에서 미술교사 임용련의 지도를 받고, 1937년 일본 도쿄에 유학하여 분카카구엔(文化學院) 미술과에 입학하고, 일본 제2회 자유미술가협회 공모전에 응모하여 입선하였다./ 1943년 일본 '제7회' '미술창작가협회 전시회'에 '망월'이라는 제목의 창작품을 출품하여 '태양상'을 수상하고 부상으로 '팔레트'를 받았다./ 1943년 태양상 수상 후 한국으로 귀국하여 어머니, 형과 함께 원산에서 살면서 미술작품을 창작하였다./ 부상으로 받았던 팔레트는 문카칵쿠엔 재학시 사귀었던 아름다운 일본 여인 야마모토 마사코(山本方子, 1922~)에게 맡기고 귀국한 것이다./ 그리고 1945년 야마모토 마사코가 양가의 부모들로부터 결혼을 허락 받고 원산으로 찾아와 결혼했다./ 이중섭은 아내 야마모토 마사코에게 '이남덕(李南德)'이라는 한국이름을 지어주고 원산에서 결혼생활을 시작했다./ 1946년 첫아들을 낳았으나 예상치 못한 질병으로 잃었고, 1947년 두 번째 아들을 낳았는데 태현(泰賢)이라 이름을 지었고, 1949년 세 번째 아들을 낳았는데 태성(泰成)이라 이름을 짓는다./ 1950년 6 · 25전쟁이 발발하고 12월 흥남 철수작전 때 해군 수송선에 가족 4명이 승선하여 부산에 내려오고, 1951년 1월 중순에는 부산에서 제주도 서귀포로 주거지를 옮긴다./ 서귀포에서 어렵게 살면서 담배갑의 속표지 은박지(銀箔紙)에 그림을 그렸다./ 은지화(銀紙畵)가 그려진 것이다./ 1952년 생활고로 다시 부산으로 나왔을 때 이중섭 장인의 타계를 듣게 되고 아내 '이남덕'과 두 아들을 일본으로 보낸다./ 이중섭은 부두노동으로 생을 겨우 이어가며 틈틈이 미술창작도 했다./ 그러다가 1953년 친구 시인 구상(具

常, 1919~2004)의 도움으로 대한해운공사 선원증을 얻게 되어 일본에 건너가 극적으로 아내와 두 아들들을 상봉했으나 5일 동안만 그들과 같이 머물다가 귀국했다./ 1955년 서울 미도파 화랑에서 개인전을 가져 그림도 수월찮게 판매되었으나 유명인이 되지 않아 생활비로도 부족했다 한다./ 1956년 과음으로 인한 정신이상, 영양부족과 간경화로 인해 9월 6일 서대문 적십자병원 무료병동에서 임종하는 사람도 없이 41세의 젊은 나이로 숨을 거두었다.」

이중섭미술관 2층에 들어가면서 이중섭 화백과 아내 이남덕 사이에 1951년부터 1956년 8월 사이 주고받은 일본어로 기록한 편지를 한글로 번역하여 그것을 표고하여 벽에 부착하여 놓은 것을 읽을 수 있었다. 이남덕은 편지를 보내지 않는다고 안달하고, 이중섭은 힘껏 서로 사랑하자고 써서 보낸 편지들이었다. 이 편지들의 내용으로 보아도 이중섭 부부는 금슬이 대단히 좋은 부부였다.

이 편지에서 이남덕은 중섭을 아고리라 불렀고, 중섭은 아내를 아스파라가스라 불렀다. 아고리는 긴 턱이라는 일본말로서 중섭이 분카가쿠엔 시절 동급생들이 이중섭을 부르던 별명이었고, 아스파라가스는 일본어로 발가락이라는 말인데 이중섭이 아내를 부르던 애칭이다. 두 아들은 한국 이름이 이태현(李泰賢)과 이태성(李泰成)이고, 일본이름은 어머니의 일본 이름 야마모토 마사코의 성을 따서 야마모토 야스카타(山本休賢)와 야마모토 야스나리(山本休成)라고 하였다.

필자는 이제 2012년 91세의 이남덕(야마모토 마사코)이 팔레트를 가지

이중섭 미술작품(사슴과 노는 아이들)의 하나

고 서귀포에 찾아온 이야기, 이중섭 미술작품들 이야기, 가족들 이야기, 그리고 이중섭 타계 후의 이중섭 작품 전시회 이야기들을 간단하게 기록하려 한다.

2012년 11월 1일 91세의 이남덕 여사는 현해탄을 건너 서귀포 이중섭 미술관을 찾았다. 이중섭이 1943년 일본 도쿄 제7회 미술창작가협회에 출품한 '망월'에 의해 특별상인 '태양상'을 받고, 부상으로 '팔레트'를 받았는데 그 팔레트가 이중섭의 유일한 일본에 남겨진 유품이었다. 그 팔레트를 친정에 보관하여 오다가 미술관에 기증하기 위함이었다. 이제 자신보다는 대중을 위해 관람용으로 사용하는 것이 옳다고 생각했다는 것이다.

필자는 미술이나 미술평가에 대해 문외한(門外漢)이므로 미술작품에 대하여는 조금만 이야기 하려 한다. 이중섭은 '황소'를 소재로 많은 작품을 남겼고, 남자 어린이들이 발가벗고 성기를 노출시킨 채 가족이나 동물(닭, 게, 사슴 등)들과 뛰어노는 모습을 그의 작품의 소재로 삼았다고 한다. 이중섭은 총 600여 점의 미술작품을 남겼다. 그 중 150여 점은 고향 원산을 떠나올 때 어머니에게 맡기면서 어머니에게 잘 보관하시고 막내아들을 보는 듯 이 자품을 바라보시라고 했다 한다.

1972년 이중섭 화가 서거 15주기 기념전을 서울 현대화랑에서 개최하였다. 이것이 이중섭을 세상에 알리는 계기가 되었다. 1979년 미도파백화점(현 롯데백화점) 화랑에서 개최된 이중섭 화가 작품전시회는 아내 이남덕에 대해 구애의 마음을 전한 엽서화와 은지화 등 약 200여 점의 미술작품을 공개하는 전시회였다. 그리고 1986년 이중섭 화가 서거 30주년 기념 전시회는 용인시 처인구 소재 삼성미술문화재단의 호암미술관(湖巖美術館)에서 개최했는데 관람객들 약 10만여 명이 찾았고, 황소 그림 한 폭의 값이 50억 원을 호가하였다고 한다. 1979년의 미도파백화점 화랑에서 가진 전시회가 사회에 좋은 반향을 준 것이다.

이중섭 화가의 작품이 고가에 판매되자 작품에 대한 위작 논란도 많았다. 1990년 187건의 감정 작품 중 108점이 위작이었고 77건만이 진품이었다고 하니 한심스러운 일이다. 심지어 이중섭 화가의 둘째 아들 이태성(李泰成, 일본이름: 야마모토 야스나리, 1949~)이 2005년 3월 16일 경매에 내어 놓은 이중섭의 작품 8점이 2005년 8월 모두 위작으로 밝혀져 파장이 일었다고 한다. 한국 고서연구회 고문 김용수와 함께 공모하여 사기행각을 한 것이라 했다.

2017년 봄 어느 날 일본 도쿄 시부야(澁谷, しぶや)역에서 한 정거장 거리에 위치한 이남덕 여사가 약 80년 살아온 집으로 취재를 위해 한국의 기자가 찾아갔었다. 다음은 현재 96세로 도쿄에서 건강하게 생활

하고 있는 이남덕 여사의 이야기의 일부이다.

「큰 아들 태현(69세)이는 실내 인테리어 일을 하다가 2~3년 전부터 직장에 다니는 며느리의 집안일을 돕고 있고, 둘째 아들 태성이는 도쿄 세타가야에서 타이세(タイセ, 태성의 일본어발음)라 하는 표구점을 경영하고 있지요./ 태성이의 꿈은 도쿄 예술의 거리 긴자(銀座)에서 아버지 미술작품전시회를 열어서 아버지를 세상에 알리는 것입니다./ 그이의 대형 작품들은 가족의 품을 떠났고, 은지화와 엽서화, 수채화 등 30여 점을 가지고 있으므로 그것을 가지고 전시회를 갖는다는 것이지요.」

"약 10년 전 태성이가 위작을 경매에 내어 놓았던 일은 끔직하게 생각하고 있답니다."라는 말은 하지 않았다고 한다. 그것은 대단히 마음 아픈 일이었을 것이다. 한국에서 찾아간 기자들도 이남덕 여사의 아픈 곳을 건드리지 않으려고 그 이야기는 하지 않았다고 한다. 위작(僞作)은 그림에서만 있는가? 여러 사회에서 어떤 일이 거짓으로 진행되면, 즉 어떤 일이 도덕적이나 법적으로 올바르게 진행되지 않으면 그것이 위작인 것이다. 그 위작 때문에 1894년 동학농민혁명이 일어났고, 우리 민족이 일본놈들에게 35년 간 끔직스러운 수모를 당한 것이다. 현세에도 미술작품뿐만 아니고, 서류를 위조하는 행위가 이곳저곳에서 일어나고, 선량한 사람에게 이상한 행위를 했다고 거짓을 말하는 인간들이 많으니 우리나라의 미래가 걱정스럽다. 〈2018년 01월 30일〉

조천의 서 불(徐 市)

필자는 기원전 3세기 중국을 처음으로 통일한 진시황(秦始皇, B.C. 259~B.C. 210)의 명령을 받은 서 불(徐 市, 徐 福이라고도 함)이 인솔하는 선박들이 삼신산(三神山) 인근의 항구에 처음 도착한 곳이 조천포(朝天浦)라는 것을 알게 되었고, 그곳이 제주도 북쪽 제주항 동쪽의 마을임을 알고 어떤 곳인지 알아보려고 찾아갔다.

2013년 12월 21일 오후 2시 제주시외버스터미널에서 서귀포행 시외버스에 승차하여 제주도 순환도로를 달려 조천읍의 시외버스정류장에 하차하니 오후 3시였다. 정류소 옆에 상점이 있어 들어갔다. 60대 남성이 앉아 있었다. 그에게

"연북정이 여기서 멀리 있습니까?"

하고 물었더니

"아닙니다. 여기서 10분 정도만 걸어가시면 됩니다."

라고 말했다. 그러면 내가 잘 찾아 온 것이다. 다음 질문을 했다.

“그러면 조천진터는 어디입니까?”

하고 물으니

“그것은 모릅니다.”

했다. 이 60대 남자는 제주시 서쪽의 한림읍에 살다가 동쪽인 이곳 조천으로 옮겨 10년 정도 살고 있다고 하며, 고향은 전남 목포라 했다.

“그러면 금당포터는 어디인지 아시는지요?”

하고 물으니 그것도 모른다고 했다.

필자는 그 상점 맞은 편 미용실 옆길을 약 10분 정도 걸어서 바닷가로 나왔다. 바닷가 언덕 위에 정자(亭子)가 보였다. 기둥이 열다섯 개 정도이고 벽은 비어있고, 기와지붕이 묵직하게 얹혀있는 정자였다. 제주도의 바람은 세게 불고, 내일이 동짓날이니 겨울바람이어서 차가웠다. 정자 남쪽에 정자로 오르는 30계단의 층계가 있고, 그 층계 바로 옆에 연북정 안내 설명문이 새겨진 사각형 오석 재질의 비석이 있었다.

「연북정(戀北亭)/ 제주특별자치도 유형문화재 제3호/ 소재지: 제주시 조천읍 조천리/ 연북정은 제주도에 유배 온 사람들이 제주의 관문인 이곳에서 한양의 기쁜 소식을 기다리면서 북쪽 한양의 임금에 대한 사모의 충정을 보냈다 하여 붙인 이름이다./ 문헌에 의하면 1590(선조 23)년 당시의 조천관(朝天館)을 중창하여 쌍벽정(雙碧亭)이라 했다가 1599(선조 32)년에 건물을 중창하여 연북정(戀北亭)이라 하였다./ 건물은 14자(尺) 축대 위에 동남향으로 건축되었다./ 연북정 북쪽에 돌로 쌓은 타원형 석성(石城)이 있다.-〈이하 생략〉-」

제주도에 유배 온 사람들이 북쪽에 계신 임금님의 해금 소식을 기다리는 장소가 되었고, 임금에 대한 사모의 충정을 보낸 장소가 연북정이었다. 벽이 없고 기둥과 지붕만으로 되어 있다. 그리고 타원형 석성(길이: 100m, 높이: 2.2~3.5m, 폭: 50cm~1.2m)은 이 연북정 북서쪽에 연북정과 접하여 축조되어 있었다. 즉, 연북정이 이 석성의 남쪽 한 부분인 것이다.

그런데 필자는 인터넷 자료를 읽다가 1975년 이 정자가 있는 조천리의 주민 김병화씨가 다음과 같은 전설이 전하여 지고 있다고 말했다는 것을 읽었다.

옛날에 중국에서 유명한 지관 한 사람이 이 포구에 왔다. 와서 해변에 우뚝 서있는 조천석(朝天石)을 보고 이 마을의 사람들을 모이게 한 다음 "저 바위를 보이지 않게 작은 돌로 축대를 주위에 쌓고 바위 위는 흙으로 덮으시오. 그래야만 이 마을에서 훌륭한 인재가 많이 나올 것이요. 그렇게 하지 않으면 불량배들이 많이 나올 것이요." 라는 말을 했다고 한다. 그 말을 들은 마을 사람들이 그렇게 했다. 그래서 그런지 이 마을에서 태어난 남자들 중 현감 3명과 만호(萬戶) 18명이 배출되었다. 믿거나 말거나한 일일 것이다.

필자는 연북정에 올라가 한 바퀴 돌면서 북쪽 한없이 출렁이는 푸른 바다도 바라보고, 남쪽으로 옹기종기 지어져 있는 조천읍의 집들도 바라보다가 층계를 밟고 내려와 연북정 표지석 옆을 보니 또 하나의 작은 표지석이 설명문을 새겨 안고 서 있었다.

조천읍 조천리 연북정(戀北亭)과 조천성

「조선 시대 조천진성(朝天鎭城)/ 이곳은 고려시대 이전부터 제주도 주교통항으로 성(城)이 축조되어 있었으며 1374(공민왕 23)년 조천관(朝天館)이 건립되었다./ 1590(선조 23)년 제주 목사 이옥(李沃)이 성(城)을 중수하여 둘레 427 척, 높이 9 척인 성에 성문 하나인 석성을 쌓았다.-〈이하 생략〉-」

이 설명문에 의하면 이 조천진항은 고려 시대 이전부터 제주도 관문항이었고, 고려 말 백전백승(百戰百勝)의 최영(崔瑩) 장군이 몽골인 목호(牧胡)의 난을 토벌하던 해인 1374(공민왕 23)년 조천관이 건립되었다. 조천관은 제주도를 다스리던 관청이었다.

그 표지석에 새겨진 글을 읽고, 서쪽 성벽 밖 바닷가 찬바람이 얼굴을 때리는 석성 밖길을 걸어가다가 또 하나의 표지석을 발견하고 발을 멈추었다. 좀 전에 그 설명문을 읽은 조천진성 표지석과 같은 크기였다.

「금당포(金塘浦)터/ 기원 전 3세기 불로장생(不老長生)의 선약(仙藥)을 구하여 오도록 진시황(秦始皇)의 명령을 받은 서불(徐市, 일명 徐福) 선단이 산동반도(山東半島) 칭따오항을 출항하여 맨 처음 삼신산 지역에 도착한 곳이 이 포구로 알려져 있다./ 다음 날 아침 서불은 이곳 큰 바위에 朝天(조천)이라 새겨 놓았다 한다./ 그런데 이 바위는 1374(공민왕 23)년 조천관 건립공사 때 매몰되었다.」

기원 전 3세기라 한 것은 B.C. 210년이다. 필자는 약 1개월 전 서귀포 정방폭포 옆의 서불전시관(徐市展示館)을 관람했을 때 여러 가지 전시물 중 서불이 정방폭포로 오기 전 조천(朝天)에 머물렀다고 하는 전시물을 보았었다. 그때 그가 하룻밤을 지낸 곳에 있는 바위에 朝天(조천)이라 음각했다는 내용이 있었다. 그래서 그 마을 이름이 지금까지 조천으로 된 것이라 했다.

바위 서북쪽 포구가 금당포(金塘浦)인 것이다. 1374년 최영 장군(崔瑩將軍)이 목호(牧胡)의 반란을 평정하고 귀경길에 이곳에 왔을 때 큰 바위 주위에 어떤 이유에서이건 화산석으로 축대를 쌓은 다음 큰 바위 위를 흙으로 메웠다고 한다. 1820년 후손들은 그 위에 연북정을 세운 것이다.

연북정과 조천진성이 있는 곳으로 B.C. 210년 서불 일행이 왔다 갔고, 고려 말 "황금 보기를 돌보듯 하라!"는 부친의 가르침을 일생 동안 지켰다는 최영이 왔다 갔다. 우암 송시열(尤庵 宋時烈)과 추사 김정희(秋史 金正喜) 등 조선시대 유명학자들이 유배되어 제주도로 오고 귀경길에 조천의 연북정을 지나갔다.

연북정

진달래, 유채꽃, 유도화
피고 지는데
연북정 처마 밑으로 짙은 어둠 가라앉을 때
북녘 하늘 서러움만 감도네
기다려도 기다려도
서러움만 감도는
조천성 바위벽 검은 구멍은
바람과 파도의 눈물자국

〈2013년 12월 30일〉

인생과 비자나무생

제주특별자치도 동쪽 구좌읍 평대리 비자나무숲은 이제 나무숲이기 전 우리나라 전 국민의 좋은 공원이 되었다. 2013년의 끝자락이 되어서야 비자나무 숲을 찾아가는 나에게 칠십여 년을 이 나라에서 살아왔으면서 처음 찾는 공원이었다.

제주 시외버스터미널에서 만장굴 옆과 일출봉 옆을 거쳐 서귀포로 운행하는 시외버스에 승차하였다. 그리고 평대초등학교 앞 삼거리에서 하차하였다. 그 삼거리에서 비자나무숲 입구까지 6 km인데 이곳을 운행하는 버스도 있으나 하루에 4회 운행하니 택시를 타고 들어갔다. 제주도의 택시기사들은 친절한 편이었다. 비자나무숲 입구 매표소 옆에 '비자나무숲 설명표지판'이 예쁘고 웅장하게 세워져 있었다. 안내설명문은 다음과 같다.

「제주 평대리(濟州 坪垈里) 비자나무숲(榧子林)/ 천연 기념물 제374호/

소재지: 제주특별자치도 제주시 구좌읍 평대리/ 평대리 비자나무숲은 면적이 0.448km2, 나무의 나이 500~800년, 나무의 높이 7.0~14.0m의 비자나무 2,870그루가 자생하는 곳이다./ 옛날부터 비자나무의 열매 '비자(榧子)'가 구충제(驅蟲劑)로 사용되었다./ 나무의 재질이 좋아 고급가구와 고급 바둑판의 재료로 쓰였으므로 비자나무숲을 경제림이라 했으나 최근에는 휴양림(休養林)으로의 가치가 높다.」

한라산 동쪽 기슭에 아름드리 비자나무가 2,870여 그루가 자생한다는 것은 놀랄 일이다. 상록수이고, 잎이 한자의 아닐비 '非'모양이어서 '非'자가 다른 틀에 들어있는 비자(榧子)라 이름 지었다는 이야기도 있다. 1.8km의 비자나무 숲길을 걸으면서 다른 나무숲에서 볼 수 없는 것 몇 가지를 보았으므로 그것을 기록하여 보겠다. 첫째, 관광객의 산책길이 항균성이 있는 '송이(Scoria)'로 되어 있어 그 길을 걷는 관광객의 건강에 도움을 준다는 것이다. '송이'는 화산 분출물이니 제주도에서는 당연한 것이다. 둘째, 2,870그루의 아름드리로부터 네 아름드리 비자나무 각각의 줄기에 1로부터 2870까지 번호표를 달아 준 것이다. 나무가 고급 가구의 재료이니 관리하기 위한 최소의 방법일 것이라 생각되었다. 셋째, 숲으로 들어가는 입구 약 300m에는 어린 나무가 가로수 모양 길 옆에 심어져 있어 안에도 그러려니 했던 예상이 틀린 것이었다. 넷째, 번호표를 붙인 2,870 그루 중 3그루는 특별한 나무임을 알 수 있었다. 2,000년 1월 1일 수령 824년의 우람한 나무는 '새천년 비자나무'로 선정하여 그런 이름의 비자나무가 된 것이다. 인

새천년 비자나무. 제주시 구좌읍 평대리 비자나무숲안에 존재함

생은 100년만 살아도 오래 살았다고 하면서 갖은 수모를 겪고 애환의 이야기가 있어야 조금 재미가 있다 하지 않는가? 그러나 한 자리에 천 년을 살아가면서도 누구에게 수모를 당하지도 않는 것이다. 나무로서의 애환이 있다고 하는가? 그렇다고 인생으로서의 내가 비자나무를 부러워 할 것이야 없겠지만 우리 인생과 비자나무생을 잠간 비교하여 본 것뿐이다.

새천년 비자나무(New Millenium Nutmeg)라 이름을 붙여 그것을 설명하는 설명문판이 나무 앞에 예쁜 비석을 세우고 그 비석 중간에 설명문이 원형으로 부착되어 있었다. 그 설명문에 이 비자나무는 신목(神

木)이라 한 것을 볼 수 있었다. 또 하나의 특수한 비자나무는 '비자연리목'이었다. 그 설명문은 다음과 같다.

「비자 사랑나무(Love Nutmeg)/ 두 나무가 서로 맞닿아 한 나무가 되는 것을 연리(連理)라 한다./ 줄기가 연결되면 연리목(連理木), 가지가 연결되면 연리지(連理枝)라 한다./ 이 사랑나무는 연리목이다./ 두 나무가 가까이 자라다가 줄기나 가지가 맞닿게 되고 -〈중략〉-/ 이런 나무를 잘라보면 마치 쌍가마처럼 두 개의 나이테 두름이 있다./ 이처럼 연리목의 생성과정은 남과 여가 만나 한 몸이 되는 과정과 닮아 이런 나무를 '사랑나무'라 한다.」

연리지와 연리목이 생성되는 과정을 상세하게 재미있게 설명한 것이다. 사람들이 연리지와 연리목을 인간의 사랑과 연관시키는 것이다. 사랑나무는 두 나무가 연결되어 한 나무와 같이 영양을 교환하지만 인생에서 남과 여가 사랑하면 2세가 태어나는 게 아니겠는가 라고 비자나무생과 인생의 다른 점을 이야기 하는 사람도 있을 것이다.

필자는 이 '비자사랑나무'를 보면서 충남 대천시의 외연도(外烟島)의 마을 뒷산에 살아있던 '동백사랑나무'를 생각하였다. 동백나무 연리지의 희소성도 있거니와 어느 동백나무의 가지가 어떻게 옆의 동백나무 가지와 연결이 되었는지 모르는 완전한 연리지였다. 그런데 2010년 9월 갑자기 불어온 태풍 "곤파스" 때문에 두 나무의 밑둥 줄기가 부러져 죽고 말았다. 이 '동백사랑나무'가 살았을 때는 많은 관광객들이 이 사랑나무를 보려고 찾아왔는데 이 사랑나무가 폭풍에 부러져 죽었다고 하니 관광객들이 이 나무가 살았을 때의 20%로 감소하더라고 이 섬의 주민들이 안타까워하던 것을 보았던 것이다.

이 비자나무숲속에는 비자나무만 사는 것은 아니다. 비자나무가 아닌 귀한 나무의 앞에 표지판을 세워놓은 것을 보면 '곰의 말채', '예덕나무', '마삭줄', '송악(느릅나무과)', '비목(비자와 다름)', '말오줌때' 등 종류가 다양하다.

인생과 비자나무생

느티나무처럼 오래살고 크게 자라는데
늘 푸른 나무
고급 바둑판 재료의 비자나무생
인생에 도움을 주는 비자나무생

1948년 4월 3일부터 1953년까지 제주도의 주민들 3만여 명이 인간들의 세력다툼인지 되지 못한 사상다툼인지로 희생되고 있어도 제주도의 동쪽 한라산 기슭의 2,870여 그루 1,000년의 나이로부터 몇 십년 나이의 비자나무들은 그 인간들을 비웃듯 그대로 살아온 것이다. 인간의 사상은 보잘 것 없는 인간들을 서로 살상하게 하는 문제만 만들 뿐이라는 것이다. 〈2013년 12월 31일〉

편집후기

필자가 기록하는 섬마을 기행수필이 3집 '섬마을집의 다락방'으로 마칠 것이다. 나의 몸과 마음이 많이 늙은 것이다. 3집이라 하나 필자가 1980년 3월로부터 2006년 2월까지 대학교수로 재직하고, 2006년 3월부터 기행수필 기록을 시작하였으니 섬마을 기행수필을 기록한 세월이 15년은 된다. 그 이전에 미국, 중국, 일본, 유우럽 등을 여행한 다음 기록한 여행기도 많이 있으나 우리나라 섬마을 여행기가 더욱 정답고 아기자기 하여 필자의 마음이 세 권의 기행수필집을 발간토록 달려 온 것이다. 첫 번째 섬마을 여행기는 '섬마을 설화'라는 이름으로 2016년 발간하였고, 두 번째가 '섬마을 징검다리'라는 이름으로 2018년, 그리고 세 번째가 이 기행수필집 '섬마을집의 다락방'이다.

바람과 시냇물은 차고 덥기가 시간과 주위환경에 따라 달라지고, 흐르는 속도도 그렇다. 인간의 생활도 환경에 따라 달라진다. 그러나 그 어느 것과도 무관하게 그 흐름의 속도가 변하지 않는 것이 세월이다. 필자는 세상에 나와 29,200일을 사랑과 인간의 마음과 규범을 배우며 살아왔다. 그러면서 여러 번 어떤 수모를 겪어왔다. 이제 남은 세월이 그 세월의 십분의 일인 2,920일이나 되려나 모르지만 또 어떤 수모를 겪으면서 이 세상에 더 존재하려는지 모를 일이다. 수모 받지 않고 끝을 맺었으면 한다.

필자는 일본놈들이 이 금수강산을 짓밟던 시절인 1940년 태어나 수많은 보릿고개를 넘었는데, 이제 이 나라가 비록 세계 유일의 분단국이면서 세계 10위권 경제대국으로 된 나라에 살고 있으니 기행수필집 세 권을 출간한 것이다. 작은 분단된 반도국가이므로 북쪽에서는 굶주리고 삼대세습의 살인마가 통솔하고 있는 것이다. 얼마나 안타까운 일이냐? 인간 살인마가 주장하는 '주체사상'과 '고려연방제 통일', 또 '종전선언'은 편안하게 살고 있는 반도 남쪽의 국민들을 노예로 지옥으로 몰고 가려는 술책에 불과한 것이다.

그런데 이 행복한 나라에서 어찌하여 대통령에 당선된 인간은 헌법문의 '자유 민주주의'에서 '자유'를 삭제하고 휴전선의 철조망과 지뢰를 제거하고, 경계초소 10개를 폭파하면서 살인마들이 주장하는 '고려연방제'를 주장하면서 종북하는 인간이란 말인가?

나는 이러한 인간을 제거하는데 조금 남아있는 나의 여생 동안 나의 사력을 다 할 것이다.

〈2020년 01월 14일〉

정용순 기행수필 3집

섬마을집의 다락방

인쇄 2022년 3월 24일
발행 2022년 3월 28일

지은이 정용순
발행인 서정환
펴낸곳 수필과비평사
주소 서울시 종로구 삼일대로 32길 36(익선동 30-6 운현신화타워 빌딩) 305호
전화 (02) 3675-5633, (063) 275-4000, (063) 251-3885
팩스 (063) 274-3131
이메일 essay321@hanmail.net sina321@hanmail.net
출판등록 제300-2013-133호
인쇄 · 제본 신아출판사

ISBN 979-11-5933-392-7 03810
값 18,000원

Printed in KOREA